U0623608

叶县革命老区发展史

（1912年5月— 2018年12月）

叶县老区建设促进会　编

图书在版编目（CIP）数据

叶县革命老区发展史 / 叶县老区建设促进会编.
--北京 : 中国文史出版社, 2020.8
ISBN 978-7-5205-2155-0

Ⅰ. ①叶… Ⅱ. ①叶… Ⅲ. ①叶县－地方史 Ⅳ.
①K296.14

中国版本图书馆CIP数据核字（2020）第142518号

出版发行：中国文史出版社
社　　址：北京市海淀区西八里庄路69号院　　邮编：100142
电　　话：010-81136606　81136602　81136603(发行部)
传　　真：010-81136655
印　　装：廊坊市海涛印刷有限公司
经　　销：全国新华书店
开　　本：170mm×240mm　1/16
印　　张：23.125
字　　数：350千字
版　　次：2020年9月北京第1版
印　　次：2020年9月第1次印刷
定　　价：78.00元

《叶县革命老区发展史》编纂委员会：

主　　　任：古　松　　平顶山市人大副主任、县委书记
副　主　任：徐延杰　　县委副书记、县政府县长
执行主任：张成文　　县人大常委会主任
　　　　　　贾肖鹏　　县委副书记
执行副主任：贺金榜　　县老促会会长
　　　　　　赵庆海　　县老促会副会长
　　　　　　韩俊卿　　县老促会副会长
　　　　　　甘少根　　县老促会副会长
　　　　　　赵跃卿　　县老促会副会长
　　　　　　董木林　　县老促会副会长
委　　　员：王永伟　　县委办公室副主任
　　　　　　马　晓　　县政府办公室主任
　　　　　　郝中伟　　县委组织部副部长
　　　　　　冯自海　　县委宣传部副部长
　　　　　　胡　勇　　县党史研究室主任
　　　　　　贾俊杰　　县扶贫办主任
　　　　　　张秀英　　县史志办主任
　　　　　　李春亭　　县档案局局长

编纂委员会下设办公室，赵跃卿兼任办公室主任，胡勇、杨国祯任办公室副主任。

《叶县革命老区发展史》编辑部

主　　　审：贺金榜

执 行 主 审：赵跃卿

执行副主审：胡　勇　杨国祯　鲁万营

主　　　编：张振业

副　主　编：庞江华　徐　朝

编辑：（按姓氏笔画为序）

马　锐　马彩娟　王世秀　王玉峰　王奇亮　王贵云
王蕾蕾　王海歌　毛建河　甘书锁　冯艳君　孙　浩
孙　森　孙光远　孙自良　任小叶　任佩云　任晓卿
任艳磊　齐东辉　刘　聪　刘圣民　刘红涛　刘向楠
刘松朝　刘晓辉　庆丰莆　许全然　全国成　朱耀中
乔　磊　李小刚　李书杰　李亚飞　李君华　李俊山
李英文　李金辉　李艳杰　苏　峥　杜永奎　杜占辉
宋延杰　宋金安　杨光照　陈光磊　陈妹方　陈露菲
张小克　张　栓　张　辉　张卫兵　张丽娜　张明鲜
张洪亮　张海臣　张跃民　张银娜　张景祥　吴保田
郑德坡　周国强　胡兴周　娄帅隆　赵兴叶　赵伟民
赵国强　郝盘恩　罗建中　郭海生　高洪声　徐亚珍
梁红献　袁金钊　袁福青　夏保荣　董建立　贺建业
黄军耀　曹　玺　曹铁奇　韩向东　焦亚民　焦峰杰
贾小莉　蔡金甫　樊华婷　雪金柱　薛鹏举　魏进庚

摄像：齐洪波　李建设　张郁文

叶县重点老

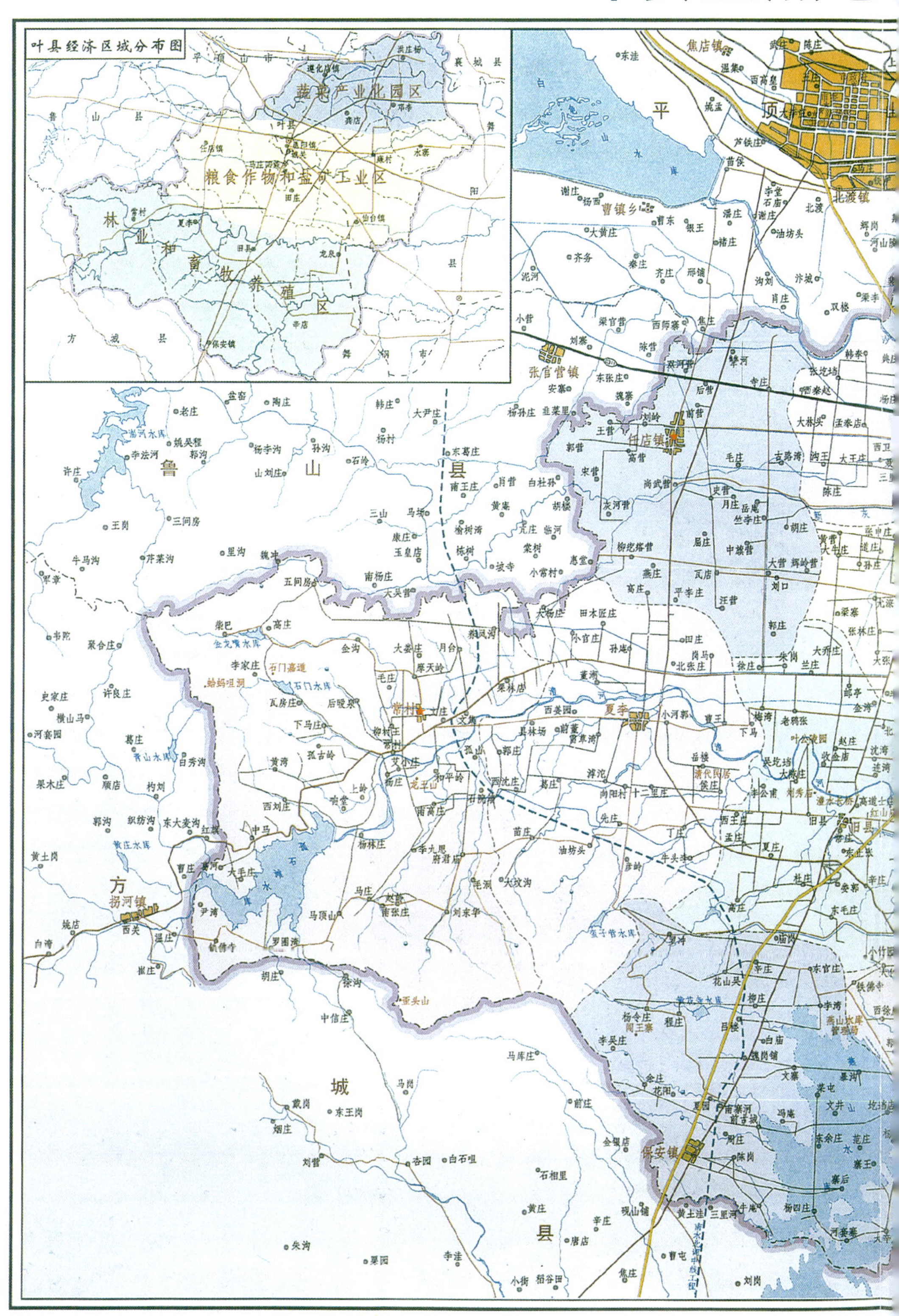

叶县经济区域分布图
蔬菜产业化园区
粮食作物和盐矿工业区
林业和畜牧养殖区
平顶山市
襄城县
鲁山县
舞阳县
方城县
舞钢市
叶县
平顶山
白龟山水库
焦店镇
曹镇乡
北渡镇
张官营镇
任店镇
鲁山县
夏李
常村
拐河镇
方城县
保安镇
燕山水库
孤石滩水库

区乡镇分布图

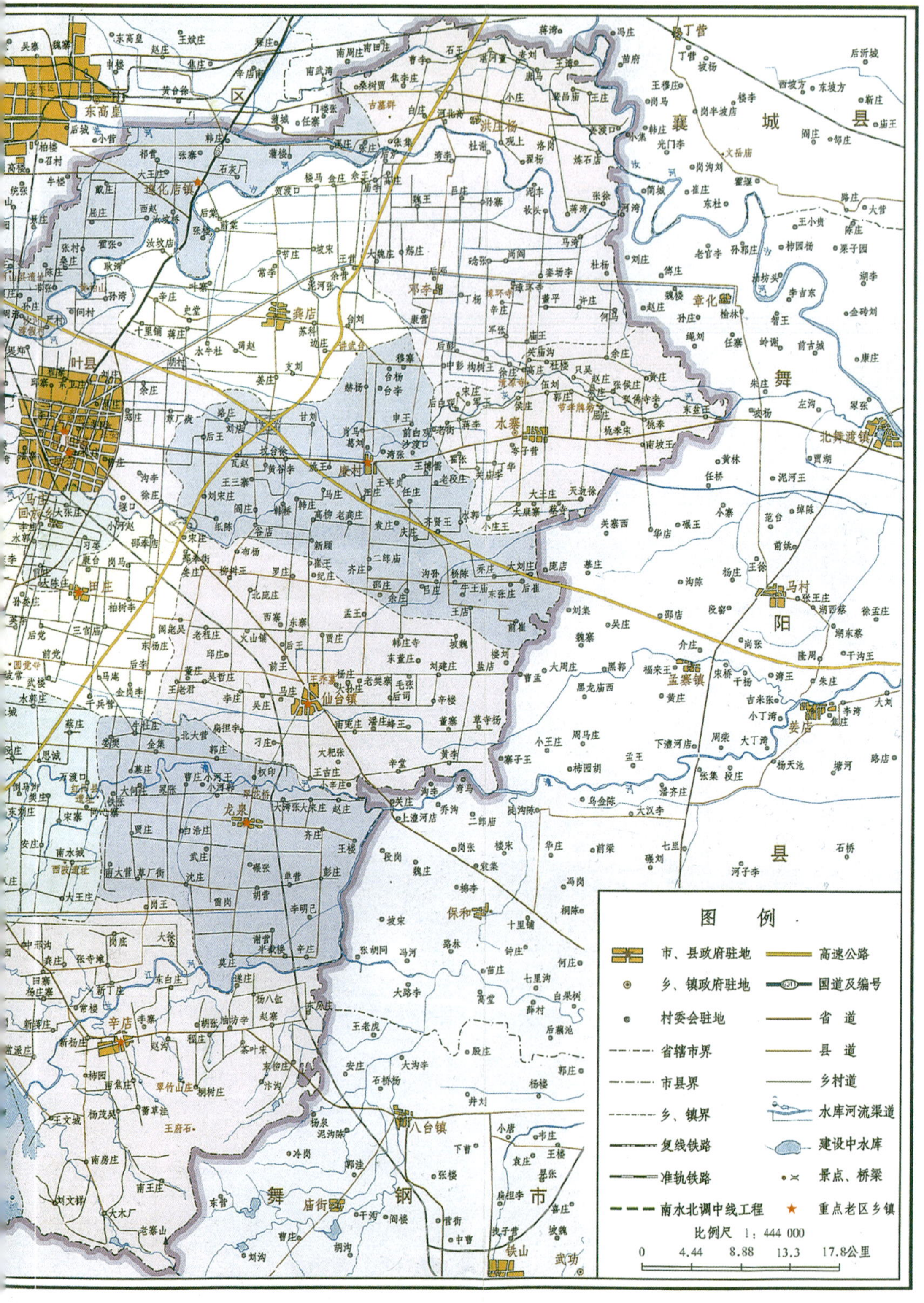
图　例
市、县政府驻地
乡、镇政府驻地
村委会驻地
省辖市界
市县界
乡、镇界
复线铁路
准轨铁路
南水北调中线工程
高速公路
国道及编号
省　道
县　道
乡村道
水库河流渠道
建设中水库
景点、桥梁
重点老区乡镇
比例尺　1：444 000
0　4.44　8.88　13.3　17.8公里
叶县
东高皇
遵化店镇
龚店
邓李
洪庄杨
常村
水寨
辛店
仙台镇
龙泉
田庄
马庄回族乡
保和
八台镇
庙街
铁山
武功
丁营
章化
北舞渡镇
马村
孟寨镇
姜店
襄　城　县
舞　阳　县
舞　钢　市

1947年叶县政区图

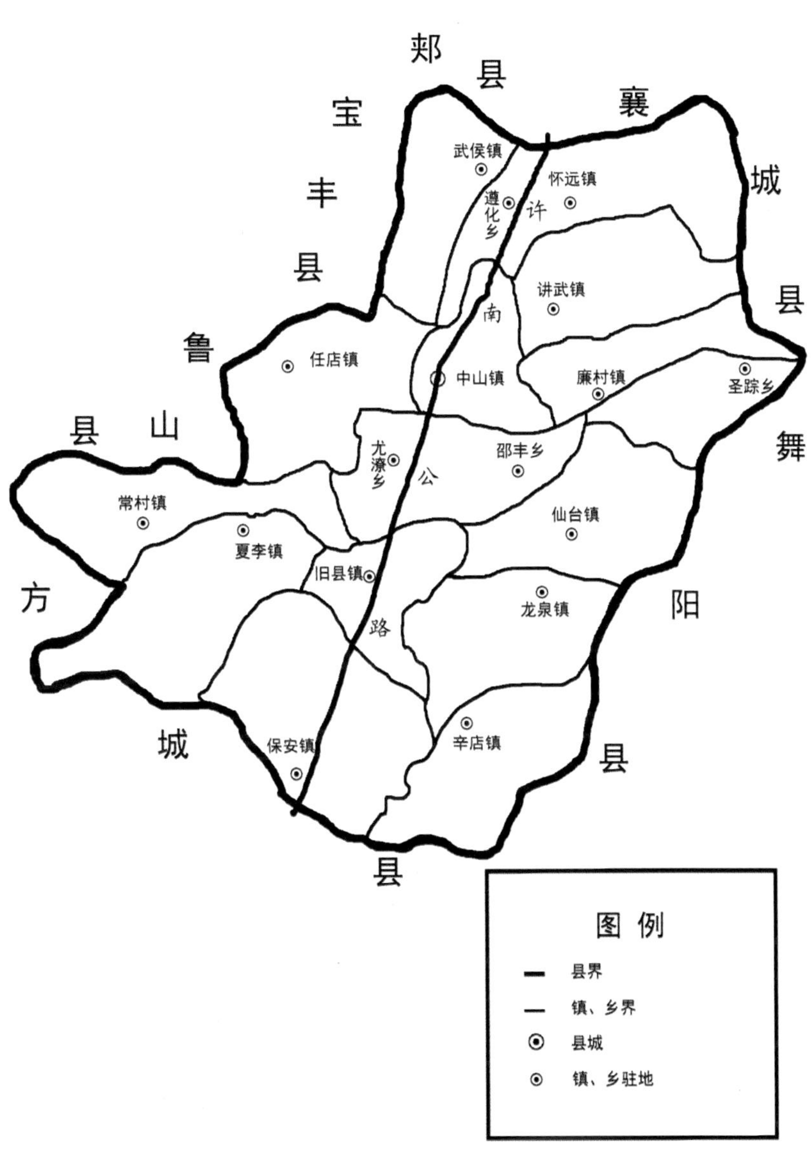

郏县
宝丰县
襄城县
鲁山县
方城县
舞阳县
武侯镇
遵化乡
怀远镇
许南公路
讲武镇
任店镇
中山镇
廉村镇
圣踪乡
尤潦乡
邵丰乡
常村镇
仙台镇
夏李镇
旧县镇
龙泉镇
保安镇
辛店镇
图例
县界
镇、乡界
县城
镇、乡驻地

古风史韵

叶县保安境楚长城遗址

叶公与孔子在叶邑论政（论证处为旧县村北）

叶县县衙博物馆藏2002年在叶邑镇出土许国墓编钟一套，演奏编钟为仿品

叶县县衙博物馆馆藏黄庭坚书幽兰赋碑刻

1927 年 6 月中共叶县党组织诞生地（文庙大成殿）

1930 年秋中共叶县县委诞生地（龙泉寺大殿）

红九军纪念碑（叶县辛店镇桐树庄）

红二十五军纪念碑（叶县烈士陵园）

陈谢兵团前委扩大会议旧址（旧县中村小学）

刘邓大军政治工作会议旧址（田庄乡岗马村）

盐都新貌

县城鸟瞰图

2007 年 9 月中国矿业联合会在北京授牌

叶县产业集聚区（县城文化路东段）

光伏发电（叶县保安镇高楼山）

燕山水库（干江河上游保安段）

叶县高中（昆水路中段）

叶县人民医院（健康路西段）

总　序

在举国欢庆新中国成立70周年前夕，中国老区建设促进会王健会长请我为《全国革命老区发展史》丛书作序，作为一名在老区战斗过并得到老区人民生死相助的老兵，回首往事，心潮澎湃，感慨万千，深感义不容辞，欣然应允。

中国革命老区，是以毛泽东为代表的中国共产党人在领导人民推翻帝国主义、封建主义和官僚资本主义三座大山，争取民族独立和人民解放伟大斗争中建立的革命根据地，在这片红色的土地上，诞生了无数可歌可泣的革命英雄儿女，为后人树起了一座不朽的丰碑，她是新中国的摇篮，是党和军队的根。

在艰苦卓绝的战争年代，老区人民把自己的命运与中华民族的命运紧紧地联系在一起，与中国共产党和人民军队的命运紧紧地联系在一起，他们生死相依，患难与共。我曾亲历过战争年代，并得到过老区红哥红嫂的救助，切身感受到发生在身边的一幕幕撼天动地的革命故事，在那极其艰难的条件下，老区人民倾其所有、破家支前，不怕艰难困苦，不怕流血牺牲。“最后一碗米送去做军粮，最后一尺布送去做军装，最后一件老棉袄盖在担架上，最后一个亲骨肉送去上战场”，这是当时伟大的老区人民为建立新中国作出巨大牺牲的真实写照，它将永远镌刻在中国共产党、中国人民解放军、中华人民共和国的历史丰碑上。他们的光辉业绩永载史册，他们的革命精神必将影响一代又一代的革命新人，造就一代又一代的民族脊梁。

在社会主义革命和建设时期，革命老区和老区人民响应党的号召，面对落后的面貌、脆弱的经济、恶劣的生态环境，他们本色不变，精神不丢，自力更生，艰苦奋斗，干一行爱一行。始终坚持“革命理想高于天”，自觉做共产主义远大理想的坚定信仰者和忠实实践者，勇于和恶劣的自然环境和贫穷落后宣战，他们在各条战线上为国建功立业，用平凡的双手创造了一个又一个不平凡的奇迹，彰显了老区人的崇高精神和人格力量。

在改革开放的伟大进程中，老区人民解放思想，勇于创新，发奋图强，攻坚克难，老区的经济社会建设取得了辉煌成就。特别是在改变中国的面貌、中华民族的面貌、中国人民的面貌、中国共产党的面貌的伟大实践中发挥了至关重要的作用。老区人民既是改革开放的参与者，也是改革开放的推动者。

艰苦练意志，危难见精神。老区人民在近百年的革命战争、社会主义建设和改革开放的伟大实践中，孕育形成了伟大的老区精神：爱党信党、坚定不移的理想信念；舍生忘死、无私奉献的博大胸怀；不屈不挠、敢于胜利的英雄气概；自强不息、艰苦奋斗的顽强斗志；求真务实、开拓创新的科学态度；鱼水情深、生死相依的光荣传统。这是党和人民宝贵的精神财富、丰厚的政治资源，是凝心聚力、振奋民族精神的重要法宝，也是社会主义核心价值观的重要内容。

中国老区建设促进会怀着强烈的政治责任感和历史使命感，组织全国各地老促会人员克服困难，尽心竭力编纂《全国革命老区县发展史》丛书，记录老区的光辉历史和辉煌成就，传承红色基因，弘扬老区精神，是功在当代、利及千秋的一件大事。手捧这部丛书的部分书稿，读着书中的故事，倍感亲切，深感这部丛书具有资政、育人、存史的社会功能，有着重要的时代和历史价值。它是不忘初心、牢记使命的源头活水，是赞颂共产党、讴歌老区人民的一部精品力作，是弘扬老区精神、传承红色记忆的丰厚载体，是一项继承优秀传统文化、弘扬革命文化、发展社会主义先进文化，坚定“四个自信”的宏大文化工程。它必将成为一种文化品牌，为各界人士了解老区、宣传老区、支持老区提供一部有价值的研究史料。希望读者朋友们能从中了解并牢记这些为党和民族的利益不断奉献的老区人民，从中得到教益，汲取人生奋斗的精神动力。

新时代赋予新使命，新起点开启新征程。让我们更加紧密地团结在以习近平同志为核心的党中央周围，坚持以习近平新时代中国特色社会主义思想为指导，增强“四个意识”，坚定“四个自信”，做到“两个维护”，弘扬老区精神，铭记苦难辉煌。为实现“两个一百年”奋斗目标，实现中华民族伟大复兴的中国梦作出新的更大的贡献！

迟浩田

2019年4月11日

序

在举国庆祝中华人民共和国成立70周年的氛围中，叶县老区建设促进会编辑出版《叶县革命老区发展史》，记录叶县老区人民在中国共产党的领导下，进行革命、建设和改革，一路浴血奋斗、风雨兼程、砥砺前进作出的重大贡献，取得的辉煌成就；记述叶县老区历经近代、现代到当代，从站起来、富起来到强起来的历史轨迹。这近百年的创业史深刻表明，习近平总书记在党的十九大报告中“不忘初心，方得始终”的英明论断。

叶县地处中原，先民开化较早。历史上，孔子游叶，播“近悦远来”之名言；李白访友，吟《将进酒》之名作；叶公扶楚，兴兵定国；昆阳大战，中兴汉业。发源于斯、反馈于斯的历史元素、文化元素、思想元素，形成历史悠久、人文荟萃鲜亮的底色。

叶县是革命老区县。早在大革命时期，叶县的共产党人就迎着时代风雨，踩着民族解放的鼓点，创立党的叶县地方组织，首次登上叶县政治舞台，无论是对叶县全部历史，还是揭开叶县党史第一页都具有里程碑意义。从此，中共叶县地方党组织即使在自发状态中均同国民党反动派、日本侵略者开展不屈不挠的斗争。尤其在抗日战争时期建立叶县民主抗日政府，党组织再度执政，又树立一个里程碑，叶县老区实至名归。

在叶县这片热土上，红九军、红二十五军曾布下红军精神；八路军、新四军曾撒下抗战精神。在争取民族独立和民族解放期间，有近百位开国将军于此洒下汗水和鲜血。刘少奇、刘伯承、陈毅、邓小平、陈赓、刘华清等历史巨人也曾留有光辉足迹。

中华人民共和国建立后，在党的统一领导下，叶县这个半老解放区首先进行以土地改革为中心的各项社会改革，激发起人民的建设热情和主人翁责任感，在战争废墟上，在“一穷二白”基础上恢复国民经济，完成新民主主义历史使命。开展抗美援朝和镇压反革命等运动，进一步巩固了人民民主政权。社会主义“三大改造”完成、全面确立社会主义基本制度，为叶县老区发展提供制度保障。

“一五”计划实施，揭开了全面建设社会主义的序幕，工业、农业、文化教育和医疗卫生等各项事业都取得长足发展，人民生活逐年改善。社会主义在探索发展中，人民群众激情四射、奋发图强的精神弥足珍贵。

深刻总结30年建设社会主义的经验教训，党的十一届三中全会，实现伟大历史转折，开启了以经济建设为中心改革开放新时期。县委、县政府在上级党组织的领导下，解放思想，落实各项政策，使改革举措首先在农村取得突破，推动经济体制和政治体制等配套改革，在建设中国特色社会主义旗帜下，围绕小康社会建设，全方位推进改革开放政策落地开花。

潮平两岸阔，风正一帆悬。党的十八大以来，以习近平同志为核心的党中央提出了实现中华民族伟大复兴的中国梦。县委、县政府领导带领全县人民，协调推进“四个全面”战略布局和统筹推进“五位一体”总体布局，思想再解放，改革再出发。在习近平新时代中国特色社会主义思想指引下，2018年，聚全县之力，如期完成脱贫攻坚任务，决战决胜全面建成小康社会。古老又年轻的叶县老区正英姿飒爽、续写当代更加出彩的崭新篇章。

叶县老区建设促进会会长 贺金榜

2019年6月16日

编写说明

2017年6月，中国老区建设促进会组织全国各地老促会启动编纂《全国革命老区县发展史》丛书，按照“建立中国共产党、成立中华人民共和国、推进改革开放和中国特色社会主义事业”三大里程碑的历史脉络，系统书写革命老区百年历史，深入挖掘革命老区红色文化资源，这对于充实丰富中国革命史籍宝库、在新时代传承红色基因、弘扬革命精神、强固根本，对于激励人们在新的历史条件下夺取中国特色社会主义伟大胜利，实现中华民族伟大复兴的中国梦具有重要意义。

丛书编纂以习近平新时代中国特色社会主义思想为指导，以《中国共产党历史》《中国共产党的九十年》等重要文献为基本依据，以党的领导为核心，以老区人民为主体，以老区发展为主线，体现历史进程特征，突出时代发展特色，坚持辩证唯物主义和历史唯物主义相统一、历史真实性与内容可读性相统一的原则，书写革命老区从站起来、富起来到强起来的光辉革命史、不懈奋斗史、辉煌成就史，把老区人民的伟大贡献、伟大创造、伟大成就、伟大精神充分展示出来，形成一部具有厚重历史特征和鲜明时代特色的精品力作。这是一部培根铸魂、守正创新，既为历史立言，又为时代服务，字里行间流淌着红色血脉、催生着革命激情的传世之作。丛书的编纂出版将成为讴歌党、讴歌人民、讴歌时代、传播红色文化、为革命老区和老区人民树碑立传的重要载体。

丛书按照编年体与纪事本末体相结合、以编年体为主的编写体例确定框架结构；运用时经事纬、点面结合的方式记述史实；坚持人事结合、以事带人的原则处理人与事的关系；采取夹叙夹议、叙论结合以叙为主的方法展开内容。做到了史料与史论、历史与现实、政治与学术统一，文献性、学术性、知识性相兼容。

为编纂好《全国革命老区县发展史》丛书，打造红色文化品牌，中国老区建设促进会认真组织积极协调，提出政治立场鲜明、史料真实准确、思想论述深刻、历史维度厚重、时代特色突出、编写体例规范、篇目布局合理、审读把关严格、出版制作精良的编纂出版总要求，力求达到革命史籍精品的精神高度、思想深度、知识广度、语言力度，增强丛书的权威性和社会影响力。各省（区、市）、市（州、盟）、县（市、区、旗）老促会的同志，以强烈的使命感、责任感和紧迫感，勇于担当，积极作为，认真实施，组织由老促会成员、专家学者等参加的十余万人编纂队伍。编纂工作主体责任在县，省、市组织协调、有力指导、审读把关。各方面人员以高度负责的精神和科学严谨的态度，满腔热情地投入工作，为丛书编纂出版工作做出了重要贡献。丛书编纂工作还得到了党和国家有关部委、地方各级党委政府及有关部门的大力支持和积极参与，社会各界也给予了热情帮助。中共中央政治局原委员、中央军委原副主席、原国务委员兼国防部长迟浩田上将，对老区人民怀有深厚感情，对革命老区建设发展十分关注，欣然为《全国革命老区县发展史》丛书作总序。

丛书由总册和 1599 部分册（每个革命老区县编纂 1 部分册）组成，共 1600 册。鉴于丛书所记述的史实内容多、时间跨度长和编纂时间紧，不妥之处，敬请批评指正。

中国老区建设促进会

目　　录

概　　述

一

叶县地处豫中，地理方位是东经1130º，北纬330º，东临舞阳县，西连鲁山境，南与方城县、舞钢市毗邻，北与襄城县、平顶山市接壤。县境年平均气温15℃，年平均降雨量195毫米，年平均日照2146小时，属温带季风气候。1949年前后，县域总面积1475平方千米，人口41万人。几经区划调整，现域总面积1375平方千米，人口89万人，辖6个乡，9个镇和三个街道办事处，553个建制村，1352个自然村，3359个村民小组，分住汉、回、蒙、满等40多个民族。

境内西、南部为山区，海拔约在300米的浅山、丘陵地带占总面积三分之一左右，是林果、中药和野生动植物等林业药业之宝库。北中部为平原，适宜耕作的土地7.5万公顷，主要农作物为小麦、玉米，豆、薯次之。传统经济作物为烟叶、油料，瓜果、蔬菜次之。

常年流经县境的河流，自南而北有干江河、澧河、灰河、沙河、湛河和汝河，上游分别修建大、中、小型水库，变水害为水利，造福一方。山区、平原地下资源丰富，蓄藏银、铜、铁、锰、铅、石英、硅线石、重晶石矿，尤以原煤、岩盐为最，助力平顶山以煤兴市和创建岩盐之都。

二

叶地古称叶邑，亦称昆阳，治所建于春秋初期。沈诸梁受封叶邑，史称叶公。战国时叶地一度属韩、魏、秦，秦汉隶属南阳郡，唐属许州，宋属汝州，元、明、清属南阳府，民国属第六（南阳）行政督查区。1947年叶县获得解放，先后属豫陕鄂七专署，豫西二专属。新中国建立后，叶县属许昌专署，1983年12月改属平顶山市至今。

叶境先民开化较早，遗留下至今尚未破解的“无字天书”；存有新石器文化、仰韶文化、龙山文化遗址，楚长城遗址。县博物馆藏有黄庭坚手书碑刻12通和楚墓编钟一套等国家、省、市级文物。编钟高仿品一番演奏，穿越时空，为现代游客欣赏助兴。

叶县有文字记载的历史上溯到西周，“成周八师”屯住“叶”。“叶”即今叶邑附近。春秋时期，许国、应国先后迁入叶地，孔子周游列国，往返两经叶境，沿途留下圣踪，溺车、妆头、子路问津处的问村等演化为村名。公元前489年，孔子与叶公论政于叶邑，“近者悦，远者来”这句治世恒言，历久弥新。秦汉时期，刘邦两次统兵到叶地，公元23年，绿林起义军将领刘秀等以不足万人在昆阳城（叶县）大破王莽军百万之众，以少胜多的昆阳战例多次出现在毛泽东军事著作中。公元1403年，叶地历经水旱兵灾，已是“地广民稀”，明成祖迁山西晋城、长治等地农民来此耕田，民间世代流传，先人来自“山西汾河大槐树”。叶境有52个自然村带“营”字，任店镇最多占19个，若把从原叶县划出的大营、北渡地区计算在内，类似辉岭营、瓦店营，这样的村子会更多。朝代更迭之期，内地战乱之时。

新中国建立前，叶县的农业、商业和手工业均处于自给自足（或不足）自然经济状态。手工业主要是制造农具，也有少许金、银、铜、丝绸产品。商业店铺多经营日杂品，晋、陕商人也来设号，境内有“山陕会馆”。启蒙教育多为“私塾”，官办儒学设义学，比较正规，规格高些的教育场所为书院，叶县曾设问政书院，问津书院和昆阳书院。民国初年，废书院、义学改成小学。人们的医疗主要靠中医，中医以师带徒，口传心授，师承不同，形成不同地域流派和擅长医科。龚店孙干卿善治痔瘘，红庄杨小庄杜文卿善治瘫，邓李乡小张庄张国宾，田庄乡岗马村宋庆荣善外科，田庄乡武楼村武氏善喉科，任店镇袁氏善妇科，常村、夏李有善治毒蛇咬伤者等。不少流派传承下来，惠及当代。西医只起到补充作用。

三

辛亥革命的枪声，惊醒了河南革命党人起而响应，省会举事不成，同盟会叶县籍会员孙豪同刘积学等在叶县焦庄组建南路起义军总部，欲东西南北“四路图汴”，倾覆清廷在河南的统治。辛亥革命也摇动叶县政坛，次年，叶境先后建立统一进步党，国民党和社会民主党，开党禁，兴民主，倡共和，政党政治由此开始。北洋军阀崛起，袁世凯称帝，反动势力张口反噬，民国窒息，政党瓦解。旧民主主义革命无法拯救内忧外患、百病缠身的旧中国。

1919年五四运动爆发，叶县知识界和青年学生闻风而动，举行集会、演讲、游行、开展抵制日货活动，声援北京的学生运动。其间，学生领袖和活跃分子李亚仙、娄葆青、段语禅、陈继尧、崔慎三、艾峙生等，经五四运动洗礼和思想大解放，接受马列主义启迪，或去开封，或赴武汉、广州求取真经，先后加入中国共产党，揭开新民主主义革命在叶县的序幕。

1927年5月，受北伐军总政治部派遣，段语禅以战区农民运动特派员的身份，带领唐河县、桐柏县的国、共党员在叶县籍共产党员配合下，于6月建立起国民党叶县执行委员会，组建中共叶县小组和中共叶县支部，叶县的共产党人正式登上政治舞台。叶县创建地方党组织较早，构成其一大特点。

大革命失败后，党组织贯彻党的“八七”会议精神，转入农村开展武装斗争。1928年，王文卿、段语禅在常村摩天岭一带一举夺得散兵8支长短枪，建立了叶县第一支地下游击队。段庄村也建立了第一个农村党支部。之后常村、黄柏山、仙台、城关、老鸦、丁庄、盐店相继成立党支部。各支部大多掌握有数量不等的武器，是叶县地方党组织的另一特点。

1930年，中共豫中特委（许昌）筹建红军，为配合行动，是年秋，中共叶县委员会奉命建立，领导农民运动和武装斗争。县城东部农民运动兴起，在廉村组建“光蛋会”，有组织地“吃大户”，打开劣绅粮库分粮，赈济灾民。是年7月，中国工农红军第九军军部在叶县组建，叶县人民同正规红军第一次实现亲密接触。叶县持续开展的农民运动带起青年运动，1932年陆续组建“共青团叶县委员会”和“赤色互济会”。

1934年，第一届县委遭破坏。1935年8月，第二次苏维埃代表大会代表段永健回县，组建中共叶县工作委员会（简称县工委）。县工委从逐步恢复党的基层组织开始，壮大自身力量，还推选骨干力量参加鄂豫边区红军游击队，段永健、李子健、冯景禹都为边区建设作出重大贡献。11月，红二十五军长征，铁流滚滚挺进到叶县，沿途撒布红军精神。

叶县第一次抗日救亡高潮是在1937年至1939年间。其间，国、共两党地方组织召开联席会议，商讨抗日宣传、组织和武装斗争问题，建立起叶县的抗日民族统一战线，成立抗日群众组织，出现了“十年内战后，国共又合作”的局面。

叶县青年抗战工作团（简称青抗团），是共产党员实际掌握的群众团体，在全县设10多个分团，组建歌咏队和话剧团，出版抗日刊物，宣传“工农兵学商，一起来救亡”。叶县成立联防队时，青抗团工作重心转向掌握基层抗日武装上，青抗团卓有成效的工作，受到社会各界的公认和上级的肯定。全国青年救国会在武汉召开，叶县青抗团代表胡明正出席会议并作典型发言，介绍经验。

1938年暑假，昆中、县中等校学生王时春、司汉民、武定一、朱德炘等20多名学生奔赴延安。秋，宛属[①]各县联防大队集训，

①南阳城古称宛城。

叶县、方城、舞阳三县各抽 4 个连 500 人建立抗敌自卫团第 4 团，驻守叶县辛店训练。1939 年奉命前赴唐河、泌阳参加豫南战役，对日作战。

此时，中共叶县地方党组织经过大发展，党员数量已由抗战前的 20 余名发展到 280 名，建有 5 个区委，2 个工委、2 个中心支部，段庄党支部被豫中地委称作一类支部的典范，写入向党中央的报告中。随着国民党反共高潮和国民党第 31 集团军总部移驻叶县，叶县党组织在组织整顿基础上，有计划隐蔽和撤退干部。

汤恩伯总部设在叶县的近 4 年间，人祸天灾不断。“水、旱、蝗、汤”四灾使叶县人口锐减 103737 人，占战前 37 万人口的 27%，人吃人的现象时有发生，是叶县人民永远无法忘记的苦痛。

1944 年 6 月 5 日，日本侵略军进入县城，又肆虐全境，分设老鸦、常派庄、县城三个互不统属的日伪据点，分而治之。

故乡遭敌侵，抗战烽火高。叶县共产党人在日军犯叶，汤恩伯部溃逃之际，挺身而出抗日救亡，自发建立起六支抗日游击队，沉重打击日本侵略者。12 月，新四军黄霖部打响进军叶县第一枪，极大鼓舞了叶县地方抗日游击队的信心。

1945 年 1 月，八路军南下支队过境，同叶县抗日游击队结下深厚友谊。八路军、新四军精神深入人心。

7 月，新四军豫中游击兵团司令黄霖部护送新四军五师参谋长刘少卿赴豫西，途经叶县召开地方武装会议。会议决定：公开叶舞支队番号，组建叶县独立团。董锡之、张联芳领导的龙泉、樊庄游击队编入叶舞支队，陈继尧、武定一、沈祥甫、段语禅领导的游击队整编为叶县独立团。

8 月，抗日战争胜利在望，八路军河南军区三支队在陈先瑞司令员率领下，火速插向豫中，挺进到叶县，建立叶县民主抗日政府。叶舞支队、叶县独立团组成武装工作队，深入龙泉东、龙泉西、段庄、堠台、廉村、辛店 7 个区筹建区政权，叶县成为以嶂峄山为中心的豫中抗日根据地的组成部分。

9月,国民党军队大举进攻中原,叶县的党、政、军奉命向南转移。在西平县楚山寨叶舞支队、叶县独立团升编为解放军中原军区第三军分区独立旅第七团。1946 年 6 月，撤到鄂北的叶县党政军人员均参加了“中原突围”。

1947 年 11 月 4 日，陈谢兵团 9 纵 26 旅 77 团攻克叶县县城，国民党政权土崩瓦解，人民获得解放。12 月初，王文卿领导的地方武装“野火烧不尽，春风吹又生”，建起 80 余人的县独立大队，叶县地方党组织依靠枪杆子,在常村组建叶县人民民主政府办事处。陈谢兵团四纵十旅抽出一个连命名为叶县独立营，帮助叶县新政权稳定局势。12 月 26 日，4 纵 10 旅 30 团政治处主任范离接旅部通知，任命他为叶县县长。31 日，范离赶到常村，正式组建叶县人民民主政府。1948 年 1 月，豫陕鄂七地委任命段永健为叶县县委书记。从此，叶县人民在县委、县民主政府的领导下开展剿灭土匪，肃清国民党地方武装，支援野战部队和建立基层政权工作，把叶县全境划分为 9 个区，吸收隐蔽在各地的共产党员和中原突围中失散人员从事基层政权建设。军队和老解放区为帮助新区，先后派山东、山西、河北干部到叶县，充实县、区领导机构，组建农民协会和工、青、妇组织。2 月，陈谢兵团撤到叶县休整。4 月，刘邓大军司令部及三纵、六纵撤到叶县休整，开展新式整军。6 月、7 月，刘伯承、陈毅两次接见县委、县民主政府人员，分别作出重要指示。淮海战役和渡江战役中，县委、县民主政府掀起参军参战和支援前线的高潮，地方武装在原有基础上扩建为叶县支队，后在漯河升编为解放军 120 团。叶县建立支前司令部，给军队送粮、送鞋、送各种军需品，出小车、出担架，随军行动，叶县在政治、经济、文化等各项事业的方兴未艾中迎来新中国的诞生。

四

叶县是半老解放区。新中国建立前已经进行了反匪反霸和减租减息斗争，国民党反动派的社会基础崩溃，封建地主，尤其是恶霸地主受到严厉打击，人民群众业已发动起来。1949 年冬，叶县作为省定 15 个、专署定 7 个土改试点县之一，开始进行土地改革。这是中国共产党全面执政，在叶县得以体现的重大事件，也是叶县人民书写民族复兴、社会发展史这一部鸿篇巨著的开篇之作。

在和平环境中进行土改，以点带面，稳步推进，到 1951 年春大体结束。中农留地最多，富农、贫农居中，地主留地最少。由于叶县土改在《土地法》颁布之前，1952 年，土改复查与民主运动一并进行，这是半老解放区的特征之一。

与土地改革同时进行的党内整风、整党和在全社会开展镇压反革命，抗美援朝，民主整风，宣传第一部《中华人民共和国婚姻法》，打击毒品走私、拐卖人口、取缔妓院、吸毒场馆，扫荡一切封建和官僚资本主义制度的污泥浊水，开新风，换人间。党和政府赢得人民的高度信任，激发出人们建设热情和翻身做主人的责任感。1953 年叶县的国民经济得到恢复，文化、教育、卫生体现民生的指标成倍增长。

叶县的“一五”计划始于 1953 年。是年，召开叶县第六届各界人民代表会，贯彻社会主义过渡时期总路线，对农业、手工业和资本主义工商业进行社会主义改造。农民组建互助组，工商业实行公私合营。1954 年，根据中央人民政府通过《关于召开全国人民代表大会及地方各级人民代表大会的决议》，7 月，第一届叶县人民代表大会在县城召开，会议上通过了学习贯彻《中华人民共和国宪法（草案）》等决议，选举了出席省人民代表大会的 4 名代表。县人民代表大会的召开，体现了人民当家作主的精神和实行人民民主的精神，推进社会主义政治制度建设。党在领导社会主义改造的几年实践中，沿着一条由初级到高级渐进的形式，农民由互助组向初级社、高级社（集体农庄）过渡，手工业者和私营工商业也渐进改变旧有生产方式。1956年底，叶县完成1280户工商业改造，3593户手工业改造，农业合作化是一个中心乡为一个高级农业社。基本完成“三大改造”任务，社会主义经济制度初步确立。

从1957年开始，叶县对社会主义建设进行探索，在全国的大环境下，顺利完成“一五”计划。经济上开展增产节约活动、大办公共食堂活动、大炼钢铁活动、农业水利基本建设活动，兴建县属大型工业，整修道路，兴办高级中学，建设正规医院，实行中西医结合等。社会主义革命和建设在曲折中发展，出现了三年国民经济调整时期。但是，总的来看，十年大规模的社会主义建设，使叶县城乡面貌发生巨大变化。国营工业从无到有，渐成规模。农田水利基本建设取得重大成就，昭平台南干渠、澧河一渠和白龟山干渠、平原打井，使水浇地达到34.9%。教育、体育、卫生、文化、交通、邮电、商业、供销事业成就可观。社会主义制度建设、党的自身建设进一步加强，为现代化建设奠定物质、技术和人才基础。

五

党的十一届三中全会作出把党的工作重心转移到经济建设上来，实行改革开放政策，实现了新中国成立以来党的历史上具有深远意义的伟大转折，开启了改革开放和社会主义现代化建设新时期。县委正确贯彻上级党的指示，平反冤假错案，拨乱反正，调动一切积极因素，把经济建设搞上去。改革率先从农村开始，以包产到户、包干到户的生产责任制和家庭承包责任制，改变了农村面貌和农民自身命运，改革破冰举措取得显著成效。经济体制改革取得阶段性成就，推动政治、科技、文化、教育及各个领域的配套改革。

如1977年恢复高考一样，一股改革春风扑面而来。从“六五计划”开始，逐步缩小指令性计划，扩大指导性计划，用计划经济和市场经济相结合的办法指导经济和社会发展。县政府制定《叶县综合农业区划报告》《叶县种植业区划报告》《叶县畜牧资源调查与区划报告》等，促使乡镇企业异军突起。叶县盐岩资源经专家评审，各级立项，产品分析均得出开采前途看好、质量上乘的结论，经省市和叶县政府的不懈努力，一批制盐、盐化工企业兴起，同时也带动配套的乡镇企业发展。其间，李长春在任河南省长和省委书记期间，也对叶县盐业发展大力支持，对叶县创建“盐岩之都”寄以厚望。岩盐资源优势作为叶县名片，曾到郑州、北京等地招商引资，助推经济发展跃上快车道。

党的十四大制定和实施社会主义市场经济。叶县抓住机遇，强力推进“工业强县”战略，全力建设中国“岩盐之都”，抓好农业经济结构调整，按照地理条件和传统优势，发展大棚蔬菜、瓜果、食用菌，发展林果基地和高产农业，扎实推进农民增收、农业增效和新农村建设；恢复、重建明代县衙、叶公陵园等景观，积极发展文化产业，建设历史文化名城和旅游大县；兴修东环路，治理东、西城河，绿化、美化、建设园林城市，提升叶县新形象；净化教育、医疗环境，提高教育和服务水平。

进入21世纪，经济、政治和各项社会事业朝着和谐、可持续科学发展前进。城区增大了一倍，城乡道路硬化，通讯信息便捷，精神文明和物质文明大幅度提升。叶县发挥资源、区位、已有产业等方面优势，持续加大对“三农”、社会事业领域投入，推进“平（顶山）叶（县）一体化”，壮大煤盐化工产业，机动三轮车制造基地，建设全省重要的粮食和标准化养殖基地。建设国家级园林卫生县城，打造实力、活力、魅力盐都和文化、和谐盐都。

六

党的十八大以来，叶县深入学习、贯彻落实习近平治党治国新理念和新时代中国特色社会主义思想，县委带领89万各族人民，全面落实党中央和省、市委决策部署，协调推进“四个全面”战略布局和统筹推进“五位一体”总体布局，突出产业集聚区，现代化农业示范区，特色商业区和昆北新城建设，按照“44121”战略规划，提前全面建成小康社会。

打造实力叶县。以产业兴县为抓手，依托平顶山化工产业集聚区和叶县产业集聚区，建设全国规模最大、产业链最长、科技含量最高的尼龙城。依托现代化农业示范园区，大力发展循环农业，建成种植、农产品加工和仓储物流基地、健康食品产业园、特色种植园。依托文化旅游、电子商务，促进第三产业扩大规模，提档次。把硬实力打造得真正硬起来。

打造生态叶县。严格落实大气污染防治联防联控机制，抓好工业废水、饮用水和地下水综合治理，实施沙河、澧河、灰河、城河生态优良水域格局。治理农业面源污染防治和农村环境连片整治。全面落实“河长制”，开展巡河行动，依法取缔“散乱污”企业。

打造宜居叶县。结合中原城市群建设和省“百城建设提质工程”，推进“平叶一体”向纵深发展，推进棚户区改造，加快昆阳新城建设，因地制宜，科学有序推进乡村建设，完善宜居环境改造。完成文化路、自由路、叶公大道升级改造，建成叶廉路绿化亮化工程，建设城雕公园、金明公园、金碧公园；城区天然气覆盖率75%，提升城乡形象。

打造和谐叶县。坚持以人民为中心的“民本”思维，把脱贫攻坚作为第一民生工程和头等大事，稳定增加群众收入，织密社会保障网，做好特困人员救助工作，提升养老、医养结合水平。实施科教兴叶战略和教育复兴工程，构建县乡村三位一体医疗卫生服务体系，健全社会综合治安防控体系，有效化解社会矛盾。建设县第二实验学校、昆北中学、教育发展中心，建设疾控中心综合楼、12个乡镇中医馆，建成公共法律服务中心，使保障体系更加健全。使老有所养，住有所居，学有所教，病有所医，事关民生事项落到实处。

2018年利用境外资金4239万美元，省外资金203亿元，其中新建成13亿元的年产7万吨尼龙片和年产4万吨尼龙66切片6个项目，新建成43.9亿元的年产20万吨乙内酰胺和年产4万吨差异化帘子布工业丝7个项目；力帆树民喷漆机器人，隆鑫全自动机器人智能喷涂线成为全省“机器换人”示范项目；平煤神马100兆瓦光伏发电项目建成并网发电等，工业强县、工业兴县的实力不断提升。

2018年，聚全县之力打响规模空前、力度空前的脱贫攻坚大会战。通过产业、文化、健康、科技、光伏、金融、教育、帮扶多策并举，尤其是通过科技扶贫同扶志、扶智相结合，利用2家国家实验室和5家省级实验室支撑的产业带动，上下合力攻坚，把贫困县的历史终结在当今“愚公”手中。

2018年是中共叶县地方党组织创建91周年，也是党代表人民利益执政71周年。20余年抛头颅、洒热血的峥嵘岁月，70余年披荆斩棘、风雨兼程的奋发图强，使叶县发生了翻天覆地的变化。历史长河中，几十年只是弹指一挥间，而变化却史无前例，这只有在共产党领导下才能做到。走在新时代筑梦大路上，回首告别90年前的沉重苦难，告别70年前的“一穷二白”，告别实行2600年的“农业税”，再永远告别绝对贫困，全民正向小康社会迈进。

2018年，又是改革开放40周年，叶县人民在以习近平同志为核心的党中央英明领导下，沐浴着改革开放的春风，走过新时期、跨过新世纪、进入了新时代。深入学习贯彻习近平新时代中国特色社会主义思想，不忘初心，牢记使命，将改革开放进行到底，让思想照亮未来，让老区建设更加出彩。

第一章　中共党组织创建和大革命时期

（1912 年 5 月～ 1927 年 7 月）

20 世纪初，辛亥革命的枪声，俄国十月革命的炮声，五四运动的呐喊声，都震动着古老的昆阳大地。接受新文化启蒙的叶县进步知识青年成了新思想和马列主义的积极传播者。20 年代中期，几位参加北伐战争或在外地求学、大革命时期加入党组织的共产党员回叶，通过开展学生运动、创办进步刊物等形式宣传反帝、反封建的活动，培养发展党员，组建了中共叶县地方党组织，拉开了叶县在共产党领导下开展新民主主义革命的序幕。

第一节　政党活动和五四运动

一、政党肇始

辛亥革命、武昌起义。消息传来，河南省同盟会人士在省会开封起而响应。开封起义失败，叶县籍同盟会烈士（民国追认）孙豪，生前和部分省同盟会人士在叶县组建南路起义军总部。他们四方联络，奔走于方城、郏县、宝丰、鲁山等县，争取、团结进步力量和绿林武装，开展倾覆满清政府的斗争。

同盟会人士的抗争和牺牲，影响叶县一批民主人士，接受“天赋人权”、进化论和社会民主思想，开党禁、反专制，提倡言论自由，为反帝反封建活动营造正当性。其中，如黄自芳、段云骧、郭焕宇、崔兆元、刘克敏等是代表人物。

1912 年（民国元年），黄自芳在叶县建立统一党分部，郭焕宇在叶县建立社会民主党支部，刘克敏建立国民党支部，政党活动肇始。党际间，通过自由竞争，选举全国、省、县议员，各争既得利益。同时，围绕反袁（袁世凯）和拥袁，政党间唇枪舌剑，互相攻讦，致使民主启蒙活动大受影响，连男子剪辫，女子放足都未深入进行下去。

旧民主主义活动在叶县，从表面上看曾一度风风火火，但参加者多为文化界、思想界人士，底层民众没有多少感受。这些政党的代表人物脱胎于封建营垒，革命的软弱性遇到袁世凯复辟帝制，旧式政党几乎全部瓦解。

尽管如此，辛亥革命的新风毕竟吹到了叶县，政党政治业已开启，“民主共和”理念召唤人们思想解放，继续寻求救国救民良策。

二、五四运动对叶县的重大影响

1919 年，北洋军阀政府准备在巴黎和会上对美、英、法、日等帝国主义列强，强加给中国的“由日本接管德国在中国山东的权利”等丧权辱国的条款签字，激起了中国人民的无比愤怒。5 月 4 日，北京大中学生 3000 多人在天安门前集会，并举行了声势浩大的示威游行，强烈要求“外争国权，内惩国贼”，形成了震惊中外的北京五四爱国运动且迅速波及全国各地。

5 月 7 日上午，五四运动的消息传至叶县最高学府——叶县高等小学堂。进步教师周仿溪首先看到北京《晨报》的有关报道后，立刻告知正在紧张筹备“5·9 国耻日”[①]纪念大会的教师学生。大家迅速作出反应，热烈商讨响应办法，推选由教师代表周仿溪、王子宣、陈子让，学生代表段语禅（段志昂）、王省先、孙德修、田子祥等七人组成响应五四运动的行动筹备组，具体商定活动方案。筹备组研究决定：一、5 月 9 日按计划在马号院（解放后的叶县剧院一带）举行策应五四运动的“国耻日”纪念大会。二、大会口号拟定为：“外争国权、内惩国贼”“废除二十一条不平等条约”“还

① 1915 年 5 月 9 日，北洋军阀政府同日本帝国主义签订“二十一条”不平等条约，国人感到耻辱，约定该日为“国耻日”。

我山东锦绣河山”“坚决抵制日货”等。三、由周仿溪起草大会宣言和传单内容，交民生印刷厂印刷，向社会广泛散发。四、以大会名义向北京发快邮代电，要求北洋政府释放被捕学生。五、为扩大社会影响，敦促校长邀县长出席大会并发表反帝、反军阀的讲话。六、举行示威游行，向民众演讲，号召全县人民团结起来，与反动军阀政府展开斗争。5月9日，大会如期举行，声势浩大，振奋人心。县长陈洪翼被迫登台讲话，指责袁世凯北洋政府的卖国行径。教师代表崔兆元、周仿溪，学生代表段语禅、陈继尧（陈宗舜）等慷慨激昂的大会发言和游行演讲更赢得了全县人民的广泛共鸣，形成了反帝爱国的强大舆论氛围。

大会以后，周仿溪、段语禅等师生代表在北京、开封求学回县的叶县籍进步学生李书堂、卫士彦等启发帮助下，学习京、津、汴等地大中学校成立学生会的经验，有组织有计划地举行总罢课，提高政治斗争水平。学生冲破校方及县当局的重重阻力，选举成立了由甲、乙、丙三级学生代表段语禅、孙德修、田子祥、李云岫、陈继尧、郭殿选等组成的“叶县高等小学堂学生会”。学生会积极履职，适时组织本校并联合全县城乡其他学校广大学生，开展抵制日货活动，分区域成立了城关（李秀峰、孙赞襄负责）、旧县保安（李庆祺、段绍勋负责）、北渡大营（张靖亚、典子万负责）、龚店廉村（师刚德、王凤鸣负责）、任店寺庄（娄葆青、郭靖安负责）等五个日货检查组，利用星期六下午和星期日深入各商号柜台及仓库巡回检查，一旦发现日货就地封存，不准销售。陈继尧代表学生会掌握全局，指导各组的工作开展。参与检查的学生们热情高涨，是非分明，对全县商户宣传民族精神，贯彻爱国理念，晓之以理，行之以规，对通情达理、愿意配合者，劝其照章办事；对隐匿日货或更换标签，冒充国货顶风销售者以强大的舆论给予打击制止。当城关组检查到北大街“泰顺德”商号时，店掌柜不服从检查，并对检查组出言不逊，被学生带到高等小学堂院内，绑到一棵石榴树上以作警示。众目睽睽下，该掌柜表示服从，不再销售日货，遂给以自由。此举对社会震动很大，使抵制日货活动收到了良好的效果。

6月上旬，在日本帝国主义的唆使下，北洋军阀政府变本加厉地实施暴政，工人及社会各界相继加入支持学生运动的革命行列，全国“三罢”①斗争如火如荼。叶县高等小学堂学生会果断决定联合全县学生举行总罢课，与全国的爱国主义活动同命运、共患难。当全国的“三罢”斗争取得实效，北洋政府被迫接受各界意见，释放被捕学生、电令出席巴黎和会的中国代表拒绝签字的欢庆时刻，叶县的学生运动也取得了令人欣喜的阶段性成果：县当局慑于革命舆论压力，不再明目张胆地指责、阻止学生运动；曾对学生运动设置障碍的叶县高等小学原校长李啸山辞职离开叶县，由教育界开明人士崔兆元接任。

五四运动对叶县社会的影响之大、涉及面之广前所未有。通过这一运动，叶县人民，尤其是进步知识分子和青年学生认清了帝国主义和军阀政府的反动本质，受到了深刻的爱国民主思想教育，经受了革命的历练，为叶县新民主主义革命的开展和马列主义的传播营造了相应的思想和社会环境。

第二节　中共叶县地方党组织的创立

一、早期共产党人的主要活动

段语禅是听过毛泽东讲课的唯一一个叶县人。毛泽东在武昌开办农民运动讲习所，1927 年，段语禅进讲习所学习，几次聆听毛泽东讲解农民运动。学习期间，他还参加了东征讨蒋战斗和击退叛军夏斗寅战斗。由于段语禅思想活跃，成绩优良，战斗中英勇果敢，武汉国民革命政府在武昌东湖誓师二次北伐时，被北伐军总政治部

①学生罢课、工人罢工、商人罢市。

委派为河南籍学员队队长。学员队随北伐军入豫，战斗不断，经受了血与火的考验。段语禅和队员们积极主动地进行战地宣传，鼓舞军人的士气，又利用间隙深入农村，发动农民运动，支援北伐战争。他们编写的战地宣传作品脍炙人口，鼓舞人心，其中曲艺唱词“天下荣，丈夫争战功；天下乐，英雄破敌国。古今来，兴灭本无常，欲自强，打倒奉张①、直吴②害人狼。”“中原舞台撼天地，工战、农战与学战，军战风雷急。国民革命正崛起，天改、地改和人改，三民主义立”等在革命军内广为传唱。6 月中旬，段语禅又以战区农民运动特派员的身份，肩负着北伐军总政治部和共产党组织赋予的双重使命，带领共产党员李怀玉、乔国良、韩鑑增和国民党员赵绍廉经驻马店、漯河等地一路考察，到达叶县。下旬，与开封回叶的党员一道，联合国民党左派，共同致力于叶县国民党、共产党组织的筹建工作。

娄葆青 1922 年考入开封省立第一师范，学习期间，同校友刘明佛、韩源波等发起成立“开封青年学社”，研读进步刊物，宣传马列主义，在王若飞、冯品毅影响下，1925 年参加了共产党，具有国、共双重党籍，成为叶县最早的共产党员之一。他不辱使命，曾同马尚德（杨靖宇）到驻马店确山发动农民运动，还多次到开封甲种工业学校与叶县籍进步学生李亚仙、艾峙生等研讨开展反对军阀专制，贯彻民主爱国思想的活动。同年，李亚仙、艾峙生也在开封求学阶段受肖楚女影响加入共产党。

艾峙生于 1926 年秋从开封甲种工业学校毕业后，接青年学社通知，推荐其参加广州第七期农民运动讲习班。他迅速启程，风尘仆仆赶到河南学员集中点驻马店，由于全省学员居住地过于分散，通讯滞后，交通不便，耽搁了时间。讲习所由广州向武昌搬迁，暂

---

①奉系军阀张作霖，国民政府二次北伐作战对象主要是奉军。

②指直系军阀吴佩孚，国民政府二次北伐肃清直系军残余力量。

停招生，他顺便赴确山县，面会开封求学时的学友杨靖宇和徐子荣，协助他们开展革命活动，通过访贫问苦，了解了军阀混战下离乱人民朝不保夕、流离失所的痛苦生活和要求安定、温饱的强烈愿望。艾峙生直接参加了确山党组织领导的农民暴动，万余农民攻打县城，驱逐反动县长。他亲历了建立共产党确山县支部和河南省第一个县级政权——确山县临时治安委员会的全过程。1927 年 5 月，二次北伐正式实施，艾峙生奉上级党组织指示以开封青年协社的名义深入豫中，回到叶县，以开办读书社的方式，召集知识青年阅读马列著作和进步刊物，关心国家命运，开展青年运动，响应北伐战争。叶县初级师范学生李子健（胡耀华）、焦见光，叶县乙种蚕桑（职业）学校学生石嘉云等数十人就是读书社的骨干学员。他们怀着读书上进的热情和救国救民的抱负，如饥似渴地研读革命书籍和理论。“华人应享华主权，亚人应种亚人田。青年，青年，且莫同族自相残，坐视欧美着先鞭。不怕死，不爱钱，丈夫决不受人怜。洪水同滔天，志士挽狂澜，方不负整军经武继先贤。”①如此振聋发聩、催人奋进的革命诗篇，就是他们当年熟读成诵、乐于效法的内容之一。一批青年由此开始接受马列主义启蒙教育，进而坚定加入共产党领导的革命队伍。艾峙生成为叶县无产阶级革命的播火者之一。

崔慎三 1925 年考入开封师范，由于思想进步被学校推荐进入黄埔军校四期步科，在军校集体加入国民党。1926 年毕业，在恽代英指挥下参加国民革命军第一次北伐打到武汉，北伐军总部分配其到武汉军分校任中尉副连长，同年秋参加东征讨蒋战斗，1927 年秋回县参加地方革命活动，1928 年由段语禅、艾峙生介绍加入中国共产党。

通过早期共产党人不同形式的不懈努力，叶县播火者队伍在壮大、成长，由初期的进步知识界扩及社会各界、广大农村，共产党

①选自《李子健回忆录》第 4 页。

地方组织的诞生已具备相应的思想基础和社会条件。

二、叶县地方党组织的诞生

1927 年 6 月中旬，段语禅带领的农运工作队到达叶县后，首先以国民党员的公开身份开展活动。他们在旧县、老鸦、段庄一带发展国民党员，成立国民党区分部，并与在其他区乡筹建国民党基层机构的国、共党员取得联系，共同致力于国民党叶县党部的建立和共产党叶县地方组织的筹备工作。段语禅等强有力的宣传发动和组织工作，得到了全县进步力量及社会各界的认可和拥护，纷纷响应、配合他们的工作。娄葆青、李亚仙、艾峙生等曾于 1926 年与段语禅一起酝酿组建国民党叶县党部而共过患难，共同理想、一致目标，又自然使他们走进同一战壕，成为国、共叶县地方组织的发起者。由于当时国共合作局面较为稳定，国民党河南省党部派出到叶县筹建县党部的人员李奇峰、刘骥生、孙赞襄、宁希文等也主动与段语禅配合工作，使县党部成立的条件成熟。

6 月下旬，国民党叶县第一届代表大会在县城召开，选举产生了首届国民党叶县执行委员会，段语禅、李奇峰、孙赞襄、刘骥生、王子和、娄葆青为执行委员，其中段语禅、李奇峰、刘骥生 3 人为常务执行委员，主持县党部工作；李亚仙、陈继尧、宁希文、张铭阁、王廷伦为候补执行委员。艾峙生为青年部部长，段步兰为妇女部部长。这届国民党县党部是大革命时期以贯彻孙中山先生“三大政策”为宗旨，国共真诚合作，由段语禅、王子和、娄葆青、李亚仙等共产党员（国、共双重党籍）跨党参加并起主导作用的准政权性机构。段语禅、李怀玉、韩鑑增、乔国良、娄葆青、李亚仙、艾峙生等发起成立了中共叶县小组，段语禅任组长。

段语禅等在公开发展国民党员、筹建国民党县党部的同时，也在大力培养发展共产党员，扩大党员队伍，首先吸收农运工作队成员、国民党员赵绍廉入党，又发展青年运动骨干段风和、段永胜等农民为共产党员。7 月上旬，叶县共产党员人数达 13 人，党小组扩建为中共叶县支部，选举段语禅为支部书记。党支部直属中共河南省委领导，是平顶山地区成立最早、河南省为数不多的县级共产党地方组织。

初建的共产党叶县地方组织按照上级党和国民革命政府的指示，做了许多卓有成效的工作。党小组活动期间，凭借国共合作的政治平台，帮助国民党叶县执委会妥善地促成了三件大事：一、选送3名国民党员到郑州参加省党部开办的训练班。二、决定由农运工作队的李怀玉等三名非叶县籍党员负责农运工作，突破一点，推动全面，掀起全县农民运动高潮。三、将国民党区、乡级组织建成准政权性质的机构，重新选举领导人，把基层政权从土豪劣绅手中夺回来，给全县农民大众创造了较为安定的生产、生活环境。党支部成立后，客观分析了当时政局，根据省委指示，在大力支持完善国民党县级组织，指导开展农民运动中，制订工作计划，组织开展力所能及的济世、民生活动并进行共产党自身的宣传、思想、组织建设。在连年灾荒、民不聊生的状况下，支部书记段语禅利用国、共叶县县级组织双重负责人的身份，建议并组织国民党叶县执委会开展社会募捐活动，周济生活无着的穷苦农民，抽派共产党员协助国民党财务部门建立“妇孺收容所”“难民收容所”，为流离失所的穷人、妇女、儿童提供基本住所，发放一些食品，使社会底层的苦难群众和弱势群体减轻生存压力。党支部创办《晨鸡》周刊，广泛宣传马列主义和中国无产阶级革命，为发展壮大党的组织和革命队伍广造舆论。艾峙生主持扩大“青年读书社”范围，继续组织城乡广大青年阅读进步书刊，提高思想觉悟，引导他们认识共产党的性质和使命，自觉理解和实践党的主张，吸引忠实可靠群众。党支部效仿南方各地开展农民运动的做法，筹建农民协会，为“打土豪分田地，实现耕者有其田”做好准备；还发动、组织城乡民众举行了声讨新军阀蒋介石的示威游行，把一名英国传教士驱逐出县境。

中共叶县支部的一系列宣传活动和斗争举措深得民心，全县劳

中共叶县支部期刊

苦大众切身体会到共产党确实是为穷苦百姓谋利益的，发自内心地拥护党的主张，积极踊跃地参加党领导的革命活动，形成了反对帝国主义、封建军阀、贪官污吏、土豪劣绅的强大政治舆论氛围。北伐期间持中立观望态度的叶县旧式驻军佘念慈旅也看到北洋军阀大势已去，开始向革命阵营靠拢，派信使向段语禅等领导人表示拥护并参与国民革命。中共叶县支部审时度势，认为驻军归顺有利于局势稳定和革命进展，经向北伐军总政治部报告同意，将佘旅原北洋军的五色旗更换为国民革命军的青天白日旗，仍驻守叶县。

大革命时期，党将马列主义与中国革命实践初步结合，运用于民主革命，与国民党建立起国民革命统一战线，并充分显示了无产阶级政党代表广大劳苦大众根本利益，密切联系人民群众的政治优势和组织优势，广大共产党员以满腔的革命热忱，组织带领工农群众投入革命运动，艰苦斗争，不怕牺牲，推动了波澜壮阔的国民革命。革命洪流冲击着封建制度的根基，淹没了旧式政党的形迹，撵走了不同政见的县长，1927 年一年先后更换四任县长。共产党人一踏上政治舞台，就以亲民的形象，切实的措施，先进的思想，开创了一片大好局面。

第二章　土地革命战争时期

（1927 年 7 月～ 1937 年 6 月）

国民党右翼蒋介石、汪精卫相继叛变和党内右倾机会主义放弃对革命的领导权，致使第一次国内革命战争失败，葬送了国共合作的大好局面和胜利成果。共产党人和革命民众惨遭国民党新军阀的血腥屠戮，革命陷于低潮。1927 年 9 月以后，叶县的革命形势也随之急转直下，党的活动由地上转入地下。党组织贯彻党的“八七”会议精神，开展武装斗争，发展党员，组建县委，进行彻底的民主革命。叶县党员还积极参加鄂豫边区建设，在更大范围内作出贡献。

第一节　贯彻党的“八七”会议精神，革命活动转向农村

一、贯彻党的“八七”会议精神

大革命失败后，蒋汪合流，倒行逆施，纠集反动势力向革命阵营发起猖狂进攻。在“清党”“分共”的反革命逆流中，国民党反动派“宁可错杀三千，不使一人漏网”，大批共产党员和革命志士壮烈牺牲在反革命屠刀之下。新军阀冯玉祥任河南省主席，将冯军中的共产党员 300 多名逮捕入狱，并将所获全省范围内的共产党员的姓名、通信地址通知各地部属，实施通缉追捕，同时下令解散农民协会、工会、妇女会、学生会等民众团体。1927 年 7 月下旬，四名非叶县籍党员撤离。国民党新军阀为了站稳地盘、扩充实力，迫不及待地安插其亲信为各级地方政权负责人，并将庞大的征兵名额和各项税赋分配到县，强制完成。其间，叶县政权机构已由北洋

军阀时期的县知事公署改为县政府，县长统由驻军委任。

8月7日，党中央在汉口召开紧急会议，会议通过了《中共八七会议告全党党员书》和《中国共产党的政治任务与策略决议案》等几项重要决议，总结了大革命失败的经验教训，结束了右倾机会主义在党中央的统治，确定了土地革命和武装反抗国民党反动派的总方针。9月上旬，新组建的豫中特委派人来叶县传达“八七”会议精神。根据会议精神，叶县党支部决定：一、取消跨党，由具有国共双重党籍的共产党员自我抉择，保留一种党籍。段语禅、段风和、段永胜、娄葆青、李亚仙、艾峙生、陆保堂、王富英8人放弃国民党党籍，只有王子和一人放弃共产党籍，保留国民党党籍。二、党员转入地下工作，党支部停止公开活动。三、工作重点转向农村，发动农民进行土地革命。

“八七”会议精神的贯彻，使叶县地方党组织在环境恶化、形势低迷的严峻关头明确了革命方向——以革命武装反对反革命武装，担当起进行土地革命的历史责任。

二、中共叶县独立支部

叶县党组织有着较好的思想和群众基础，即使党支部停止公开活动，党员在秘密状态下分赴叶县东部、东南部、西南部农村发动群众，开展农民运动。

1928年4月，段语禅奉河南省委指示从开封回叶，重建叶县党组织。党员在城南苗圃开会，选举产生了中共叶县独立支部委员会，段语禅任书记，董锡之、艾峙生任委员。中心任务是“发动群众，组织暴动”，开展夺枪斗争，建立革命武装，反击国民党新军阀的反革命武装。

11月初，正当叶县的革命形势向纵深发展之际，国民党河南省政府利用特务手段，查获了叶县党组织的通信地址：“旧县镇，方忆农”。此地址和人名是通信暗号，代表旧县镇邮政代办站杨玉甫家，当时的国民党叶县县长杨廷干接省政府通知，亲自出面去查，经脱党分子王子和破译，秘密传讯杨玉甫，追捕段语禅。杨廷干差人到段庄抓人扑空，几经辗转，探出消息，遂追捕至开封。段语禅在赴开封向省委汇报工作期间不幸被捕，判刑 11 个月，被监禁于开封第一监狱。打入国民党开封市党部的叶县地下党员李亚仙获知段语禅被捕的消息，立即给董锡之、艾峙生写信，以隐语形式告知他们提高警惕，以防不测。此信又被杨廷干截获，隐语又被破译。董锡之、艾峙生先后被捕，押解开封，与段语禅同押于省第一监狱，独立党支部停止活动。同时，李亚仙身份暴露，也遭逮捕，1930 年，风华正茂的李亚仙牺牲于开封监狱，年仅 28 岁，是叶县共产党员中为革命捐躯第一人。一个脱党分子祸及 4 名党员，1 人遇害，3 人入狱。

三、早期农村党组织

叶县早期共产党员多数出身农民家庭，与农村社会有着千丝万缕的天然联系，是发展农村党组织，开展农民运动的便利条件。群众基础较好的段庄自然成了组建农村党组织的首选地。段庄是段语禅的祖籍地，最早入党的两个农民党员段风和、段永胜也是段庄青年农民。1928 年 3 月，叶县第一个也是平顶山地区最早的农村党组

1928 年 3 月成立的段庄支部旧址

织——段庄党支部秘密成立，段风和任支部书记。党支部大力发动群众，组织劳苦农民同地主恶霸、土豪劣绅进行“要饭吃”“要衣穿”等不同形式的斗争，取得了丰硕的成果，多次受到上级党组织的表扬。段庄党支部的革命活动如星星之火，在叶县南半部农村逐渐呈燎原之势，周围村庄的群众被大面积发动起来，随着党员和外围进步群众人数的增加，党的队伍迅速扩大。1929 年曾以段庄为中心，辐射许南公路沿途村庄，组建了中共汽路区委，由段风和、段永健等几位骨干党员共同领导这一带村庄的党组织建设和群众运动。下半年，汽路区委同中共豫中中心县委接上联系，段永健被任命为中心县委兼职交通员，负责往方城、南阳等地转送党的文件和情报。1929 年，河南省委被党中央暂时取消，豫南、豫中、豫北三个中心县委归中央直接领导，段永健兼职交通员归中央交通局管理。

常村党支部是继段庄党支部之后第二个成立的农村党支部。1929 年秋，经叶县和开封市党组织多方营救，原独立支部领导人段语禅、董锡之、艾峙生出狱后，持开封市党组织介绍信回叶县，12 月，常村党支部正式成立，段语禅任支部书记，负责领导以常村为中心的县西南部及叶、鲁（山）、方（城）交界一带农村的组织发展和农民斗争。由于常村地处边远浅山区，国民党当局统治相对薄弱，实际上成了叶县党组织的后方根据地。与此同时，在县城北部，从小被黄柏山人祖庙住持胡智慧收养的贫家子弟石嘉云也在斗争中成长起来。他在县乙种蚕桑学校求学时，开始接受革命思想，被党组织吸收为共产党员，成为全县革命活动的骨干。1929 年冬，石嘉云主持秘密成立黄柏山党支部并被推选为支部书记，领导黄柏山一带及整个叶县北部的革命斗争。在段庄、常村、黄柏山党组织成功组建、农村革命节节胜利的形势推动下，叶县东部、东南部的农村党组织都相继进入酝酿创建阶段，活动范围覆盖城乡大部，先后建立的农村党支部有坟台，书记为冯辰斋；丁庄，书记为万廷选；城关，书记为张式旭；邪店，书记为陈继尧；建立党小组的村庄有慕庄、牛杜庄、水城、小田庄、老鸦、姚王，分布东西南北中各地。

四、建立常村地下游击队

党的“八七”会议上作出了《最近农民斗争的决议案》，引导农民斗争转向秋收起义。中共河南省委在1927年9月中旬召开的省委扩大会议上也作出了《关于农民运动决议案》，要求“要组织农民暴动”。

中共叶县地方党组织在工作重心向农村转移的同时，十分重视夺枪、筹建游击队的工作。1928年2月，许昌司堂农民暴动，鼓舞着叶县的共产党员，千方百计加快行动，有的通过“卖兵”拖枪回来，有的参加民间武装，掌握枪支，不过这些零星行动，无法形成规模。

是年，樊钟秀的建国豫军驻扎在叶县，冯玉祥主豫后，欲收编建国豫军，遭樊钟秀拒绝，因建国豫军番号是孙中山授给的，冯不好强迫，便改招安为驱逐。樊钟秀，鲁山人，是土著军阀，叶县是他常来常往的势力范围。6月间，冯玉祥统一河南和樊钟秀地方割据的战争打响。7月，驻军县城的建国豫军王崇林师牛绳武旅被冯部许长林旅击败，樊军撤离叶县西去。败兵西撤，携械逃跑者，卖枪卖子弹者，司空见惯。其中一李连长携枪逃到常村附近的摩天岭村，准备将所带的步枪卖掉。王文卿闻讯，火速向段语禅汇报情况。经研究，他们果断决定将这批武器夺下。于是王文卿在当地挑选了符九绪、李清林、孟庆增等30余名政治上可靠的青壮年农民，在初秋青纱帐的掩护下以突然袭击的方式冲进摩天岭村，将对方包围在红枪会头目窦万昌家中，缴获了全部七支步枪和一支手枪。叶县地方党就靠这批武器组建了以王文卿为首的第一支地下游击队。冯玉祥军队得知情况后，曾派兵到常村抓人，抄了王文卿的家，放火烧掉了王家的三间房子。前去抓人的冯军官兵未达目的，迁怒于家属，逮捕了段语禅的父亲、常村小学教员段云骧和王文卿的胞兄王麟阁及其挚友卫登峰。后经王家卖地筹款、打通关节和当地群众力保，才将三人释放。

叶县党组织一举夺得七支枪，建立地下游击队。尽管反动势力跟进反扑、镇压，毕竟党开展武装斗争的力量大大增强，对封建官僚势力的震慑作用也大大增强。尤其是地处山区的常村党支部起到威镇一方的作用。

第二节　第一届县委在时局动荡中创建

一、县委创建前党内党外的概况

县委建立前的相当一段时间，党内党外的状况都十分混乱，这种乱象不仅包含新旧交替的成分，还涉及自身成长的曲折。

反映在社会方面，大革命中国民党窃取了胜利成果，打倒了北洋旧军阀，国民党新军阀崛起，割据一方。叶县多数时候属樊钟秀建国豫军的势力范围，叶县的党员中段语禅、李子健、崔慎三均参加过建国豫军。冯玉祥、樊钟秀同属国民党二次北伐的有功之人，两人为争地盘，话不投机，兵戎相见。所以，1928 年前后叶县这片土地上外来军阀，土著军阀、土匪武装，为既得利益争斗不息，叶县的政治舞台你方唱罢我登场。

1928 年，无论是对中国近代史，还是对叶县近代史均是一个历史节点。这一年国民党完成了全国形式上的统一。是年春，冯玉祥部三十军进攻盘踞叶县的樊钟秀部王茂斋师，取而代之。三十军军长刘骥奉冯玉祥反共、反人民旨意，扶持国民党叶县北派势力，实现了蒋介石反动统治与叶县反动势力的对接。自此，中共叶县地方党组织革命的对象，实际上对准的是蒋介石的代理人，因而，对手异常强大，环境更加恶劣。

中共叶县党组织面对混乱动荡的时局，一方面医治自身的创伤，一方面贯彻党的“八七”会议精神，把党的活动重心继续向农村转移。叶县党组织一直受河南省委直接领导，中共叶县独立支部遭破坏，早期党员被捕，李亚仙遇害，使叶县党组织同上级党组织关系中断。1929年党中央撤销中共河南省委，直到1930年初始恢复重建，所以，叶县党组织常处于自发斗争状态。

叶县农民党员居多，人自为战，村自为战，离开中心城镇，开展农民运动和武装斗争，走一条不同于以往的革命道路，在广大农村建立党小组、党支部，收到了多点开花的效果。县委建立前叶县已发展党员50余名，建立农村党支部、党小组10多个。

1929年大旱，造成民间常说的“民国十八年年馑”，1930年饥民遍地。人民头上子弹翻飞，身上饥寒交迫，民间集聚的怒火和反抗精神，客观上给党的活动带来了便利条件。党内党外的情况为统一叶县党组织提供了机遇。但是，党的各级组织毕竟在年轻时期，创建中共叶县委员会，从而提高斗争层次，仍需上级指导和思想开解。

1930年春，中共河南省委重建，夏，中共豫中特别委员会成立，把叶县党组织划归豫中特别委员会领导，叶县县委的诞生为期不远。

二、中共叶县第一届委员会的创建

1930年在叶县发生两件大事，对中共叶县党组织均产生直接或间接影响。其一，国民党新军阀之间爆发了中原大战，蒋军杨虎城师同冯军田金凯师战于叶县。其二，军阀混战客观造成革命环境的相对宽松。而且军阀混战激起民怨沸腾，造成枪支流失，铤而走险的各色人物，有枪就做草头王。这样的环境助长了党内左倾盲动思想。李立三主持的党中央作出《新的革命高潮与一省或几省首先胜利的决议》。河南省委一改谨慎态度，急于创建鄂豫边苏区。省委调开封市委书记杨健民组建豫中（许昌）特委，领导叶县、许昌、临颍等县党组织。7月特委筹划驻许昌、临颍的国民党冯玉祥部宋天才师兵变，欲建中国工农红军第十五军，起义成功后，西撤伏牛山开展游击战争。

在这一大背景下，当年夏，豫中特委派遣叶县籍党员崔新吾回县传达有关指示，联络陈继尧、崔慎三、张式旭、石嘉云、兰德修等进行筹建县委工作。其间，豫中特委委员刘晋（化名张本，临颍人）、宋延年（叶县宋庄人）也曾到叶县具体指导。

8月，豫中特委筹建红十五军失败，临颍县委书记董锡之曾是豫中特委军事委员会委员，参加了领导国民党冯玉祥部宋天才师的兵变工作。宋天才杀害了共产党员、参谋长郑宝钟后，大肆迫害参与起义的军队和地方人士，董锡之避捕回到家乡龙泉镇，在镇小学（校址龙泉寺）教书隐蔽。是年秋，在董锡之任教的龙泉小学，召开全县党员骨干会议，成立中共叶县委员会，根据豫中特委指示，由董锡之任书记，兰德修、陈继尧、张式旭、石嘉云、冯宸斋、崔慎三任委员。

第一届中共叶县委员会成立地（龙泉寺）

县委研究确定了四项基本工作任务：一、县委配合豫中党组织继续进行武装暴动。二、通过领导全县农民、灾民，抗捐抗税活动，吸收积极分子入党，扩大党员队伍，壮大基层组织。三、继续开展夺枪斗争，使叶县基层党组织大多掌握一定量的武器，平时分散保管，有任务时集中使用。四、委派县委委员崔慎三利用黄埔生身份打入国民党政府和军队内部，传递敌情信息。

第三节　第一届县委的主要活动

一、继续夺枪和配合省委开展许昌学兵营暴动

中共叶县县委成立源于武装暴动需要，在第一届县委领导下，夺枪、发展武装斗争，仍是当时的中心工作。各地党支部书记和主要党员身体力行，段庄党支部在段风和带领下，先后突袭燕庄、樊庄地主武装，收缴枪支。1930年冬，段风和冒着严寒，装扮成商人，一大早赶往许昌，路经姚王村找李子健商议，欲夺许昌兵站“学兵营”枪支。李子健也认为可行，并准备干粮，叮嘱段风和见机行事，能搞短枪最好，便于携带，还给他一件大衣，搞到枪用以掩饰。早饭后，段风和上路，紧赶慢赶150里，在晚上10点左右才进到许昌市，在“学兵营”对面的一家“悦来客栈”投宿。奔波一天的段风和心中有事，哪敢睡觉，透过窗口看对面的动静。许昌驻军是国民党八十师，“学兵营”是抓来的新兵训练的地方。段风和通过观察没发现有带兵官露头，只见“学兵营”门前有一个沙包堆砌的哨位，一名手持套筒步枪的新兵站岗，三更时分士兵换岗，仍是那样。他见搞短枪已不可能，趁哨兵拉下棉帽，抱枪迷离之际决定出击。他移步，装作小便向目标靠近，箭步冲向哨位将枪夺下。待哨兵反应过来已被枪口抵住后背。段风和令哨兵不许出声，押至附近一偏僻安全地带，在对方惊魂稍定之际，段风和以“穷人不打穷人，应团结起来对付官府”的道理，指点哨兵连夜逃遁。他成功缴获了步枪，随即踏上回县的路程，天明赶到襄县北，白天携枪不便，长枪更不好隐藏，于是卸掉枪托，把“短枪”埋在乱坟岗的一棵柏树下。黄昏时分，段风和返程，汝河桥有兵把守，他只得在下游涉水过河。冬天的河水冰冷刺骨，北风一吹，全身麻木，上岸寸步难行，全凭着一口气咬牙坚持，走一段路才缓过劲来，把枪安全带回，事后又做个枪托才配完整。

黄柏山党支部书记石嘉云动员黄湾赤色群众黄运，以“卖壮丁”的方式到国民党军队。军队到襄县时，黄运携枪逃回，把枪交给石嘉云。经党组织联络，两人欲到城西，把长枪换作短枪，方便使用。当两人行至任店被“护青队”（地方民团）拦截。黄运遭杀害，石嘉云被捕，押于叶县监狱。

另外，县委委员崔慎三、李子键曾打入建国豫军，为党组织搞到枪支。也有些党员动用党费购买枪支、子弹，不过武器的来源还是以夺枪为主。

1932 年，中共河南省委决定发动许昌驻军学兵营暴动，而后拉到叶县西南山建立革命根据地，为此，省委制定了“许昌兵暴”计划，并派中央军委成员、河南军委前负责人张振亚来叶，负责实施“兵暴”计划。在省委和许昌中心县委（豫中特委改称）指导下，叶县县委派出县委委员兰德修协助张振亚工作，并在全县农村发动“春荒斗争”“麦收斗争”，组织农民参加“吃大户”“打坏货”等群众活动，通过游击小组出击，震慑当局和土豪劣绅，为策应“许昌兵暴”做思想、舆论、环境等方面的准备工作。9 月初，“兵暴”各项筹备工作基本就绪。然而，值此关键时刻，中共河南省委遭国民党破坏，全省各地党组织大多受到牵连，张振亚当机立断决定提前行动。9 月 12 日夜，张振亚、兰德修一起赴许昌，发动兵暴。二人行进途中，国民党特务军警已奉命在“学兵营”进行了搜捕，抓走了当地党组织负责人和骨干分子，中心县委与学兵营联系的联络站也遭到破坏。张振亚、兰德修乘混乱搞到两支手枪，每人各带一支，扮作生意人模样，抄小路，日夜兼程赶往叶县，一口气走了 160 里田间小道，当行至叶县关爷庙村时，二人稍作停顿，兰德修进村打点食物。在饭铺门口兰德修遭到 4 个民团兵的盘查，他机智应对，先用行语与他们周旋，团丁纠缠不放，难以脱身，兰德修猛然拔出手枪，鸣枪示警，一时间吓退了团丁，同时也给等在村外的张振亚发出了警示信号。张振亚旋即折路向西，跑到黄柏山村去找地下党组织。惊魂已定的团丁又复追上来，兰德修终因寡不敌众被俘，押往区公所，接着被投放县监狱。事情发生后，在张振亚主持下，叶县县委迅速制定了营救兰德修的行动计划，通过社会关系，内外策应，使兰在狱中获得一定的行动自由，以便能够寻机越狱出逃。一天夜里，兰德修以上厕所为幌子，从魁星楼处（监狱在文庙）迅速攀墙，跳出监狱大院。他身子刚着地，正逢国民党驻军一排长带队巡逻至此，捉入兵营，隐藏于床下，意欲敲诈钱财。党组织获悉后，多方筹资募得银圆800元，买通那位国民党驻军排长，将兰装扮成国民党军士兵护送出城。总之，这一时段的夺枪和武装斗争此起彼伏，又一波三折。

二、建立农民组织“光蛋会”

第一届县委致力于农村斗争，发动并领导了一系列不同形式的农民运动。“光蛋会”的成立及活动堪称叶县农民运动的杰作。豫中地区遭受严重的“旱、蝗”灾害，粮食几近绝收。饥荒初期，贫苦农民尚能变卖家产换得少许粮食糊口。随着灾情蔓延，粮价飞涨，有价无市，几乎弄不到粮食。重灾之下，国民党政府不仅不组织赈灾救命，还不顾百姓死活，大幅度增加派粮、派款、派兵车数量，以满足军阀混战，进攻苏区之需。苛捐杂税达20多种，地主劣绅也趁灾打劫，逼租逼债，高利贷竟达借一还三。官府和封建地主的行为，加深灾情发展，使许多农户家产、田地卖光、当尽，仍不能维持生活，被迫背井离乡，外出乞讨，挣扎在生死线上。

叶县县委审时度势，决定在叶县南部、西南部以段庄、常村党组织掌握的地下武装为依托，举行武装暴动。在东部乡村发动群众，建立组织，开展农民运动。其间中共豫中中心县委书记刘晋，常委宋延年（共青团中心县委书记），符元亮交替到叶县指导工作，争取把农民运动引导到武装斗争上。

豫中中心县委常委、互济会（土地革命战争时期由共产党领导的、以营救被捕同志、救助革命家属为主要工作的革命团体）负责人杨宗白住在叶县，协助县委领导农民运动。在杨宗白的帮助下，县委制定了抢粮、分粮、抗捐税、要饭吃、要衣穿的斗争计划。把农民运动的基点放在群众斗争热情较高的东部廉村、姚王一带乡村。经过杨宗白与叶县党员李子健等深入农户、宣传发动、巡察指导，廉村、姚王的党员、积极分子，很快联络了周边村庄及邓李、龚店、坟台等方圆数十里范围的贫苦农民，从分散吃大户转而酝酿成立自己的组织——“光蛋会”。约定于农历四月初八廉村报恩寺古庙会时，举行成立大会。是日，数千贫苦农民从四面八方有目的地汇聚廉村报恩寺，杨宗白、李子健也亲临现场主持集会，并分别讲话，把苏区人民当家作主，扬眉吐气，以及外地农民运动的情况作了介绍，说明贫苦人民只有拧成一股绳，共同与官府、财主斗争才能有活路的道理。讲话号召农民敢于掌握自己的命运，团结起来闹革命。共产党员、贫苦农民代表胡营（李子健胞弟）代表穷人发言：“乡亲们，咱们出的是牛马力，吃的是猪狗食，遇上年馑，不要饭，只有饿死，地主、老财还骂咱穷光蛋，今天咱们穷哥们儿就要针锋相对组织起来与他们斗，成立自己的组织就叫‘光蛋会’”。乡亲们群情激奋，热烈响应。一致推选胡营为会长，并议定要开展活动的几项内容：一、向地主豪绅家抢粮，分给穷苦农民。二、要求当局发放赈济，免捐免税。三、抗地主的债，不许他们利用饥荒讨债，霸占农民的土地。为了便于指挥，统一行动，每个村都推举一名联络人。按照会长的整体安排传达指令，配合联动。组织者鼓舞人心的讲话深合民意，大家的情绪和信心被充分调动起来，中午时分，按照既定计划，数千名群众手持叉把扫帚，在会长的带领下奔向十几里外的富户聚居的焦庄村，抢了大地主焦老一家的粮食近十万斤。光蛋会的行动和声势盖过了县城的古庙会，取得了“春荒斗争”的第一个重大胜利。紧接着二郎庙“光蛋会”会员痛打了恶霸镇长；余庄的“光蛋会”会员打死了官府派出的催捐“衙役”。农民运动的烈火越烧越旺，“抗租”“抗粮”“借粮”“吃大户”不同形式的斗争接连不断。一些独霸一方，实力较强的地主寨首对农民运动恨之入骨，倾力相抵，甚至策动民团武力顽抗，使农民组织的部分行动未能成功。常村党支部组织一次对夏李镇的抢粮斗争，就遭到了镇首领导的反动武装的疯狂抵抗。敌人将寨围各通道布兵设防，农民队伍大部未能冲进寨子，进寨的10余人，因后路被断而遭枪杀。“光蛋会”及时总结经验教训，避敌锋芒，灵活应变，使斗争成果不断扩大。春荒斗争之后，党组织因势利导抓准时机，适时布置发动了麦收斗争、秋收斗争、年关斗争，持续掀起农民运动高潮。活动范围迅速扩及全县乡村，组织形式也出现了“穷人会”“吃大户会”“反抽丁会”等不同名称。有力地遏制了地主老财、土豪劣绅肆无忌惮剥削压榨农民的势头。叶县农民运动取得阶段性成果。

上级党组织对叶县的革命局势非常关注。1932 年 4 月 1 日，中共河南省委对许昌中心县委明确指示：“叶县发动游击具体的纲领，首应以灾民与贫雇农为中心，分粮、抢粮、要赈粮、赈款，要土地。有赈粮、赈款的，可组织农民自己管理‘赈粮、赈款委员会’，更应提出反对一切苛捐杂税，反对一切高利贷剥削，直至焚毁一切豪绅地主的田契借据，分配一切豪绅地主的粮食土地。农民会中灾民团、雇农工会必须有组织地参加进去，起核心作用。要争取群众、组织群众在斗争中，将其中积极勇敢的贫苦分子与我们英勇的党团同志编成若干游击队，推动斗争更向前发展”。

为了维护农民利益，揭穿国民党当局的阴谋，党组织根据省委和中心县委指示发动了以救灾抗灾分粮为主要内容的“水灾斗争”。一方面向群众说明，之所以发生水灾，是由于官府集中人力、财力打红军，不去疏浚河道，修筑堤防。同时揭露所谓“以工代赈”的目的是“赈救国民党的死亡”。借水灾之机用很少钱粮换取大批灾民的劳动力，为他们的反动统治修寨筑路，号召“灾民会”解决眼前的饥饿和长期被压迫而斗争。水灾斗争第一役先在老鸦村打响。该村是县当局设的放赈点，农工们辛苦劳动后必须经过乡长鉴定、验收发给领条，才能领到赈麦。由于人为作梗，大多数穷人得不到粮食。村“光蛋会”成员针锋相对，提出“不管有条没条，必须发麦”的要求。并组织村民围攻放赈委员，迫使国民党当局取消乡长鉴定，按参加人头发放粮食。这一时期，党组织派人深入了解放赈内幕，发现全县各地放赈委员会均存在“吃空额”，虚报工程量，压低发放标准，以好粮调次粮，索取贿赂等现象，就将这些情况写成传单、标语，在修沙河堤和许南公路工地及县城要道口散发张贴，充分揭露当局赈灾的虚伪和混乱真相。义愤填膺的灾民曾两度包围国民党县政府，要求由民工代表参加组成“清赈小组”“清查放赈委员会”，当局被迫让步，增加了赈粮数量。叶县农民运动和民众的参与程度本可以进一步发展，实现豫中中心县委把灾民武装起来，发展武装斗争的设想。因省委遭破坏，一些党员名单和党员数被敌人掌握，党组织为应对突变，大好的机会错过了。

土豪劣绅对如火如荼的农民运动恨之入骨，一方面加固寨圩，购买枪支，雇佣打手，应对农运组织的打击。一方面状告“光蛋会”等是农民造反、是非法组织，要求当局予以取缔。国民党叶县政府宣布取缔光蛋会和其他农运组织，逮捕了两名主要骨干，大规模公开的农民斗争被迫停止。

以“光蛋会”为代表的叶县农民组织在反动当局和地主豪绅的残酷镇压下，形式上解体了，但共产党领导下的农民运动已经取得了社会效果，并在广大农村扎下了根。光蛋会核心村廉村、姚王诞生了叶县东部又一个农村党组织——廉村（姚王）党支部，姚远生任书记，胡雪、胡改等骨干会员加入了共产党。不同形式的农民斗争在白色恐怖下持续秘密进行，党的组织得以发展壮大，党的主张为更多农民所拥护，为以后的革命斗争奠定了坚实的基础。

三、共产主义青年团叶县委员会成立

杨宗白代表豫中中心县委到叶县指导农民运动，牛王庙青年王宇文、王恩占等在杨宗白的领导关心下，带领本村穷人“吃大户”“度灾荒”。斗争环境让他们迅速成长起来，不久，在牛王庙村建立党支部，王宇文任支部书记。县城东部成立光蛋会时，牛王庙设有分会，是农民运动重点村。

“九一八”事变发生后，结合农村斗争，全县的抗日救亡活动也开展起来。中央军委委员张振亚，豫中中心县委符中欣陆续到叶县指导抗日活动，号召大规模抵制日货，成立救亡团体，叶县成立“教职工联合会”“求知学社”“赤色互济会”等，进行游行示威和农民运动遥相呼应。

中华民族空前的内忧外患，激发了广大青年的爱国热情。叶县县委奉上级指示，以抗日和度荒为号召开展青年运动，外地学习回县的团员也积极参与，把大批青年团结在党的周围。重点农运村一边发展党组织，一边建立团组织，促进农民组织不断壮大。1932年 1 月，在共青团豫中（许昌）中心县委指导下，中共叶县县委在牛王庙村召开会议，成立共青团叶县委员会，推选张式旭任书记，崔新吾、石嘉云、王宇文、冯宸斋、段步兰（女）任委员。会议

共青团成立旧址（叶县廉村镇牛王庙村）

确定了团县委在党的领导下，组织全县共青团员和各界进步青年积极参加革命斗争，宣传马列主义，广泛发动群众揭露国民党反动派的卖国行径。会后，对全县团员队伍统一整编，陆续建立了六个中

心团支部。由团县委委员或骨干团员担任团支部书记，分别是牛王庙团支部，王宇文兼任书记；廉村姚王团支部，姚群任书记；后崔团支部，崔凤臣兼任书记；老鸦团支部，蓝培杰任书记；黄柏山团支部，石嘉云兼任书记；段庄团支部，段步兰任书记，这六个团支部书记中，崔凤臣、王宇文、石嘉云三人同时为本村党支部书记。

团县委成立后，按照中共叶县县委和共青团豫中中心县委的工作部署，通过动员团员青年，踊跃参加抗日救亡，进行农民运动、开展武装斗争等革命活动，充分发挥了党的助手和青年团员的骨干带头作用，为叶县革命队伍注入了生机和活力。许多青年学生积极参加“学生会”“光蛋会”活动，大批农村青年走在与土豪劣绅斗争的前列，成为农民运动的中坚力量。城乡团组织迅速发展，高潮时，全县团员人数达近百人，一批骨干团员经过锻炼和考验被吸收加入共产党，壮大了党的队伍。郭蔚（原名胡国英）、冯景禹等就是当时涉足革命，由共青团员转为共产党员，为党的事业作出了重大贡献。

四、第一届县委和团县委遭破坏

中共叶县第一届县委领导人民浴血奋斗期间，正是幼年的中国共产党被“左”倾错误统治时期，李立三推行的《新的革命高潮与一省或几省首先胜利》，王明实行的“主动进攻”和“进攻路线”，要求山西、河南、山东等地的党组织通过发动兵变和工农运动，立刻创造北方苏维埃区域。那些不顾客观实际的盲动主义，实际上就是照搬苏联经验，走夺取中心城市的老路。为推行错误路线，党组织保密工作和隐蔽斗争被批判为右倾思想。所以第一届叶县县委遭破坏是迟早会发生的，是上级的错误思想造成的。

王明的“左倾冒险”错误造成中共河南省委迭遭破坏，1932 年省委被破坏时，河南的党员名单就落入敌手，其中叶县的党员石嘉云、段永健、段风和、张万顺、兰培杰、崔丰臣、王恩占、周约八人的名字为敌方掌握，遭到国民党通缉。所幸敌人搜去的名单，没有籍贯、住址，加之那时通信手段落后，对党员本人、对叶县县委尚未构成直接威胁。

1934 年春，国民党四十军庞炳勋部驻叶史振京骑兵团，因骑兵团内党组织准备发动起义，派出联络员王路亭向省工委报告。省工委组织部长刘晋莅叶县，召集叶县县委有关人员、驻军党组织负责人、联络员，在县委委员、团县委书记张式旭家召开联席会议，通报兵变情况。会议上讨论认为：士兵发动不充分，力量弱小，起义条件并不具备。联席会后，联络员王路亭在舞阳县被捕叛变，供出与会董锡之、张式旭等。董锡之闻讯再次避捕隐蔽，张式旭被捕叛变，出卖了第一届县委、团县委及城镇、段庄、牛王庙、老鸦、黄柏山等地党、团支部。

县委、团县委同时遭破坏，给叶县各地党团组织造成致命伤害。首先是城镇党团支部支部书记叛变，组织完全解体；其次是黄柏山党团支部，原支部书记石嘉云，因夺枪押于叶县监狱，黄运已承担夺枪的全部责任，至死为石嘉云开脱，党组织还有营救他出狱的可能。出了叛徒，石嘉云县委委员身份暴露，刑讯逼供，使他身染重病，不久牺牲。黄柏山党支部后任书记魏铁统避捕，党团组织解体。至此，沙河北部长期成为党的空白区；团县委成立地——牛王庙村也是敌人注意的重点，牛王庙党团支部书记王宇文一家遭受灭顶之灾。逮捕王宇文，抄家时当场吓死了他爷爷，吓傻了他的弟弟王木文，吓病了他的叔叔。叔叔两月后死亡，弟弟次年死去。同时捕走的还有他父亲。王宇文宁死不屈，当年遇害，年仅 26 岁；原遭通缉的八名党员也彻底暴露，张万顺被捕，当年 7 月遇害；后崔村党团支部书记崔丰臣被捕，崔丰臣和石嘉云在狱中还相互鼓励，同敌人斗争到底。牛王庙村党员王恩占，外出避捕，从此失联。其余四人中段风和已牺牲，段永健在中央苏区，只有兰培杰、周约及时躲开。经此一场事变，坟台党团支部书记脱党，组织解体；只有常村党支部，虽受冲击，原实力较强，仍保存一定力量，为党组织恢复提供条件。

第一届县委存在三年多的时间，领导一线的党员和赤色群众正确贯彻“八七”会议精神。坚决地开展武装斗争，促进农民运动和青年运动，壮大了党团组织，同国民党反动派进行了不屈不挠的斗争，给叶县人民带来希望。

三年中，豫中地区上级党组织经历了由特委到中心县委两次变动。河南省委先后遭破坏四次。叶县县委尽管终遭破坏，但县委和一些主要党员也用行动抵制了“左”倾错误，如此才保证了县委运行三年多，为后来的党组织建设树立了一个学习榜样。

第四节　中国工农红军对叶县的深刻影响

一、红九军军部在叶县组建

1930 年 5 月中旬，蒋、冯、阎中原大战爆发。月末，蒋军杨虎城部冯钦哉旅奉调由南阳移驻叶县旧县一带。冯旅在叶县城南同冯玉祥军作战，占领尤寮村后驻扎下来。

军阀混战加剧了社会动荡，也暂时减弱了对红军和红色根据地的进攻。与此同时，党内以李立三为代表的左倾盲动主义，提出“打下长沙，夺取南昌，会师武汉，饮马长江”，制定以武汉为中心的全国总暴动计划。冯旅驻南阳期间，中共中央派交通员到该旅党支部传达兵变指令，急如星火，拟把队伍拉出来，创建鄂豫边区。旅党支部经慎重研究后一致认为：党员数量太少，士兵的觉悟也待进一步提高,时机不够成熟,要为兵变积极创造条件。为贯彻中央精神，支部把策动兵变的准备工作作为当时的中心任务，抓紧进行串联、开展士兵教育，秘密发展党员。是年 6 月 6 日，中共中央军委长江办事处特派员白玉文到叶县尤寮村旅部，传达兵变安排意见，决定成立领导兵变的前敌委员会（简称“前委”），由中共中央联络员孙永康任书记，旅党支部书记、手枪队队长张焕民任组织委员，旅部书记官王兴发任宣传委员，旅卫队营营副刘煊（刘威城）任军事委员，旅密探队队长姚丹岭（姚洗心，姚丹邨）任交通委员（以上三人均为旅党支部成员）。前委要求，起义一发动，立即拉队伍南下，先攻取南阳城，同鄂豫皖红一军，鄂东红八军策应武汉大暴动。

为加快兵变进程，前委以索要欠饷为号召，宣传军阀混战的祸害和反动当局的罪行，同时大量吸收士兵和连以下军官入党，宣传面达十几个连队，2000多人，尤其在手枪队、卫队营和密探队发动面更大，响应者众多。

7月下旬，冯旅调驻舞阳县下澧河店。29日，前委利用旅长冯钦哉去南阳之机实施兵变。入夜，刘煊和姚丹岭规劝卫队营营长起义遭拒绝，将其击毙，兵变枪声打响。按照前委部署，刘煊带卫队营包围军需处，夺得军饷及物资；张焕民带领手枪队、姚丹岭带领密探队共同控制了旅内18名中上层军官，不从者当场击毙。当夜把700余人的起义部队拉出驻地，急行军南下到叶县辛店王府石山。次日，起义军在王府石山南麓召开誓师大会并进行整编。白玉文讲述了全国革命形势，鼓舞起义人员紧密团结在党组织周围，振奋军威，对敌作战，创建新的革命根据地，并宣布了中共中央军委授予这支起义部队的番号——中国工农红军第九军。会上推举张焕民为司令员，孙永康为政治委员，刘煊、姚丹岭为副司令员，王兴发（时称王老汉）为政治部主任。军部下辖三个支队，第一支队200余人，由原旅手枪队组成，张焕民兼支队长；第二支队由原旅卫队营组成，约400人，刘煊兼支队长；第三支队由原旅密探队和其他连队起义人员组成，约100人，姚丹岭兼支队长。按照中央军委指示，红九军还辖由泌阳暴动农民武装组成的红二十五师，由襄樊一带农民武装组成的红二十六师和邓县农民赤卫队组成的红二十七师。誓师、整编后，红九军按长江军委办事处的部署，向南阳地区进发。

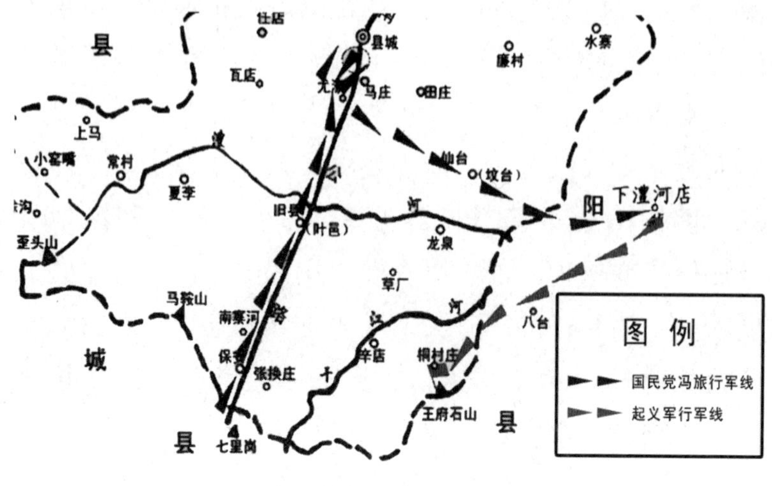

红九军成立前后行军图

正在南阳开会的冯钦哉得知部队哗变，赶忙向上级报告并组织追剿，对起义军进行围追堵截。同时，南阳党组织为配合冯旅兵变而部署的社旗镇农民起义不慎泄密，未能成功，给红九军军部南下造成了不利环境。当起义军进入社旗时即遭到前后夹击，两次被追兵所包围。虽经英勇战斗，奋力突围，但因敌众我寡，力量过于悬殊，红九军指战员伤亡严重，大部被打散。特派员白玉文、司令员张焕民、副司令员刘煊等壮烈牺牲；副司令员姚丹岭带少数人员九死一生突出重围，但已弹尽粮绝。战斗在泌阳、邓县一带的红二十五师、二十七师成立不久也被国民党军阀的强大兵力所击溃。后由红三军七师师长段德昌留在鄂豫边的教导团结合起义失散人员重组二十五师，转入湘鄂西根据地。红二十六师在襄樊一带战绩卓著，一度发展到唐河县，并创建了根据地。1933 年，党内王明“左”倾冒险主义影响到该师，战斗行动盲目，部队减员严重，后撤退到鄂豫皖边区。

二、红二十五军长征途经叶县边境

1934 年 11 月 16 日， 鄂豫皖苏区的红二十五军 3000 余人根据中央指示，在军长程子华、政委吴焕先、副军长徐海东等率领下，高举“中国工农红军北上抗日第二先遣队”的旗帜，从罗山县何家冲出发开始长征。

部队按预定路线转战数日，粉碎敌人的多次围追堵截，突破桐柏山区敌人的包围圈，向伏牛山方向挺进。为了阻止红军北上，驻豫国民党四十军军长庞炳勋电令所属一一五旅旅长刘世荣“速率部向方城县之独树镇及方叶边境之保安寨迎击”，并令驻叶县之四十军骑兵团前往保安堵截，妄图将红二十五军消灭在桐柏山与伏牛山交界地带。

11月26日，北风呼啸，雨雪交加，红二十五军指战员顶风冒雪，踏着泥泞，艰难行进。下午一时，红军前梯队第二二四团行至叶方结合部的七里岗附近，准备通过许南公路时，敌一一五旅和骑兵团已抢先两小时占领了七里岗、砚山铺一带阵地，突然向红军发起猛烈攻击。因风雪天气，能见度低，红二十五军先头团未发现敌人埋伏，一时陷于被动。危急时刻，军政委吴焕先快速赶到前沿，指挥部队就地抵抗。他向战士们大声疾呼：“就地卧倒，坚决顶住敌人，绝不后撤！”吴焕先政委的命令立刻稳住了军心，战士们卧倒在泥水地上，利用地形地物顽强抗击。吴焕先从交通员身上抽出一把大刀，高喊：“同志们，现在是生死存亡的紧要关头，共产党员跟我来！”带领部队奋不顾身冲向前去，短兵相接，与敌人展开肉搏格斗。战士们深受鼓舞，奋勇向敌阵冲杀。徐海东副军长率后梯队二二三团跑步赶到，立即投入战斗，与先头部队配合英勇反击。经过一番恶战，终于打退了敌人的进攻，击碎了国民党军队妄图乘红二十五军一路疲劳、措手不及，将之一举歼灭的阴谋。

入夜，阴云依旧，大风不止。红二十五军后撤5公里，在杨楼一带生火做饭，医治伤员，了解敌情。吴焕先政委亲自找老乡询问情况，对照地图，寻找行军路线。徐海东副军长抬担架安抚伤员。军部领导经分析研究决定，绕过七里岗，穿越许南公路，插向伏牛山麓，尽快脱离险境。午夜，由中共河南省工委书记张星江带路，部队沿西北方向经叶县张换庄、寨河过许南公路，走华阳、余庄一带山路向伏牛山东麓靠近。27 日晨，红军翻越五里坡入方城县境。此时敌骑兵团赶到，同红军后续部队交火，骑兵团在山地施展不开，退去。28 日，红军从方城县徐沟村复进叶县境，到达叶县西南边

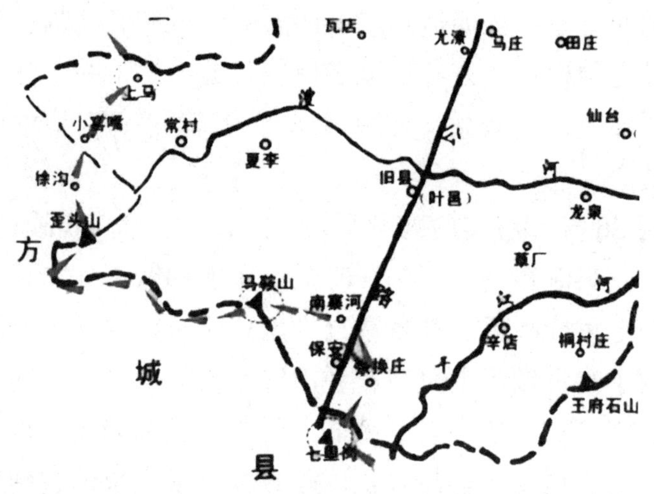

红二十五军长征经过叶县边境

境孤石滩附近。敌骑兵团、骑兵第五师和一一五旅分别从常村和拐河疾驶而来，形成两面夹击之势，情况十分危急。徐海东速命二二三团八连连长韩先楚带领全连指战员抢先渡河，控制了上马、王庄村一带制高点，猛烈阻击敌人。主力部队集中火力击溃了骑兵团的进攻，然后猛攻一一五旅，突破缺口，挥师西进，且战且走。再入方城境，脱离尾追之敌。

二十五军在叶境征战三日， 行程百余里，与国民党军庞炳勋部交战三次，突破封锁，深入伏牛山腹地，狠狠打击国民党顽固派，同时也为叶县人民留下宝贵的红军精神。

红二十五军过境在罗圈湾小窑嘴自然村留下一个伤员，某部连长胡久富，在七里岗战斗中负重伤不能继续随队。首长把他安排在小窑嘴村农民何振繁家养伤。国民党地方民团的团丁在甲长带领下突然闯进何家强行搜查，因猝不及防，胡久富被搜出架走，在押往

保公所的路上，恰同国民党追兵相遇。国民党军审问，胡久富大义凛然，毫不畏惧，义正词严地痛斥国民党千军万马不去打日本，却要打内战的罪恶行径。敌人恼羞成怒，当场将胡久富杀害。乡亲们像对待自家亲人一样，用棺材殓葬了胡久富烈士。保安南埋葬26名在七里岗英勇献身的红军烈士遗体，中华人民共和国成立后，叶县人民政府决定迁坟于叶县烈士陵园，立碑纪念。

第五节　中共叶县工作委员会自发组建

一、在外工作的党员回县恢复党组织

叶县地方党组织早已走过“星星之火”阶段，县委遭受严重破坏时，仍有一部分叶县籍党员在境外进行革命。段永健在中央苏区出席第二次全国苏维埃代表大会后，参加了中央苏区的第五次反围剿战斗。李子健、陈继尧在上海中央交通局做交通员，兰德修在开封做河南省委交通员，他们是叶县的著名党员，是叶县党组织的另一路方面军。

1934年6月，李子健身带数万元现钞在上海执行任务，路经敌特监视的地方，被特务视为“共产党嫌疑”逮捕，转入所谓“招待所”监视。李子健以钞票贿赂看守，换得部分自由，他趁看管放松，逃出，经地下组织安排化装回来。

中央交通局局长陈刚，为了解李子健的详细状况，派陈继尧回县，面见李子健讯问。陈继尧了解到李子健被捕脱险情况，即返上海，欲依实向陈刚汇报。当他赶到约定联络点时，军警正在查抄联络处，他又去几个地方，仍联系不上，便也回叶县。

9月中旬，河南省代理省委书记张国威和团省工委书记李毓华被捕叛变，河南党团组织遭到极大摧残，省委交通员兰德修回叶县隐蔽。

兰德修、李子健、陈继尧三人先后回县，面对县委已被破坏的

局面，积极联系王文卿、段语禅。不久，联系上潜回家乡的董锡之，商讨如何恢复党组织工作。鉴于平原乡镇白色恐怖依旧，决定在山区召开一次主要党员碰头会。

马顶山会议

11月末，董锡之、李子健、陈继尧、兰德修、段语禅、娄葆青按事先商定，陆续到常村王文卿处，人员到齐，三两一群，分路向马顶山前进。马顶山位于叶县、方城县交界处，距常村镇约10公里，马顶山附近村庄有他们的亲戚可以作为歇脚的地方。

晚饭后，7人来到马顶山一平坦处做会议会址，董锡之首先把叶县县委被破坏的详情进行介绍，李子健、陈继尧、兰德修也把各自工作及了解的党的政策加以说明，劫后相逢令人感慨。

马顶山会议议决三项内容：其一，在各自家乡着手恢复党的基层组织，也可以先组建党的外围组织，再发展党员，恢复或重建基层党组织。其二，继续进行武装斗争，提议王文卿与土匪“老腰疼”（常村一带人）联络，改造土匪队伍；其三，待基层党组织恢复到一定规模，筹备成立区委或县委。

会议结束已是满天星斗，万籁俱静中一阵冷风吹来，娄葆青高声歌唱，唱罢说：“可呼吸到自由空气了”，也有人说：“待革命胜利了，要建一座纪念碑，记述牺牲者的英勇和奋斗者的艰辛。”这次会议使叶县的党组织基本稳住阵脚。

“红军之友社”

李子健刚回到家乡就接触到原农民运动积极分子，他们以不同形式从事着隐蔽斗争，还有的相商去找红军。县委遭破坏时，东部廉村的农民党员损失不大，李子健分别进行串联。

马顶山会议后，李子健以廉村、姚王为中心，进行党的基层组织重建工作。1935年春的一个夜晚，在廉村地下原党支部书记姚远生家，庾王村进步女青年胡雪（李子健胞妹）、郭蔚（胡国英）、姚永乐（姚万福）等，在姚远生的召集下，他们在由李子健设计、众社友绣制的“镰刀斧头”红旗下庄严宣誓：“忠于革命，忠于红军，若有二意，炮打穿心！”成立“红军之友社”，宣传红军的奋斗精神。

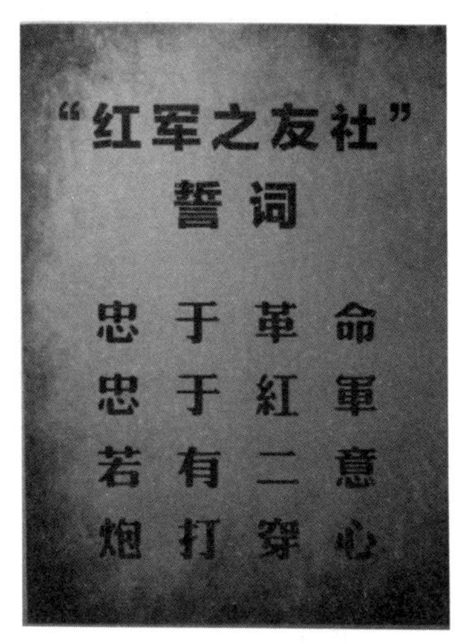

红军之友社誓词

“红军之友社”成立后，首先开展了两项工作：一是以知识青年郭蔚为主，举办“农民识字班”。郭蔚出生在富裕家庭，自幼读书，具备一定的文化水平，立志与劳动妇女站在一起，为穷苦人谋利益，在与胡雪的交往中，接受了许多革命道理。“识字班”以劳动妇女为主要对象，开办两期，共招收学员 80 余人，先后在台杨村、庚庄村利用晚上时间上课，除教学员读书识字外，还以当时地下党的宣传材料为内容，讲述革命道理和红军斗争故事。二是组织募捐，资助革命。是年，叶县发生水灾，秋粮大面积歉收，粮价高涨。灾情之下，搞募捐非常困难，但是社友们以“资助革命，支援红军”为己任，节衣缩食，甚至变卖家产或外出卖力气挣钱，带头捐献。使“红军之友社”很快筹得一笔资金，交给地下党组织，用于营救被捕入狱的革命者。

通过办“识字班”和募捐，原来那些因白色恐怖失去党的领导、不辨斗争方向的群众，很快聚集到“红军之友社”周围，并纷纷要求帮助他们找红军。“红军之友社”则因势利导，吸收这些进步群众为社友。“红军之友社”还利用各种机会，扩大范围发展社友。胡雪利用在龚店街一孙姓地主家当佣人之机，经常主动接触长工、短工们，宣传革命道理，鼓励他们参加革命。由于骨干社友的积极宣传发动，“红军之友社”的组织范围迅速扩展到二郎庙、邵庄、湾张、高柳、新顾、葛刘、后王、刘店等村、镇，社友组成由原来的妇女为主变为男性居多，许多共产党员、共青团员也参与其中，成为中坚骨干力量，使共产党和工农红军在群众中的影响力大大提高。

随着组织的壮大，斗争活动也不断深入展开，“打坏货”、夺枪、武装筹款等有组织有计划地进行。“打坏货”，就是用武力镇压地方上罪大恶极的反动分子和坏分子。“红军之友社”首先选择的打击对象是龚店街新发迹的土豪劣绅赵素一。赵于1932年间曾勾结官府残害过地下共产党员，平日里为非作歹，民愤极大。党组织计划武力除掉这个恶棍。“红军之友社”骨干成员胡营、齐柱等于清明节夜里持刀潜入赵素一宅院，撬门进屋刺杀他，还夺得手枪一支。狡猾的赵素一在中了一枪两刀后诈死捡了条命，后逃离叶县，不敢再明目张胆地危害革命。

李子健领导的“红军之友社”为廉村一带恢复和新建党组织创造了有利条件，几个月来，在李子健的家乡农运中心——姚王村首先恢复了姚王村党支部。接着，董锡之的家乡，群众基础较好的龙泉街也恢复了龙泉党支部，董锡之任支部书记；在兰德修的家乡，恢复了老鸦党支部，兰培杰任支部书记；恢复了丁庄党支部，万廷选任支部书记；常村支部王文卿任支部书记；恢复段庄党支部，段永新任支部书记；盐店支部未被破坏，一直在活动，全县7个农村党支部重新活跃起来。这期间农民运动积极分子齐柱、赵老二、杜瑞九等相继加入党组织。

二、自发组建中共叶县工作委员会

1935年1月，王国华、段永健在中央苏区打游击时，奉中央秘书处瞿秋白、毛泽民指示回河南工作，由于省委被破坏，接不上关系，便各自回乡。

段永健回到叶县，同董锡之、崔慎三、李子健、陈继尧联系，了解到叶县党组织已恢复到相当规模。而且国民党叶县南派势力以昆阳中学为据点，能够同北派分庭抗礼。两派内斗，也使党的活动空间增大。共产党员们经过一段时间的反复酝酿，组建统一的县级组织形成共识。

7月一天，主要党员分赴姚王村召开筹备会议，各主要党员汇报工作进展状况，段永健也把中央秘书处的指示进行传达。筹备会上决定，在与上级中断联系期间成立县工作委员会。8月，在邵桥村段永健的一个亲戚家召开中共叶县工作委员会（简称县工委）成立会议，推举段永健任书记，李子健、兰德修、陈继尧、崔慎三、董锡之、段永胜任委员。兰德修分管组织，李子健分管宣传和对外联络，崔慎三分管军事，陈继尧分管统一战线，董锡之分管教育和青年工作，中共叶县工作委员会（以下简称县工委）议定当前四项任务：

一、恢复壮大党的队伍；二、继续组织开展农民运动；三、夺取武器，进行武装斗争，靠枪杆子打天下；四、积极寻找上级党组织。

县工委在孤立无援的情况下，完全靠共产党员的坚定信仰和自强不息的奋斗精神，担当起了领导全县党员和人民群众继续革命的重任，开创了革命斗争的新局面。

第六节　县工委开创性工作

一、夺取武器，进行武装斗争

夺取武器武装自己是县工委的四项任务之一。“红军之友社”在这项活动中也发挥了重要作用。他们采取看准目标，乘敌不备，突然袭击的方式，夺取民团团丁的枪支，或者进入地主武装，国民党军队内部千方百计搞到枪支。二郎庙的赵老二、新顾的顾发义、湾张的刘学志等社友都先后从敌人手中获取枪支。1935年8月17日夜，李子健、陈继尧在齐柱的配合下，潜入龚店民团头目大财主孙慎斋的干儿子住处，夺得德国造新式手枪一支，为了安全脱身，将恶少锁进衣柜里，令其老婆带路，护送他们离开由民团站岗警戒的龚店寨。为了纪念夺枪成功，李子健卸开枪把，在里面刻上两行小字，“打倒国民党！ 1935. 8. 17。”这支枪跟着李子健与国民党反动派进行过无数次的生死较量。

“红军之友社”的社友们凭借夺得的枪支，武力迫使地主豪绅出钱为地下党筹集活动经费。在强制孟王村地主王大运出钱时遭对方反抗，社友刘学志献出了年轻的生命。社友们还在地下党组织的领导下开展武装游击活动，打富济贫，锄奸反霸，沉重打击了地主恶霸的反动气焰，有效地掩护了党组织在县城东部的革命活动。其间许多社友经过组织考验，加入了中国共产党，其中党员齐柱背负“土匪”罪名遭杀害，新中国成立后追认为烈士。

段庄党支部恢复后，为给原党支部书记段风和报仇，段永胜决定调动党员掌握的武器，再次对主使者万渡口村地主万廷荣、凶手万官进行抓捕和袭击。段风和是叶县最早入党的两位农民党员之一，1933 年 2 月，任省委交通员时回乡遇害。这次复仇经周密侦查，趁机抓住凶手万官将其击毙，震摄了一批反动分子。

二、领导支持学生运动

县工委成立不久，一二·九爱国运动风起云涌而来，知识界和青年学生痛感“天下之大，已经放不下一张平静的书桌了”。1935 年 12 月 9 日，北京大学、清华大学、燕京大学等高等院校和北平部分中等学校数千学生走上街头，举行声势浩大的抗日救亡游行，到国民党北平当局请愿，反对日本帝国主义肢解华北地区，反对“华北自治”。学生们爱国行动遭到国民党军警用高压水枪、皮鞭和刺刀的袭击，30 多人被捕，数百人受伤。

消息传至各地，激起全国一切爱国人士的谴责。在北京爱国学生、市民英勇行为影响下，全国总工会举行罢工，各地学校游行声援。河南省会开封的大中学校 38 所，1.3 万人占领火车站，卧轨要求进京请愿，使陇海铁路中断。许昌的师范生、中学生也到专员公署请愿。

叶县县立中学从 1932 年成立就为国民党叶县北派所把持，校当局按照县党部要求对学生进行反共毒化教育，当蒋介石、宋美龄提出“新生活运动”后，学校在贯彻执行上不遗余力，学习“总裁言录”，“尊孔读经”。在“放不下平静课桌”的严峻现实面前，此运动遭到同学们的广泛抵制，王泽民、张联芳等同学发起成立“新文学研究会”，带领学生宣传抗日救亡，形成学潮，反对“新生活运动”麻醉青年。

各地“一二·九”运动消息传到叶县，王泽民、张联芳、胡明正、杜天崇等“新文学研究会”骨干成员，在叶县师范学校（二校一院、挂叶县师范牌子），宣传全国运动盛况，组织两校200余名师生上街游行示威，高呼“打倒日本帝国主义”“反对华北自治”“严惩卖国贼”的口号，向社会散发“华北危急”内容的传单。县中的学生运动带动昆阳中学学生，共同把县城“一二·九”运动的抗日救亡气氛推向高潮。

王泽民很早就为董锡之传递过党的文件情报，“一二·九”运动中，董锡之代表县工委及时给予指导，针对叶县国民党反动派现状，董锡之提议再加一个口号，“誓与民族共存亡，誓与汉奸不两立”，以减小运动阻力，崔慎三也对学生运动给予声援和提供各项方便。

这次“一二·九”学潮是继“五四”运动在叶县发生的第二次反帝反封建的大规模学生运动。

国民党叶县党部待运动风声一过，开展调查“新文学研究会”的带头人，王泽民、张联芳等被开除学籍。他们两人只好到舞阳县中学继续学习。

三、在遂平县开办“四方商店”

县工委成立后，面对省委遭破坏，身处国民党各级反动派的包围，生存和发展面临一个极不确定的环境。1935年春，陈继尧曾提议在遂平县设个联络点，一旦情形危急，党员们可以到那里隐蔽，也可以在那里交换情报。这时，县工委同意陈继尧的建议，并委托李子健、陈继尧筹办。

原来陈继尧在开封上学时，一位遂平县学友魏秀亭，出身名门，家境富裕，虽为国民党员，而性格豪爽，正直仗义，学生时期二人一同参加罢课斗争，友情甚笃。9月一天，李子健、陈继尧一起南下遂平去找魏秀亭。魏秀亭对陈继尧的政治面貌非常了解，而且也意识到若非情不得已不会找他来。所以，他除热情接待陈继尧、李子健的造访，还陪着陈、李二人，跑遍遂平县城考察选址。鉴于筹建资金和经营实体的功能，经过多次商议，还是魏秀亭慷慨仗义，提出将自家临街的三间房腾出，开个商店，铺底资金不足由他想办法解决，商店名义上归属他，实际上由陈继尧任经理全权经营，他不干涉。陈继尧、李子健也感到这样很好，能够满足隐蔽联络的需要，十分赞成魏的提议，再议定商店名字为“四方商店”，寓意服务四方。

魏秀亭先拿出300银圆，又让夫人时华萱专意走一趟娘家筹款，方备足资金。经半月筹备，魏又请得遂平县一些官面人物，叶县县工委抽调党员杜瑞久站台，商店举行开业仪式，正式开门营业。

为了适应严酷的斗争环境，发挥党的地下联络站作用，陈继尧、李子健按照他们在中共交通局地下工作原则，规定商店人员必须做到：一、恪守本职、沉着冷静，不参加公开的政治活动，不涉足群众斗争场合，不表露自己的身份。二、勤奋经营，精熟业务，干啥像啥，懂得行情行话，谁也问不倒。三、态度和气，热情周到，忠实诚恳，公道正派，努力争取当地民众的信任与支持。四、党内实行单线联系，不得发生横向或隔级联系，只与李子健一人直接联系。严密的制度、严格的纪律，使四方商店成功地发挥了党的地下联络站和供给站作用。其间，各地党员如王叶、董锡之、艾协久、段绍勋、兰德修、洪景儒、王汉青等都曾在危急时刻到此暂避，渡过难关。鄂豫边区省委与中共中央北方局接通关系后，“四方商店”的作用有质的提升，逐步上升为鄂豫边省委的联络站。北方局及河南省委派往鄂豫边根据地的负责干部刘子久、马洪图（刘子厚）、娄光奇、郭以青等都是经“四方商店”去到竹沟的。洛阳的刘勃，开封的魏峰、刘华、樊西曼、高维进等多批进步青年，因途中遇到险阻，都经“四方商店”斡旋，巧妙地掩护他们到达根据地。四方商店还以拓展业务的方式，秘密转送党组织创办的《风雨》周刊、《新生》周刊、《抗日》三日刊、《游击战术》等宣传刊物，满足了根据地宣传工作的需要。

“四方商店”得助于魏秀亭夫妇的鼎力支持，陈继尧、杜瑞九经营有道，生意越做越兴隆，所获利润除本店周转之需外尚有盈余。他们就根据斗争需要拿出一部分做党的活动经费。鄂豫边省委先后三次派李子健去北方局联系汇报工作，往返路费全部是“四方商店”提供的；开封、洛阳几个去根据地的革命青年，途中遭抢劫，四方商店为他们解决了衣被物品和路费；四方商店还对鄂豫边区革命斗争直接给予了许多物资支援，笔、墨、纸、砚，电筒、电池等必需品一批批转送过去，商店还派杜瑞九去武汉采购了一套石印机，送往边区《拂晓报》报社，使报纸印刷由油印改为石印，石印机现保存于河南省博物馆。

“四方商店”也引起了国民党遂平县反动分子的疑虑，当局经常派人去商店暗查，甚至寻衅滋事。一次，一个自称刘差派的人到店里，诡称陈继尧是伪装的共党分子，强行将陈拘留审查。陈继尧料其并未掌握自己的真实情况，便据理力争，慷慨陈词说自己是应朋友之聘做生意，遵纪守法，公正无欺。魏秀亭也愤怒提出抗议，指斥这伙人的非法暴行，要他们停止侵权，赔偿商店损失，否则坚决上告。已与陈继尧建立深厚情意的当地群众也纷纷指责坏人乱抓无辜。敌人见势头不利，言称误会，表示歉意后将陈释放。此类事情时有发生，由于商店人员防范意识强，处处严谨缜密，多次犯扰都被化险为夷，敌人阴谋终未得逞。抗战开始，人员抽调抗日前线，四方商店使命完成。

四、县工委主要人员参加鄂豫边区建设

1936年，李子健循原来在中央交通局掌握的地下交通线到豫南，

4 月，找到确山县地下交通员田永禄，从而联系到王国华。王国华指示李子健，让叶县的同志来豫南，合力开创游击区。李子健奉命寻找上级党组织，至此中共叶县工作委员会，同豫南党组织取得联系并归属之。

与段永健一同从中央苏区回河南的原省委委员王国华，回到家乡确山县与确山、汝南和正阳等县党组织接上关系，在唐河县同鄂豫边工委书记张星江研究，决定将豫南、豫西南十余县党组织合并，成立中共豫鄂边区省委，领导桐柏山区游击战争。

段永健得知王国华的确实消息，5 月，县工委决定留下崔慎三、段永胜坚持斗争，由段永胜任县工委负责人。段永健、李子健、兰德修（不久另有任务回县）、王汉青等赴鄂豫边区，在确山县朱古洞杜李庄，经傅楼联络站介绍参加红军游击队[①]。

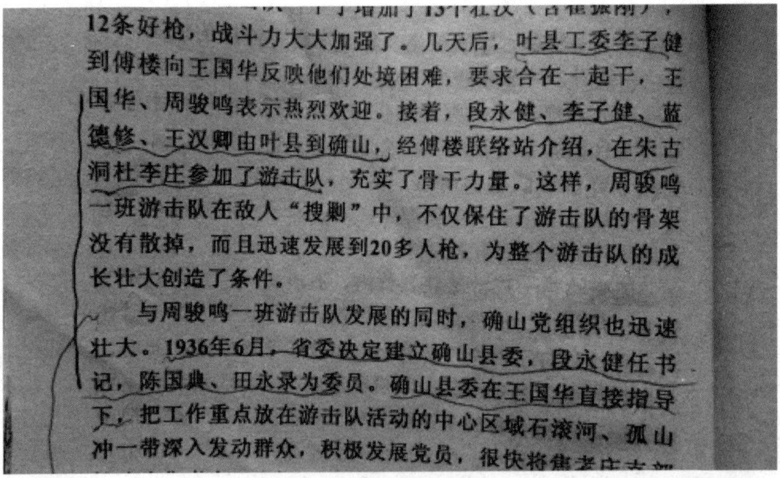

12条好枪，战斗力大大加强了。几天后，叶县工委李子健到傅楼向王国华反映他们处境困难，要求合在一起干，王国华、周骏鸣表示热烈欢迎。接着，段永健、李子健、蓝德修、王汉卿由叶县到确山，经傅楼联络站介绍，在朱古洞杜李庄参加了游击队，充实了骨干力量。这样，周骏鸣一班游击队在敌人“搜剿”中，不仅保住了游击队的骨架没有散掉，而且迅速发展到20多人枪，为整个游击队的成长壮大创造了条件。

与周骏鸣一班游击队发展的同时，确山党组织也迅速壮大。1936年6月，省委决定建立确山县委，段永健任书记，陈国典、田永录为委员。确山县委在王国华直接指导下，把工作重点放在游击队活动的中心区域石滚河、孤山冲一带深入发动群众，积极发展党员，很快将……

段永健等参加鄂豫边区建设

县工委第一批来豫南虽然只有 4 人，然 4 人皆是久经考验的共产党领导干部，对于刚刚遭受挫折，只有数人的游击队无疑是有提

①摘自中共确山县委党史资料征编委员会编：《小延安——竹沟》，河南人民出版社、1988 年 5 月第一版，第 22 页。

振士气，充实骨干的作用。与叶县县工委几乎同时参加游击队的有国民党地方部队一个班 12 人起义，新增 16 人，红军游击队才 20 余人。

段永健在鄂豫边区

红军游击队发展的同时，确山县党组织也壮大起来。鄂豫边区省委决定成立中共确山县委员会，段永健任书记，石滚河区委书记陈国典、田永禄和游击队士兵委员会主任牛德胜任委员，县委在王国华直接领导下工作。段永健带领县委一班人深入游击队活动的中心区域，发动群众，发展党员，同游击队配合打击土豪劣绅，消灭分散的敌军，很快在石滚河、孤山冲一带打开局面。先后在焦老庄、袁朋、甘石冲、下楼四个村庄建立党支部，发展组建焦老庄中心支部、孤山冲区委、巩固提高石滚河区委，并组建区、村农民协会，选送积极分子参加红军游击队。

7 月，确山县委在石滚河区委配合下，决定联络游击队，除掉石滚河联保主任赵子敬。一天夜晚，周骏鸣队长带游击队来到石滚河寨门下，鸣枪为号联络内应人员。赵子敬正躺在床上抽大烟，听到枪声，令两个护兵查看。护兵事前已被争取过来，于是护兵打开寨门，引导游击队进入寨内，喊赵子敬开门，门开处一人出来，游击队员一枪结果了他的性命。原以为打死的是赵子敬，谁知是一姓冯的狗腿子，第二天群众报告也证实了赵子敬没死，两护兵参加了游击队，离开石滚河地区。

赵子敬惊魂稍定，跑到国民党确山县政府哭诉，请求保安团派兵驻守石滚河。省保安十二团开进确山围剿红军游击队，中旬的一天晚上，段永健到石滚河东南小王庄与区委书记陈国典研究工作，保安团将小王庄团团围住，把全村男女老少集中起来训话："谁家有生人，有共产党，不放出来，在谁家搜出，杀光谁家。"段永健本已藏于基本群众王老五的席棚上，当他听到保安团拉动枪栓，准备开枪杀人时，他毅然从藏身之处走出来，他不能连累群众。

段永健自称王七，是一名编席匠，来此编席，坦然自若面对几十支枪指上来，并一一回答敌军的询问。因段永健属外地人，正是怀疑对象，敌团长把他和陈国典、王套、王驴、王老五五人一起逮捕，押到石滚河联保处。段永健、陈国典利用同押一室的机会教育党员，尤其是基本群众王老五，要他经得起考验，哪怕牺牲自己也绝不出卖同志，绝不叛党。从许昌石固村王六常来编席，统一口径，段永健为王六的弟弟，相互掩护，应对敌人。

这次捕人，原系陈国典一亲属挟私告密，陈国典身份已经暴露。审讯中妄图从他身上打开缺口，所以敌团长亲自审讯，软硬兼施，刑法使尽，直至陈国典当场牺牲，敌人也一无所得。王套、王驴、王老五等都被打得死去活来，拉出去假枪毙也不改口供。敌团长更不放过段永健，先问他是不是共产党，又问他来确山是不是搞“赤化”，认识不认识王国华、周骏鸣，他一概摇头，三问三不知，敌人恼羞成怒，喝令施刑，先用压杆，后坐老虎凳，段永健痛死几次，用水泼醒。他原只是嫌疑犯，口供又一致，审讯无果投入监狱。

王国华指示牛德胜密切注视被捕人员的动静，确认都表现得令人敬佩，就动员国民党确山县三区区长、保甲长这些统战对象联名取保，还买通团副将段永健 4 人保释出来，除陈国典壮烈牺牲外，确山县党组织得以保全。

8 月，鄂豫边省委再调段永健任唐河县委书记，他在唐河县开辟了以毕店为中心的活跃区。随着全国抗日救亡呼声的高涨，以抗日救亡为号召组建抗日自卫队，半年时间给红军游击队送去 9 批新兵。

“西安事变”和平解决，段永健按照省委指示，领导县委一班人促成唐河县抗日民族统一战线，组建唐河县抗敌委员会，实行全民族抗战方针，改建抗日政权机构，对破坏抗日顽固分子，就动员群众、动员抗日开明绅士开展揭发斗争，仅毕店乡就告倒三任乡长，震动全县，促进全县抗战局面向更高水平发展。

抗日活动兴起，国民党唐河县政府，受到打击的顽固分子和叛党分子相互勾结，唐河县保安团突然包围毕店乡凤凰树村，把段永健和省委特派员方德欣等八人逮捕。段永健被吊在一棵弯腰枣树下抽打，慑于全国全县的抗日情势，国民党当局欲对段永健等人加以汉奸土匪罪名杀害。段永健自称常文治，来唐河是抗日的，他反客为主质问审讯的县长："组织抗日有罪吗？"国民党唐河县长面对一个真正的共产党员，不敢再审下去，利用段永健害眼病，送石灰水谎称眼药，弄瞎了他的双眼。

不久，新上任的国民党唐河县长王光林，派叛徒劝降无效。他老于世故，避开杀与放的难题，同意把段永健解回原籍，叶县地下党把段保释出狱。段永健在豫南两次任县委书记，为革命失掉一双眼睛，重回家乡。

李子健在鄂豫边区

李子健到鄂豫边参加红军游击队任秘书，在周骏鸣领导下游击队不断进行打"坏货""打土豪"。其间，应泌阳县八门庄群众要求，8 月 22 日夜击毙恶霸李天修。9 月，省委和游击队负责人王国华、周骏鸣、李子健和邓一非为方便工作，在石滚河黄路沟召开会议，总结前段工作经验教训，制定新的工作方针。

10 月，李子健到确山县检查党组织支援游击队工作，从县委委员、城关特支书记田永禄的汇报中得知，在北平工作的确山籍党员徐子荣（1928 年任确山县委书记），回到傅楼家乡。李子健立即赶到傅楼，找到徐子荣，介绍了鄂豫边区的艰苦斗争情况，希望尽快同上级党取得联系，得到党的指示。徐子荣告诉他，到北平沙滩北街椅子胡同大学公寓，通过李锐就能找到中共中央北方局。李子健向省委回报这一重大消息，经省委研究决定，委派他寻找上级党组织。

李子健第一次赴北方局，带着徐子荣给李锐的介绍信，按指明的地址见到刘子久，顺利与中共中央北方局接上关系，在北方局《火线》杂志撰写《鄂豫边红军游击队的产生与发展》的报道文章。北方局对鄂豫边省委的工作给予高度评价，认为执行的方针、政策与党中央基本一致。北方局指示，目前的中心口号仍然是“停止内战，一致抗日”，由“反蒋抗日”转为“逼蒋抗日”。

李子健回鄂豫边区，带回了中共中央《为抗日救国告全国同胞书》（八一宣言），正式接通了省委与上级党组织的关系。

12月上旬，李子健受省委委派，第二次赴北方局，13日在天津宁园受到北方局书记刘少奇的接见。刘少奇向他传达了党的六届五中全会精神和“克服左倾关门主义、冒险主义，建立抗日民族统一战线”的指示。李子健回来，带回了一部留声机和三支派克牌金笔，供边区进行宣传学习使用。此行，李子健途经叶县，向县工委留守人员传达党的“克服左倾关门主义，向知识分子开门”的精神，叶县地下党组织吸收了王泽民等一批表现优秀的青年入党。

1937年1月，省委在泌阳县官驿村设立文印室，翻译党的文件，宣传品，筹办《拂晓报》。李子健推荐董锡之、王泽民来此工作。5月，参加“西安事变”的东北军一二九师师长周福成是张学良的老部下，这时调豫南“清剿”红军。省委研究认为可以和东北军建立统战关系，派李子健到泌阳县王店村，同驻军王理怀团谈判，达成4项秘密协议，使驻军和游击队两方相安一段时间。泌阳县顽固势力告密，省主席刘峙申斥一二九师放弃职守，刺激吕伟绩营袭击文印室和《拂晓报》编辑部，董锡之等人遭捕，经地方协调和团长王理怀干涉，董锡之、王泽民等大部被放。

为贯彻朱德总司令“猛烈扩大游击武装”的指示，省委和游击队领导进行调整，仝中玉任省委书记，胡龙奎、刘子厚、李子健分任部长，王国华、周骏鸣分任游击队指导员、队长。

抗战开始后，鄂豫边区党组织改称豫南特委，仝中玉任书记，王国华任副书记，胡龙奎、刘子厚、李子健，周骏鸣、文敏生任各部部长。

李子健对鄂豫边区建设和接通与上级关系中起到了重大作用。

冯景禹在鄂豫边区

1936年，李子健两次赴北方局，往返均经过叶县，停留期间，不仅把党的方针政策及时地传达给县工委，也把鄂豫边省委急需军事干部情况作了介绍。县工委支援边区建设，动员盐店村党支部书记冯景禹带10多人枪，赴豫南参加红军游击队。冯景禹原在国民党西北军中做过下级军官，有军事斗争经验，而且本人作战英勇。11月间，冯景禹等参加游击队，受到省委书记王国华、游击队指导员全中玉、队长陈香斋的欢迎。一次，游击队欲打掉一个围寨，寨墙高筑，强攻易遭大量伤亡，这对几十人的游击队来说又损失太大。冯景禹建议，能否弄些保安团的服装，挑几个勇敢的队员扮“土匪”，其他人员扮作保安团，只说是县保安团剿匪路过，赚开寨门。他的建议被采纳，一番准备后照计进行。果然，寨首看到“国军”路过，总得有所表示，便打开寨门，安排烟、酒、食物慰劳。战士们蜂拥而入，冯景禹持枪看住寨首，命令不许抵抗，就这样智取寨子，收缴20余支各类枪支，对豪绅民团头人进行抗日爱国教育，不得与游击队为敌。经此一役，游击队员对冯景禹的英勇行为和军事才能有一个真实的感受。

1937年3月，王国华、周骏鸣给泌阳县大梨园土豪写信：“抗日救国，人人有责，望能慷慨解囊，以助军威。”不料，这个土豪甚是猖狂，竟回信：“请贵部割下人头千个，头来钱往，公平交易。”游击队收到回信，个个气愤，表示非拔掉这个“钉子”不可。王国华、周骏鸣商议，重拾冯景禹计，刚好保安团服装还在，这一次游击队扮作泌阳县保安团，直奔大梨园。土豪把游击队迎到堂屋，奉茶招待：“长官惠临小寨，有失远迎，恕罪恕罪。”王国华冷冷地说：“哪里，哪里，没把人头带来，还请寨主包涵。”土豪一听吓得面如土色，哆嗦起来，忙低头应声：“贵部筹款，俺早已准备，前日只是戏言。”冯景禹叫住土豪说：“眼下国难当头，破坏团结抗日就是民族败类，爱国抗日人民不念旧恶，你自己决定。”土豪转而赔笑说：“经恩公指点，我茅塞顿开，为抗日救国，敝人愿效犬马之劳。”说罢，忙吩咐家人杀猪、杀羊招待，拿出一千元银洋送游击队。经游击队连续出击，又注意了斗争方式，开明绅士主动筹款，其他乡绅也老实起来。

抗日战争开始，省委在邓庄铺召开会议，决定将红军游击队编为豫南人民抗日军独立团，周骏鸣任团长，王国华任政委兼政治处主任，冯景禹任副团长，文敏生任政治处副主任。冯景禹对豫南红军多有建树。

中共叶县工作委员会自 1936 年 5 月到 1938 年 3 月间，分批派遣领导人、不同类型干部、战士参加鄂豫边红军游击队，见证了星星之火、渐成燎原之势的奋斗历程，为全国 14 个红色游击区之一的鄂豫边游击区建设，作出了重要贡献。同时，鄂豫边区省委指导县工委正确进行白区工作和党组织建设，使自发建立的县工委及时得到上级的指示，组织的支持。

第三章 抗日战争时期

（1937年7月～1945年8月）

以九一八事变为起点的抗日战争历经14年，全面抗战历经8年。其间，叶县大部沦陷一年零四个月。叶县沦陷时间虽短，但是，战争的幽灵始终在上空游荡，影响到叶县的政治、经济、社会等各个方面和政党、军队、平民等各个群体。

中共叶县地方党组织贯彻执行党的抗日民族统一战线，团结一切抗日人士，进行卓有成效的抗日宣传。开展援助绥远，援助华北，援助豫东和豫南的抗战活动。

抗日战争进入相持阶段，国民党顽固派反共，破坏抗战，国民党汤恩伯部三十一集团军总部驻扎在叶县，党组织有计划撤退，叶县的抗日活动转入低潮期。“水、旱、蝗、汤”天灾人祸，人民处在饥寒交迫中，隐蔽下来的党员为解民之倒悬，不断进行不同形式的抗争。

日军南侵，汤部溃逃。叶县广大敌占区成为共产党人开展抗日游击战的舞台。他们同国民党左派人士同舟共济打出一片天地，保得一块国统区。八路军、新四军挺进河南，叶县共产党人领导的抗日武装已经发展到近三千人的规模，在陈先瑞、黄霖领导下，开创豫中抗日根据地，建立叶县民主抗日政府，成为叶县抗战的中流砥柱，成为八路军、新四军依重的一方劲旅。他们在中华民族到了最危险的时候，再一次自发奋起保家园、纾国难，彰显出共产党员的家国情怀。

第一节　中共叶县地方党组织促成抗日民族统一战线

一、抗日民族统一战线的形成和发展

七七事变爆发的第二天，中共中央和红军领导人毛泽东、朱德、彭德怀致电蒋介石，表明团结抗战、国共合作的正确主张。1937年9月22日，经中共一再催促，国民党中央通讯社发表《中共中央公布国共合作宣言》，次日，蒋介石发表谈话，实际上承认了中国共产党的合法地位。国共合作宣言和蒋介石谈话的发表，标志着以国共合作为基础的抗日民族统一战线的正式形成，为叶县抗日民族统一战线的建立和发展提供了前提条件。

叶县的统一战线工作，是从联合国民党县党部开始的。是年11月，在开封高级师范从事地下工作的共产党员王泽民奉河南省委群工部负责人吴祖贻的指示，回到叶县发动领导抗日救亡运动。他及时与中共叶县工委负责人段永胜、县工委军事委员崔慎三取得联系，传达上级党关于掀起抗日救亡高潮的指示精神，强调不仅要团结青年学生、农民等革命的主要力量，而且要争取团结国民党、地方实力派中一切可以争取和利用的抗日力量，结成广泛的统一战线，共同抵抗日军的侵略。三人商定与国民党县党部举行联席会议。经王泽民多次到县党部交涉，1938年2月，两党联席会议在县党部（设在今县城公安街老看守所院，即关爷庙）召开。国民党县党部干事长李麟卿主持会议，中共县工委代表王泽民作报告。出席两党联席会议者40余人，研究了成立抗日救亡组织，发展地方抗日武装和组织农民参加抗日等方面的问题。两党联席会议的召开，标志着叶县抗日民族统一战线初步形成。之后，文化、教育、社团等部门以及农村纷纷成立适应抗战形势的救亡组织，开展抗日宣传、募捐、支前活动。

在与国民党县党部合作的基础上，党组织根据叶县南北两大地

方实力派明争暗斗的现状认为：一定要做好南派核心人物崔兆元（又名崔冠卿）的统战工作。原因有三：一是共产党员李子健曾于1936年给崔兆元寄过《八一宣言》，崔随后通过他的学生陈继尧和李子健联系，表示赞成“停止内战、一致抗日”的主张，愿意抗日，是个有民族气节的绅士，和崔建立统一战线是有可能的。二是崔兆元当过多年的小学校长、教育局长，任过开封明伦中学教务主任，1934年以后一直任叶县私立昆阳中学校长，在教育界备受推崇。与崔建立统一战线，有利于在青年学生中掀起抗日救亡热潮。三是崔兆元系统拥有相当数量的地方武装，是个举足轻重的人物，与其建立统一战线，有利于我党掌握武装，壮大抗日力量。据此，王泽民和崔慎三（崔兆元之族侄）一起面见崔兆元。王泽民探询崔兆元对共产党提出抗日救国十大纲领的看法，崔慨然同意国共合作，赞同团结抗战。党组织首先在私立昆阳中学点燃了抗日救亡火种。崔提供了昆阳中学抗日救亡活动的一切费用，以实际行动表明了他支持团结抗战的诚意。

段永健被国民党顽固派折磨得双目失明后押回叶县，党组织通过崔兆元的关系把段永健保释出狱，再一次表明崔兆元诚心与中共党组织合作。

春夏之交，“叶县抗敌自卫团司令部”（以下简称自卫团）在昆阳中学南院成立，崔兆元任副司令（司令由县长兼任）。县委紧紧抓住有利时机，派崔慎三和王泽民向崔兆元推荐人才。崔慎三辞去其他职务到自卫团先后任参谋、中队长；段语禅任自卫团副官，地下党员杜天崇、胡明正、侯建华负责自卫团的宣传工作。时隔不久，崔兆元要王泽民替他物色一个擅长游击战的参谋人才。县委迅速把这一情况反映给驻确山竹沟的河南省委。省委很快派抗大毕业生杨子英到叶县，由王泽民把杨子英推荐给崔兆元，任自卫团组训参谋和昆中军事课教师。

进入自卫团的地下党员们按照县委的指示，对周围的士兵开展了耐心细致的思想工作。在杨子英等人组织下对学生进行艰苦认真的训练，使党组织与崔兆元的统战关系更加巩固。

崔兆元不仅是叶县地方实力派的代表人物，而且也是宛西自治派别庭芳系统的代表人物。是年冬，别庭芳以抗战守土为名下令叶县组建一个脱产的正规营四个连队，500 人（叶县行政归属南阳专署），与舞阳、方城抽调的人枪组成“宛属抗敌自卫团第四团”，团部驻辛店，叶县为四团第二营，驻常派庄。县委利用这一时机，通过崔兆元安排多名地下党员或进步人士进入第二营。崔慎三先后任中队长、少校团附，段语禅任团部书记。1939年，叶县营官兵曾开赴唐河、泌阳参加豫南战役，同日军在战场上拼杀。

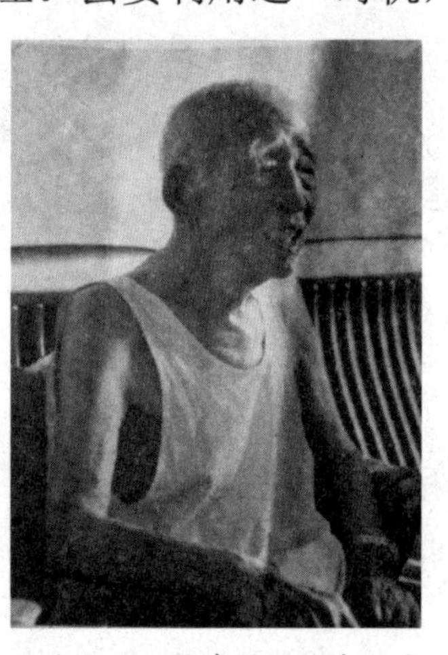
抗战老人王荃熹讲述豫南抗战

县工委和再建的县委同国民党的统一战线深入各层次，团结抗战形成主流民意和共同的呼声。

二、青年抗战工作团和抗敌后援会

叶县抗日民族统一战线形成，全县城乡纷纷成立抗日救亡组织，其中以共产党员负责的叶县青年抗战工作团和国民党员负责的叶县抗敌后援会最为著名。

1937 年 11 月，为开展全县的抗日救亡运动，王泽民与县工委负责人段永胜、崔慎三商定以流亡学生的名义，筹建救亡组织——叶县青年抗战工作团。

随后，开始了紧张的筹备工作。县工委委托王泽民到昆阳中学，找到曾参加过“一二·九”学生运动、并与共产党领导的民先（中华民族解放先锋队）有联系的进步青年教师胡明正等人，向他们谈了建立青抗团的打算，得到了一致赞同。接着，王泽民又和县城的地下党员们一起，以流亡学生的名义贴出召开抗日救亡座谈会、成立青抗团的海报。

12月，在国民党县党部院内召开了青抗团成立大会，有600多名各界人士参加，地下党员们几乎全部参加了大会。会前，县工委安排由王泽民主持会议，并争取选举王泽民为团长。

大会宣读了青抗团十条工作纲领（仿照中共《抗日救国十大纲领》制定的），得到与会人员一致通过。在讨论青抗团的组织设置和团长人选时，叛党分子在县党部某些顽固分子支持下极力表白自己，力图挤进青抗团领导层。这一情况出乎王泽民等人的意料，使得地下党员们大为不满。为了不引起县党部的公开反对，段永胜等示意王泽民宣布休会。续会中，经协商决定，青抗团不设团长，只设组织、宣传、总务三个股，通讯处设在县党部。经大会选举，王泽民任组织股长，胡明正任宣传股长，总务股由县党部推举的人负责。青抗团的领导权基本掌握在中共人士手中。

成立大会结束以后，县工委贯彻中共河南省委关于号召青年学生到广大农村去，动员和组织占人口百分之八十以上的农民参加抗战的指示，由县工委统一部署，王泽民当夜赶到县城东部的廉村，召开党员和党的积极分子会议，成立了叶县青抗团廉村分团。接着段庄、龙泉、坟台、常村、老鸦分团也相继成立。这些分团积极出墙报、黑板报，宣传抗日救亡道理；成立民众识字夜校，吸收流亡学生参加，以识字扫盲形式，介绍八路军英勇杀敌的事迹，揭露日本帝国主义的侵略罪行。段庄村的民众识字夜校就有50多人参加。各分团还建立了文化室，购置了进步书籍，促进了共产党全面抗战、一致对外等主张的传播。由于这些分团分布在叶县的东部、南部及西部，党在那里有较深的影响，群众基础也好，这些地方抗日救亡宣传开展得扎扎实实。

与此同时，青抗团在宣传股长胡明正等人组织下，昆阳中学很快成立了话剧团、歌咏队，排练了《九一八》《放下你的鞭子》等救亡话剧，演唱了《牺牲已到最后关头》等救亡歌曲。激动人心的街头演出，吸引了县城及附近数以万计的民众。随之，县立中学、县立师范、职业中学、女子小学也都行动起来，宣传抗日救亡，使全城充满了抗日救亡气氛。

胡明正等青抗团负责人还带领学生话剧团、歌咏队到地方武装中进行演出，鼓舞地方官兵的抗战热情，带领昆中学生游行队伍，到国民党顽固势力占上风的叶县北部乡镇游行宣传。游行队伍抬着巨幅救亡漫画，沿途向群众散发《告叶县同胞书》，每到一处还向群众演讲，以扩大宣传的广度。

为进一步掀起全县救亡高潮，青抗团在县工委正确领导下，组织昆阳中学师生创办了《叶县抗战青年》周刊。该刊以传播救亡文化，促进救亡运动为宗旨，揭露日本帝国主义的侵略罪行，宣传中国共产党的全面抗战路线，号召全民动员，与日军战斗到底。刊物发送到全县城乡，对动员和组织民众起到了很大的作用。刊物传到竹沟，受到省委的称赞。

抗战进入相持阶段后，国民党顽固派开始实行消极抗日，积极反共方针，政治形势发生逆转，许多抗日救亡团体被国民党取缔。叶县青抗团被迫停止活动。但原青抗团广大成员，尤其是其中的骨干分子仍团结在中共叶县党组织周围，进行着半公开或秘密的救亡斗争。许多青抗团的骨干成员加入了中国共产党。

与青抗团同时并存的叶县抗敌后援会是一个由国民党党员负责并由部分共产党员参加的抗日救亡团体。后援会主要从事募捐活动，募集物资支援豫北、豫东、绥远抗日前线。县工委指派共产党员牛犇（牛毓麟）和爱国青年高文杰等以“抗敌后援会”的名义，吸收不少男女青年组成话剧团，不仅在城乡演出，也赴前线慰问演出。对于宣传发动民众，鼓舞官兵抗战士气，起到了很好的作用。

三、中共叶县委员会的再建与改组

1938 年 3 月，中共豫南特别委员会（豫南特委）宣传部长李子健受命回叶，在县城北大街叶县保安团第三中队队部（中队长崔慎三）重建中共叶县县委，由崔慎三任书记，王泽民任秘书长兼组织部长，段永胜、兰培杰为委员。根据特委指示，老党员段语禅、陈继尧、兰德修、王文卿不参加县委，作为特别党员直接由上级领导，让他们充分利用社会关系搞地方武装等活动。

5月，省委派党员刘艺亭（刘长坡）来叶工作，参加县委并指示他和王泽民一起整顿党组织。6月，豫南特委组织部长仝中玉来叶县检查工作，代表省委，改组叶县县委，王泽民任书记，刘艺亭任组织部长，姚建民（姚安邦）任宣传部长，姚万福（姚永乐，女）负责妇女工作。指定崔慎三作为特别党员，利用他的社会地位和社会关系，打入叶县地方上层活动，开展统战工作，只与县委发生单线联系，不编入地方支部。

7月，刘艺亭奉调离叶。省委派抗大毕业生孙克恭（叶县人）回叶参加县委，接任组织部长。9月，张联芳从彭雪枫主办的军政教导大队毕业，被省委派回任县委组织部长。孙克恭改任县城工作委员会书记。

同年秋，中共豫中特工委成立，领导舞阳、叶县等豫中各县的党组织。10月，特工委派杨战韬、代子侠来叶工作，参加县委，杨战韬任组织部长，代子侠任县委委员。张联芳、王荃喜、董竟芳等打入“宛属抗敌自卫团四团”组成工委；11月，豫中工委改为豫中地委，派闫伯玉、李彩珠（李绿缘）夫妇来叶工作。闫伯玉任县委委员，李彩珠任昆阳中学教职员支部书记。闫李夫妇负责在昆阳中学教师、学生中发展党员；孙克恭到县立师范一附小当教员，负责在小学教员中发展党员。

王泽民、杨战韬领导的中共叶县委员会一直坚持到河南党组织奉命撤退。

第二节 县委在抗战前期的重大活动

1938年3月和6月组建的两届县委在引领抗战宣传和实行抗战准备上有颇多建树，对于后来的反攻和反击日军侵略斗争也影响深远。

一、党组织的大发展

1938年3月5日中共中央作出《中央关于大量发展党员的决议》，号召各级党组织“大量的十百倍的发展党员，成为党目前迫切的严重的任务”。县委积极贯彻执行党的指示，开启了党组织结合抗日活动进行党组织大发展阶段。

叶县中共党组织发展大体经过三个阶段，从1938年3月到6月为第一阶段，也就是抗战中第一届县委致力于抗战动员阶段。鉴于县委书记崔慎三在国民党保安团履职，不便公开活动，组织发展工作主要由县委组织部长兼秘书长王泽民、县委委员段永胜分赴各地传达贯彻上级指示，在原来群众基础较好的地方如廉村、段庄、老鸦、龙泉等地首先扩大党组织。陈继尧、兰德修、王文卿、段语禅、董锡之这批老党员作为特别党员（可以同上级党直接联系），也在工作范围内发展党员，建立党组织。王泽民以组织部长的身份，在县委成立当天夜即赶赴廉村召开党员和党外积极分子会，不久吸收姚建民、姚永乐（女）入党。段永胜、兰培杰对段庄、常庄党组织进行扩党工作。崔慎三、王泽民在昆阳中学建立党组织，发展侯建华、杜天崇、胡明正、党锡田夫妇入党。

这一阶段党组织随着“青抗团”的发展而发展，所有建立青抗团地方分团的地方均是党组织大发展之处。而且建立青抗团分团较早的后崔、段庄、龙泉、老鸦先后组建成立党的区委会，全县党员数已从抗战初期的20余人发展到60余人。

从1938年6月到12月，也就是抗战中第二届县委成立到年底，为党组织发展的第二阶段，是党组织一边整顿，一边发展阶段。是年 5 月，县委委员段永胜被党内坏分子暗杀，使叶县党组织提前进入整顿时段，发展党员较前谨慎，手续严格，且同志之间不发生横向关系，发展新党员要坚持个人口头申请，组织审查批准，上级领导谈话、宣誓一套程序。但是，发展仍是主题，结合组建联防队，掌握地方抗日武装而进行发展。在农民和知识分子中发展董竞芳、王荃熹、王志宏、董士秀、王芳吾、段威林、武定一、董国芳、罗全喜等入党，恢复冯席儒的组织关系，全县党员人数升至 210 人[①]。

杨战韬来叶后，叶县党组织进入稳固发展时期，杨战韬发展齐邦尧、沈祥甫入党，姚远生发展齐丙南入党，齐丙南发展张士英入党，冯席儒发展刘德祺、王金花（女）、张佰齐入党。这一阶段全县党员数增至 380 人[②]，新组建廉村、坟台、齐贤王、桥陈区委、城镇工委、抗敌自卫团四团叶县营工委及旧县小学中心支部、肖王庄中心支部（现属平顶山市湛河区）。

从 1939 年 1 月开始，叶县党组织进入巩固和隐蔽、有限发展的第三阶段。这期间国民党召开“反共、溶共、限共”的五届五中全会，政治形势相当严酷。豫中地委（豫中特工委充实后的改称），决定暂时中断发展党员，彻底整顿巩固党组织，只在没党组织和特别隐蔽的地方进行有限发展。县委根据叶县实际，对原先“红了”的地方党组织整顿，不再发展党员，对县城西肖王庄中心支部，县城东齐贤王区委领导下的农村党支部仍允许继续发展党员，建立新的党支部。实际上，其他党支部并未绝对停止发展党员，到 1940 年 5 月，全县党员数达 480 人[③]，其中农民党员占 95%。

二、段庄党支部是豫中一类支部的典范

1940 年 5 月，中共豫中地委书记张维桢向党中央报告工作时，把段庄党支部作为基层党支部的先进典型写入报告中，赞扬支部

①②③张维桢：《关于豫中地委工作报告》；收入《抗战时期的河南省委（二）》，河南人民出版社，1988 年 6 月版，第 318 页。

有很强的战斗力和号召力，堪称豫中地区一类支部的典范[①]。

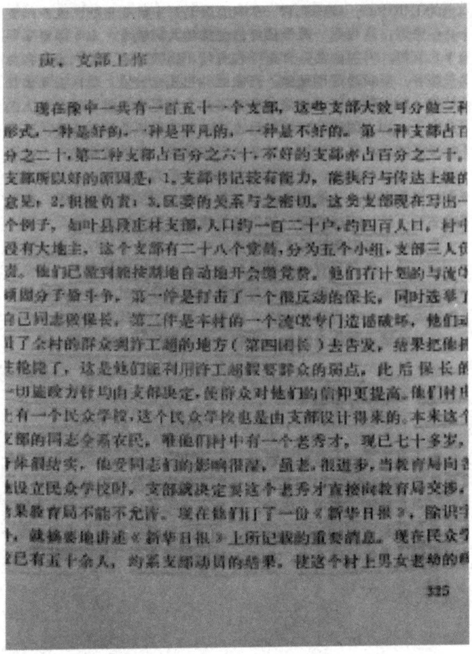

段庄村位于叶境澧水之阳，南观叶邑古镇约 4 公里，北望昆阳古战场约 15 公里。这里是叶县第一个农村党支部诞生之地，民主革命时期，从这里走出段语禅、段永健、段永胜三位县级党组织领导人。大革命时期，叶县 9 名党员段庄有 3 位，土地革命后期叶县 20 位党员段庄有 4 位，还有段风和、张万顺两位党员已牺牲。

张维桢报告中有关段庄支部内容

抗日战争爆发后，段庄党支部联络周围村庄，成立了“叶县青年抗战工作团段庄分团”，段永新为分团长，大力开展抗日救亡运动。豫西自治派在宛属各县组建联防队，段庄分团着力经营联防队，掌握武装力量。同时，党支部发展了段威林、李更新等一批党员，并选送青年党员和积极分子到竹沟学习培训。

党组织大发展阶段，县委在段庄设立区委（含段庄支部、丁庄支部），段永新任区委书记，领导旧县一带的抗日救亡运动。

段庄党支部一直是叶县基层党组织的一面旗帜，受到历届县委（工委）的高度重视，并受到豫中地委的称赞。1940 年豫中地委书记张维桢向中央报告工作时，在报告中指出：“支部所以好：1. 支部书记较有能力，能执行与传达上级的意见。2. 积极负责。3. 区

①张维桢：《关于豫中地委工作报告》，收入《抗战时期的河南省委（二）》，河南人民出版社，1988 年 6 月版，第 325 页。

委关系与之密切。叶县段庄，约一百二十户，约四百口人，村中没有大地主。村支部有二十八个党员，分为五个小组，支部三人负责。他们已做到按期地自动开会交党费。他们有计划地与流氓顽固派分子做斗争，第一件事是打击了一个很反动的保长，同时选举了自己同志做保长；第二件事是本村的一个流氓专门造谣破坏，他们动员全村群众到许工超（抗敌自卫团第四团长）的地方去告发，结果把他抓住枪毙了。此后保长的一切施政方针均由支部决定，使群众对他们的信仰更高。他们村庄上有一个民众学校，这个民众学校也是由支部设计得来的。本来这个支部的同志全系农民，唯他们村中有一个老秀才，现已七十多岁，身体很结实，他受同志们影响很深，虽老，很进步。当教育局向各地设立民众学校时，支部就决定要这个老秀才直接向教育局交涉，结果教育局不得不允许，现在他们订了一份《新华日报》。除识字外，就摘要的讲述《新华日报》上所记载的重要信息。现在民众学校已有五十余人，使这个村上男女老少的政治觉悟都提高了。叶县我们所谓最有把握的一个后备中队的武装，完全是这个支部发展起来的，现在归区委直接领导。他们过去十天开一次会（近因农忙，会不经常），能回顾十来天的工作成绩与缺点，规定以后的工作中心。”①

载入党的文献的历史功绩尽管只有段庄党支部的部分贡献，但是其画面和情节仍展示出一个革命堡垒村的真实状态，透视出当年叶县其他党组织的一般活动状况。

三、多次选派人员参加在竹沟开办的各类培训班

叶县党组织很早就参加了豫鄂边区建设，抗战初期，鄂豫边区已发展成为以竹沟为中心的全国14块红色游击区之一。确山、信阳、桐柏、泌阳四县交界的桐柏山区，曾被誉为华中战略支点，革命的

①中共河南省党委党史工作委员会编《抗战时期的河南省委（二）》，河南人民出版社，1988年6月版第325～326页。

“小延安”，中共中央中原局，中共河南省委先后设于此地。中原局和省委在竹沟开办军政教导队、党校、干训班、青训班等各类训练班，为中原、河南培养党政军骨干4000多人。刘少奇、朱理治、彭雪枫、李先念、张震等领导人在此指导中原、河南的抗战工作。

1938年前后，叶县党组织隶属豫南特委，多批选派党员或进步青年40余人到竹沟参加培训。7月，县委推荐姚建民、崔新吾到竹沟参加第一期党训班学习。与姚建民、崔新吾等同时到达竹沟的叶县籍党员张联芳和进步青年段永干、段文采等人，参加了河南省委举办的军政教导大队的学习。军政教导大队由省委军事部长彭雪枫负责，在组织机构、学习科目、训练方式、生活管理等方面都遵循了延安抗大的做法。

叶县籍学员张联芳、段永干、段文采、王新斋、王获林等同志编入竹沟武装中队，再编为新四军东征游击队，由彭雪枫任支队司令员，张震任参谋长，开赴皖中，对日作战。随彭雪枫赴豫东的叶县籍领导干部李子健在后勤处，冯景禹任参谋处长。

年底，中共河南省委为适应抗战形势迅速发展的需要，决定在竹沟创办青年干部训练队。1939年3月16日，经昆中党支部胡明正介绍，昆阳中学学生陶士党同进步青年陶淼吉一起，奔赴竹沟，编入青年干部训练队学习。陶士党在竹沟学习，工作中受到新四军第八团留守处主任王国华的多次表扬。

1939年11月11日，“竹沟事变”发生。留守处部队与敌人激战两天一夜，向南突围。段永健双目失明，时任竹沟被服厂厂长，在一个炊事员帮助下突出重围，回县向县委汇报竹沟惨案情况，让叶县做好应变准备。

四、豫西自治派在全县建立联防队，党组织掌握地方武装

1938年4月，国民党军队在正面战场上节节败退，河南北部的新乡、省会开封和武汉市相继沦陷。面对日军向内地的不断入侵，盘居南阳的豫西自治派从自身利益出发，实行守土抗战。宛属抗敌自卫团司令别廷芳是豫西自治派的核心人物，也是拥有一方政权和武装的“土皇帝”。年初，河南省委军事部长兼统战委员会主任彭雪枫（南阳镇平人），曾利用社会关系向别做了大量统战工作。别廷芳表示：愿与共产党合作抗日，绝不打共产党，更不当汉奸。5月，别廷芳发布命令，在南阳专区（宛）十三县成立“抗敌自卫团”，建立地方联防武装。叶县系宛属十三县之一，“叶县抗敌自卫团司令部”在叶县中学南院成立，同年秋，豫西自治派又要求各县建立区级抗日联防大队。各乡镇设立联防中队，二至三个乡镇编为一个大队，采用自带武器，自行训练，自行解决给养的办法组织起来。县委抓住这个机会，让各乡镇青年抗战工作团分团掌握联防队主导权。县委还依靠党员集中20多支枪，在龙泉开设“游击战训练班”，并将青抗团龙泉分团和龙泉联防队合二为一，进行训练，受训60人次，坟台党支部在联防队中建立了一支学生中队，约120人，中队长和政训员全部由共产党员担任，配备的枪支也更齐全，由党组织直接掌握。至此，叶县各乡镇成立的抗日联防队人员约8000人，平时担负着看村护院、维护当地治安的任务，战时抗击日寇。抗敌自卫团和联防队属战时准军事组织。党组织通过统战关系体现对其领导，也有一部分是由党组织直接领导的，并建立了近百支枪的秘密武装力量。县委组织部长杨战韬指导部分党员，在旧县镇取得了合法的叶县抗敌自卫团第五大队第十八中队的领导权，沈祥甫为中队长，段西侠为中队副，万廷选任分队副。他们用手中的实权枪毙了劫财害命的王廷见等三人，打击了放高利贷的地主段云章，取得了附近群众的信任和拥护。

五、动员青年学生赴延安学习

1938年暑假中，也就是全面抗战一周年前后，在县委的大力支持下，昆中学生带动县中、女小、初级师范等校陆续三批20多名男、女学生，奔向革命圣地延安。

自从昆阳中学来了抗大三期毕业的杨子英任军事课教员，延安这个对大多数学生陌生而遥远的名字，常常成为他讲解抗日游击战常识，剖析八路军、新四军成功战例重复提到的地方。延安生机勃勃的政治环境，党的领导人毛泽东、朱德等艰苦朴素，与民亲密无间的鱼水情谊都让学生感到耳目一新，让学生感到那是他们理想的家园，心向往之。昆中还有三位青年教师杜天崇、胡明正、侯建华时称“昆中三杰”。杜天崇、胡明正曾参加过“一二·九运动”，是党的外围组织“民族先锋队”成员，时任国文、外语教师，他们渊博的学识，学生都很佩服。“昆中三杰”带领学生参加青抗团，开展救亡宣传，教唱《松花江上》《五月的鲜花》救亡歌曲，使学生的爱国热情在胸中沸腾。

与学生的爱国热情并存的是日益严酷的现实。日军进一步向内地入侵，豫北、豫东（新黄河以东），豫南（淮河以南）相继沦陷，豫中地区成了抗日前线。据朱德炘回忆，他们动身去延安前夕，“我们每天都从（昆阳中学）临街楼上，看到大批大批灾民拖儿带女、扶老携幼，沿许（昌）南（阳）公路南逃”，“（叶县）东北方向隆隆的炮声已隐约可闻，日本鬼子就要打到家门口了”。学生们空有一腔报国志，投靠无门。“他们不甘坐以待毙，不愿当亡国奴”，为民族、为自己寻找英雄用武之地，找共产党，救中国。

延安是同学们心驰神往的地方，但要付之于行动，还有许多具体困难。国民党政府对学生爱国行动横加干涉，动乱中父母在意一家团圆，相互照应，以及陌路自费均能够造成举步维艰。幸好这些进步学生得到了组织支持，良师引路。中共在国统区发行的唯一一份报纸——《新华日报》中缝刊登两则招生简章，一则是抗日军政大学，一则是陕北公学，学校地址都在延安。杨子英的任务之一就是为两个学校做招生工作，经他介绍这两个学校完全是新型学校，专门培养抗日干部。凡有志青年，不分男女皆可报考，报考地点设于西安七贤庄，那是八路军驻西安办事处。杜天崇老师对学生关爱有加，亲自把他班的王时春、娄和中、刘家骧第一批学生送到七贤庄，并与西安八路军办事处取得联系，也把乘车行进路线、注意事项搞清楚，回县向学生做了详细介绍。第二批奔赴延安的是武定一领队，包括朱德炘在内五男四女一行九人，动身之日是7月7日，7月17日入陕北公学。随后还有第三批学生寻原路而行。三批学生中，第一批大多入延安抗日军政大学，以习军事课为主，二、三批大多入陕北公学，以学习政治课为主。

学生们一路上克服难舍难离的故乡情、父母情，中途被盗、长距离步行，以及国民党军警盘问，皆如愿入学，开启他们人生新起点。据不完全统计，先后三批青年学生分别是王时春、娄和中、孙家骧、孙瑞年，娄子恒，徐青廉（伊里），张松生（伊桐），司汉民，杨树德，宋相林，杨平（杨玉华，女），张敏（张培莲女），娄松筠（女），何叶（高文振、女）、华飞（乔如锦、女）、谷乔（谷景中）、李清韶（李玉环、女）、李淑芳（女）、李芸（女）、朱德炘、武定一及一位姓辛的学生。学生们的组织关系由县委介绍。这些叶县人民的优秀儿女，如娄和中牺牲于抗日战场，司汉民南征北战，在抗战中致残，其余成为新中国的高级干部、专家和著名学者。

第三节　县委机智应变和有计划撤退干部

一、开展党组织整顿和隐蔽工作

随着国民党五届五中全会对日态度的转变，国民党开始消极抗日，积极反共。叶县党组织为适应政治环境变化，从1939年进入组织整顿巩固阶段，准备再次转入地下活动。

对于党组织整顿，叶县有切肤之痛，即县委委员段永胜被暗杀，为此，县委从1938年5月就进行过小规模整顿。这次河南省大规模开展党组织整顿，是一次有计划、有组织、分步骤自下而上全面整顿。县委在豫中地委领导下，从教育党员入手，学习省委下发的《怎样做一个共产党员》《支部工作大纲》《新党员训练手册》和

《政治基本常识解答》等材料。再通过组织措施把全县党支部划分为三类，重点整顿二类（一般）、三类（不好）党支部，二类党支部进行教育提高，三类党支部实行党员重新登记，支部改组。在整顿支部基础上，充实健全区委、理顺组织关系，切断横向联系。县委建立巡视制度，使上情下达、下情上报渠道畅通。结合传达中共中央政治局《关于巩固党的决议》的精神，把隐蔽党组织也一并进行，具体措施有：

一、大力巩固党组织。从组织上采取停止党籍和切断联系的方式，坚决地清除党内的投机分子和动摇分子，不惜减少党的队伍，也要保证党组织在恶劣环境中能坚持斗争。

二、采取分区专管的领导方式。一个区委领导人专门负责一个到几个支部，提高党组织的隐蔽性。

三、准备秘密工作，布置秘密机关。豫中地委调走了一些在叶县活动的县级干部，增设县委副书记一职，由来叶不久的组织部长杨战韬担任。县委研究调整一些区委管辖范围和区委干部。全县先后组织 8 个区委，1938 年 5 月段永胜遇害时，经省委组织部长陈少敏同意，已整个放弃老鸦区委，其余 7 个像段庄、坟台、廉村、后崔、龙泉这些成立较早的区委转入地下活动。

在国民党顽固派掀起的第一次反共高潮中，1939 年 11 月 11 日发生“竹沟惨案”，段永健在一个炊事员的帮助下，突围回到叶县，他立即向县委汇报了惨案发生的情况。1940 年党中央指示国民党统治区党组织“隐蔽精干，长期埋伏，积蓄力量，以待时机，反对急性和暴露”。县委贯彻党的“隐蔽精干”指示，进一步采取措施，在坟台党员任芳馥家设立县委与上级的秘密联络点，在旧县附近开设“饭铺”做党的“联络站”，党组织完全停止发展，党员寻找社会职业掩护，旧县小学中心支部作为下届县委隐蔽起来。

1940 年冬，叶县县委在省委书记张维桢（接替刘子久）领导下，在审查干部的同时，撤退区级以上领导干部。第一批先撤李鸿秀、张文西、齐丙南等，第二批撤段永健、李子健、段西霞，这两批都是撤向延安。豫中地委组织部长杨毅，时在叶县隐蔽，他带部分党员撤向新四军五师防地。1941 年 11 月最后撤走的是王泽民和杨战韬。至此，叶县党组织全面隐蔽，停止活动。

在撤退干部中，由于种种原因，有些并未撤走，如段永健、李子健、段西霞、齐丙南，直到1942年省委再次撤干，他们才撤到延安。崔慎三、陈继尧谋得社会职业，不在撤干范围，冯景禹在撤干范围而未撤。

二、开封孩子剧团叶县行

开封孩子剧团是抗战初期活跃在河南，闻名于全国的抗日救国团体，是由中共中央派驻河南的省委秘书长危拱之亲手组建的。经过地下党成功的统战工作，剧团得到了国民党河南省政府的承认并提供经费，以合法的身份出现在陇海铁路、平汉铁路沿线的国统区，进行了卓有成效的抗日救亡宣传，掩护地下党的秘密联络活动。1939 年 11 月“竹沟惨案”前夕，开封孩子剧团在竹沟休整之后，按照危拱之的指示，以叶县为驻地，一边做好抗日宣传，一边掩护豫中地区党的隐蔽斗争。

开封孩子剧团隶属河南省“战时妇女工作团”，时任国民党一战区司令长官兼河南省主席程潜以个人名义向孩子剧团捐款 200 元，省政府决定每月津贴孩子剧团 180 元活动经费。

开封孩子剧团来到豫中地区叶县。根据党组织的指示，剧团重点向部队宣传坚持抗日，反对投降的内容，深入到国民党驻叶第二集团军部队中宣传演出，得到广大军官和士兵们的热烈欢迎，话剧《反正》是表现伪军改邪归正的故事，演出后使第二集团军总司令孙连仲等高级将领感动得泪流满面。剧团创作的《陆军三十师军歌》、《士兵歌》等演出后，士兵们呈现出一片热烈欢腾的景象。三十师师长张华堂等人为了表示对孩子剧团的感谢，将他们的保喉片拿出来送给孩子们医治嗓子发炎，他还亲自为孩子剧团安排每天的食谱，让团员们骑着他的战马做游戏。

爱国官兵们对孩子剧团的热爱，使第二集团军中的特务分子惊恐不安，他们感到这群孩童的活动背景不凡。该集团军政治部主任黄任材和尹秘书为首的一伙人耍两面派手腕。他们一方面在公开场合讲："要保卫大河南，就必须保卫开封孩子剧团"；另一方面乘危拱之回省委，采取利诱和欺骗手段，处处分裂和破坏剧团。上述阴谋被识破后，他们又逼迫剧团团长和指导员填表参加国民党。

危拱之早年毕业于黄埔军校，曾留学苏联，带过兵，打过仗，她和邓颖超是党内仅有的两个参与西安事变谈判的女红军干部。她获知顽固派的阴谋，通过地下党组织及时指示剧团党支部，带领孩子剧团同国民党顽固派进行针锋相对的斗争。

危拱之

11月11日，发生了"竹沟事变"。省委强行突围后，在一个漆黑的夜晚，危拱之带一名女战士冯凌化装成小学教员，悄悄来到孩子剧团驻地——叶县城东焦庄村的一个老乡家里。二十几个孩子在昏暗的油灯下，围着"危大姐"，听她详述"竹沟惨案"的发生经过，大家都失声痛哭。危拱之要大家坚强起来，永远记住这桩血海深仇。她特别告诉大家说："假如我在这一带被捕，你们不要悲伤，不许任何人前来认我，以保剧团的安全。"关于剧团的去向问题，危拱之向指导员赵克人和团长宗克文做了明确交代：剧团暂时坚持在叶县活动，掩护省委布置河南党组织转入地下，然后瞅准时机，果断把剧团带到彭雪枫领导的豫皖苏抗日根据地。最后，伴着窗外呼啸的北风，危大姐领着孩子们低声唱起雄伟悲壮的《国际歌》。

在此期间，危拱之听取了县委书记王泽民、副书记杨战韬的汇报后，着重谈了如何隐蔽，坚持长期斗争的问题，对坚持抗战的具体做法作了详细布置。还特意关照王泽民要学会隐蔽，在穿着和表现上像一个阔少爷，不会打麻将也要学会，以便和那些官僚绅士周旋。

1940年春，开封孩子剧团冲破国民党反动派的阻挠和破坏，大多数人在指导员赵克人领导下，惜别战斗过的叶县，到达豫皖苏抗日根据地，并入新四军六支队“拂晓剧团”；其余同学在团长宗克文的带领下，辗转到达革命圣地延安。

三、叶县籍党员干部参加延安整风

1940年9月至1942年10月，叶县王泽民、段永健、李子健等十余名党员干部安全撤退到延安。

此时，全党正开展整风运动。在叶县撤退到延安的党员干部中除王泽民与段永健由中组部直接安排外，其他人随河南省委在马栏镇开展整风学习。省委根据干部情况，划分为三种类型的学习小组。省委负责干部为甲组，其他多数同志为乙组，少数文化水平低不具备阅读能力的同志为丙组。对中央规定的学习文件，以个人自学为主，结合必要的交谈、讨论，由粗读到精读，联系实际，着重领会文件精神，提高思想认识。1942年9月至11月，省委在关中地委党校又专门举办了整风学习班。在提高认识的基础上，联系实际，自觉检查自己的思想、工作和历史。写出思想自传，反省笔记，并认真开展批评和自我批评。确定正确的方面，批评错误的思想和做法；出于公心，分析错误的原因，找出改正的办法，既严肃认真，又心情舒畅，达到了改造思想，转变作风，推动工作的目的。

1941年1月，王泽民首先接受了中央组织部的审查，被介绍到中央党校学习。经党校再次审查后，被分配到第四十五班，同黄杰（支部书记，徐向前的夫人）、袁宝华、赵建新等学习生活在一起。

段永健于1942年10月到达延安后，党组织安排他到中央招待所住下，一面到白求恩医院治眼病，一面参加整风学习。他和同志们一起学习中央规定的文件，畅谈革命理想，认真开展批评和自我批评，还如实地向党组织汇报了他在焦作、确山、唐河三次被捕的全过程，接受党的审查。中央组织部实事求是地给他做了“历史清白，没有问题”的结论。李子健在中央机关直属的“西北公学”学习，因在上海被捕一事，受到怀疑和审查。其主要原因是：敌人在李子健逃离上海几个月后，《文汇报》登了一批自首党员名单，其中有李子健的名字。这是敌人“以共反共”的“策反”之计，况且李子健在潜回河南后，中央交通局负责人陈刚派机要员找到他时，他已向党汇报了被捕的始末，因助他脱险者人在苏联，在“抢救运动”中却给李子健留下了“历史问题”的尾巴。直到新中国建立后，知情人回国，历史问题才得到解决。

郭蔚（胡国英）是和李子健一同撤退到延安的，后来两人结成革命伴侣。她在中央直属党校参加整风学习，在“抢救运动”中，也因李子健所谓的“历史问题”受到牵连。

整风后，为战胜严重的财政经济困难，根据地轰轰烈烈的大生产运动开始了，李子健和郭蔚积极参加了各项生产活动。李子健发明了双轮纺花车，别人一天纺线四五两（原十六两制），他能纺十两，功效成倍提高，受到了周恩来副主席的表扬。周副主席对李子健说：“实践出智慧，如今你这纺车做得不错嘛！”又亲手接过李子健的纺花车，边做示范动作，边说：“工欲善其事，必先利其器，想不到李子健还是生产革新的能手哩！”[①]日理万机的周恩来熟练的纺棉技术和富有哲理的教诲，给李子健留下了难忘的印象。

①中共叶县县委党史办编：《周副主席教我纺棉花》，收入《中共叶县党史资料》第一辑，1984年11月版，第127页。

第四节　汤恩伯部驻叶期间，叶县党员的抗争活动

一、共产党员以社会职业为掩护开展工作

段语禅参加诗人臧克家等人的左翼活动。

1940 年 12 月，国民党 31 集团军总司令汤恩伯率部由安徽临泉进驻叶县，总司令部（简称“三一总部”）设在叶县城西大林头村，陈兵苏鲁豫皖四省，独揽四省党政大权，妄图以叶县为基地，实现“中原王”的野心。汤恩伯为做此美梦，把“三一”出版社、华中日报社设于寺庄，为其制造舆论。段语禅和左派人士王影湖同“三一出版”社副社长、诗人臧克家，作家、编辑陈季子、黄碧野、田涛，谭原等，利用《华中日报》副刊《大地文丛》《平原文艺》宣传抗日，揭露日本侵略军罪行和沦陷区的社会黑暗；同时声援叶县教师为改善待遇的罢教斗争，发表左翼作家作品。一时，寺庄成了文人荟萃之所。段语禅任报社记者，王影湖任编辑，配合臧克家等左翼人士使《华中日报》大放异彩。

1942 年以后，随着汤恩伯的日益反动，国民党叶县北派势力渗入，汤恩伯总部屡次对报社和左翼作家进行恫吓，迫使臧克家、黄碧野等愤而辞职，段语禅、王影湖为避祸离去。

娄葆青领导叶县教师罢教活动。

1942 年，由于国民党腐败和战争损耗，大量发行法币，一元法币由与一元银圆等值，急剧贬值为一银圆的近三千分之一。教师的薪水发给的是法币，一月的薪金不够半月的伙食费用，一家人的生计更无保障，终于爆发了叶县公立中小学教师要求改善生活待遇的罢教斗争。

这次罢教斗争，从 1942 年 4 月 1 日（当时的儿童节）开始筹备，历时 8 天，是由地下党员娄葆青（时任县立一小校长）和县中教师组织发起的。娄葆青考虑到白色恐怖已然十分严重，为避免节外生

枝，只进行经济斗争。

4月4日上午，酝酿已久的全县公立中小学教师罢教斗争，在全县范围内同时开始，由于教师的经济困难，没有印发宣言和传单，仅在各校所在地张贴了罢教标语，举行了游行示威。其主要标语有："为活命而罢课""为生存而斗争""坚决要求实行衣食供给实物制""不达目的誓不复课""庆祝儿童节勿忘园丁生命"等，当时的私立昆阳中学，学费收入是麦子，教师薪金也是麦子，物价飞涨对教师生活影响不大，故在公教人员罢课时仍正常上课，但也张贴标语给同仁以声援。

县中教师代表姚志新及六个中心小学校长代表娄葆青等，前往教育局和县政府陈述罢教理由，提出改薪金制为实物供给制，解决教师的吃饭穿衣问题。他们还到寺庄《华中日报社》呼吁舆论支持。5日，《华中日报》报道了叶县教师的罢教活动并发表左翼编辑陈季子写的短评，对罢教斗争进行声援。

国民党县当局在全县教师罢教和舆论的责难下，召开田赋科长和乡镇长联席会议，确定教师薪金由发行法币改为发等价粮食、衣物等实物，规避货币贬值风险。娄葆青联合教师进行的全县罢教斗争取得胜利。12日，全县学校复课。

二、段永健领导武装借粮

1942年河南省委在延安附近的马栏镇审查撤退干部时，发现仍有一批重要干部急需撤退。省委抽调4名得力人员，以省委政治传达员的身份，持省委组织部开列的名单，重回河南再次精准撤退干部。徐跃三负责豫中地区，临行前，组织部长危拱之专门指示他："叶县的段永健是个在江西苏区打过游击的老红军，眼睛瞎了，务必让他到延安。"

9月，一个秋高气爽的晚上，徐跃三几经周折找到段永健，晚饭后，为避开闲杂人员，他们到段庄西一个场地，准备向段永健传达省委决定和危拱之的指示。就在此时，“砰砰砰”村内传出几声枪响。徐跃三说：“有情况”，拉段永健一起离开。段永健说：“咱别动，不会出危险。”原来，这是段永健等段庄的党员们导演的武装借粮。段庄是一个党组织主导的“红色堡垒村”，时逢“水、旱、蝗、汤”天灾人祸，群众生活极度困难。本村没有地主，只有一家富户，虽有些粮食，既不借也不卖。段永健几次派人顺说，均无效果。富户推说自己家还不够吃。于是段永健动员段庄、丁庄、蔡庄党员掌握的枪支，实施了武装借粮行动。

段永健借粮

徐跃三听完段永健的介绍，碰上这件鲜活事例，不禁好奇提出三个问题：第一问：“那富人发现了怎么办？”段永健解释：“人从东寨门进，枪一响，有人喊‘土匪进村’，村里各家一定掩门避户，借了粮的人出西寨门，绕过澧河坡，再从东寨门进村回家。人饿极了，啥都敢干。”第二问：“富户告状咋办？”段永健继续说：“汤恩伯下令封仓，叶县所有存粮皆充军粮，私藏粮食是犯法，富家不敢再惹是生非。”第三问：“国民党不追究打枪吗？”段永健再解释：“老汤的部队军纪败坏，常打枪扰民，夜里响枪，见怪不怪。”

徐跃三作为省委撤干的“钦差大臣”，手握撤与不撤的专断权。他看到在汤恩伯总部驻叶的非常时期，段永健仍保持着昂扬的斗争精神，像这样的党员干部正是倍加保护的撤干对象。他向段永健赠送了组织上给的路费，劝他早日启程。段永健握住徐跃三的手，从发炎红肿的眼睛里流下激动的泪水，感谢党组织对他的关怀。

徐跃三事毕回延安，对在叶县见段永健，巧遇武装借粮之事感慨良多，那个发生在秋天里的故事，让他撰写一篇“秋天里的春光”，发表在边区刊物《莽原》杂志上，段永健人未到延安，人气已先到。

三、党员的反迫害斗争

汤恩伯是国民党顽固派人士，消极抗日，积极反共，把豫西警备司令部从漯河迁入叶县县城，把“苏鲁豫皖战时青年训导团”（简称青训团）从安徽迁至叶县任店镇，指示警备司令部大肆破坏豫中十多个县隐蔽下来的党组织，逮捕共产党员和抗日志士，仅南召县就有千人被捕，叶县、舞阳县等周边县受害犹重。党为保全革命力量，对国民党统治区的党员面临危险时，曾有“三供三不供”①的指示，叶县在押党员陈继尧、段语禅、冯景禹、张联芳、沈祥甫按“三供三不供”脱险，转至青训团。

陈继尧等在押党员经常看到青训团中的一些难友遭秘密杀害，感到必须团结起来，有所行动。他们通过绝食、帮伙等斗争，争得的自由很有限，尤其不了解青训团内部的情报，让他们防不胜防。经暗中商议，办个合作商店，便于同青训团内部人员家属打交道。为此还捎信给崔慎三，让他与青训团副主任、少将陈霖拉上黄埔同学关系。一番行动，实际主持青训团工作的陈霖召见陈继尧，同意他在任店镇西北主街开店，崔慎三资助二万斤小麦做资本。

合作商店开业后，段步兰等在押人员做营业员，通过货物购销，商品买卖，在军官家属、青训团上层收集情报。一次，敌人要杀害一批政治犯，陈继尧等分头通知被害对象，设法逃走。叶县在押人员也可在商店中同家属互通消息。

通过办商店，最大的收获是利用陈霖，想把这些人员收归己用的心理，谋得任店镇镇长一职，建立两面政权，把叶县在押党员抽

①供假不供真，供死不供生，供远不供近。

到镇政府任职，改善他们的政治待遇。

国民党叶县政府委任的镇长，不敢到任店任职。陈继尧接管政公所，陆续调段语禅任民政干事，张联芳任建设干事，魏益甫任警卫干事，李天碬任户籍干事，尹洽宇任经济干事，沈祥甫任一、二、三保指导员。不久，镇公所还以治安为名建立30人左右的武装。任店镇名义上归属青训团，实际上已由叶县地下党员所控制。

1944年，陈继尧、段语禅等地下党员建立的政权日益巩固，并利用时机发展壮大武装力量。日军占领叶县之前，汤恩伯在其辖区内到处封官许愿，陈霖被委任为沙河游击司令，分封陈继尧，段语禅分别为一、二大队的大队长。陈继尧、段语禅趁机扩充实力，把队伍发展到300多人，趁汤恩伯部溃逃，截留20多箱手榴弹和子弹，带领人员哄抢了瓦店营几万斤军粮。

第五节　日军侵叶和抗日游击队的组建

一、日军三侵叶县，施暴全境

抗日战争进入相持阶段之后，日军在中国的全面进攻虽然基本停止了，但日军相继发动“豫南战役”和“河南战役”，使叶县连续发生日军入侵事件。

1939年以来，日军飞机侵入叶县轰炸民房、学校，其地面部队还三次入侵叶县。在此期间，日军横行暴虐，烧、杀、抢、奸，无恶不作，罪行累累。

第一次入侵：1941年1月25日，日军发动“豫南战役”。敌左翼兵团由信阳出发经泌阳、舞阳向西北进犯。29日（农历正月初三）上午十一时许，日军轰炸叶县城南一带村庄，30日夜，日军占据保安后，兵分两路向北向东进犯。一路日军沿许南公路北犯，当到达止张村后，在止张、皮庄、旧县街等村纵火焚烧房屋，继续北犯。此时，国民党驻叶三十一集团军汤恩伯部多撤至沙河以北，仅留12名工兵潜伏在许南公路澧河桥附近，并在桥下放置炸药。夜10时许，前路日军过澧河，北进至尤潦村。后路日军因触动起爆装置，炸毁澧河大桥一孔，日军伤20人，落水者百余人。日军南撤离境。

另一路日军沿永（城）叶（县）公路①东犯占据辛店。31日上午，日军一辆装载军用物资的汽车，陷入辛店乡柿园村西干江河滩上不能驶出，车上的日军除一人看车外，其余都携带武器进入柿园村抓人推车。由于日军连日扫荡，全村百姓大都逃进山里，只剩少数人在村上看家。他们看到日军进村，都立即躲藏起来。日军在村里没有抓到人，大都先后离去。这时，一个落后的日本兵，发现一年轻村妇，便立即追上，将该妇女胁迫到一个磨坊内强奸。隐蔽的群众目睹日军暴行，怒不可遏。村民胡冠卿第一个跑出来扑向日本兵，紧紧抱住后腰，继而李同、李西、余龙章、李群生等也都赶来，奋力把那个日本兵打倒在地，几乎与此同时，村民王学之两手抱一块石头赶到，照其头部狠狠砸下，日本兵当场毙命。村民们把尸体拉到小河边埋掉后，又全部跑上山。

等候在公路上的日军发现有一同伙久去未归，便一同持枪重返村里寻找。他们搜遍全村，既没找到那个丢失的日本兵，又没发现一个村民，气急败坏，放火烧房。柿园村居民历代贫穷，全村70多户全是草房，日军四次进村搜寻同伙，连续点火烧房，所有柴粮财物烧成灰烬。在山上隐蔽的群众眼见家园变成焦土，无不义愤填膺。村民祁结实、祁小娃等35人冒着生命危险回村救火，惨遭日军枪杀，其状惨不忍睹，史称“柿园惨案”。

第二次犯叶的日军是“河南战役”中的独立混成第七旅团。该部是日军由中牟渡河的助攻部队，战前由山东张店地区西调中牟参战，1944年5月4日，由襄城县南犯，侵入叶境。5月5日，该部

①永叶公路：从永城经漯河、舞阳、叶县的赵沟、辛店、圪垱店至保安镇的公路，现无存。

由遵化店兵分两路：主力经大营、焦店西犯滏阳；另派一警戒部队继续向汝坟店进犯，而后，沿沙河北岸西进，经温庄、曹镇到滏阳，同旅团主力会合，叶县沙河以北首先沦陷。

第三次入侵：1944 年 6 月初，日军攻陷省会洛阳之后，其主力三十七师团在师团长长野指挥下，于 6 月 2 日自临汝出发，兵分数路，经宝丰、鲁山向叶县进发。当时日军仍相信汤部八十九军在叶县城，非常重视对叶作战，投入各军兵种兵力近 5 万人，并做好了奇袭和强攻两种准备。

4 日傍晚，日军三十七师团右纵队（步兵第二二六联队）的一个搜索队（一个中队）自宝丰向叶县进犯。因汤部已溃逃，5 日晨日军轻而易举占领县城。7 日，叶县全境沦陷。

6 月上旬，国民党军（李宗仁部）第五战区实施有限反攻，仅收复保安、夏李、常村一带山区，68 军驻守保安。日军在沦陷区扶持起老鸦张（时称老鸦县）、常派庄（时称常派县）、县城三个互不统属的日伪政权。此时，散布在叶境的青帮、红帮、淮帮，土匪及国民党顽固派人物纷纷卖身投靠日伪组织，充当汉奸。

6 月，为镇压人民群众的反抗，日军和其卵翼下的“维持会”在县城西李庄红石碑北大坑设杀人场，以“检阅”地方武装为名，收缴民间枪支，屠杀无辜群众，以达长期奴役叶县人民之目的。杀害 200 多无辜平民，此处被称作“万人坑”。留有姓名的死难者有：何套、李刷、马身、李喜成、张儿子、毛廷、张振、朱闯、贾小章、陈庆、刘马、胡锁、贾旁、贾臣良、贾乾、贾松旺、贾灿、贾慎德等。

二、共产党人自发组建抗日游击队

在日军犯叶、汤恩伯部溃逃之际，叶县共产党人挺身而出，自发组织 6 支抗日游击队，担负起抗日救亡重任。

在 6 支游击队中，陈继尧领导的一支，无论从人数还是作战能力上均令各方政治力量注目，也是组建最早的一支队伍。

汤部溃逃前夕，青训团副主任陈霖任命陈继尧为沙河支队大队长，并授意其扩大武装。6 月 5 日，日军陷叶。陈继尧把部队拉到西南山打游击。日寇和汉奸对其实力深感震惊，认为抓不到陈，叶县就不太平。在敌、伪、顽的三面夹击下，陈率部依靠有利地理条件和人民群众的支持，同崔兆元为县长的县政府继续搞好统一战线，不断抗击日伪的“扫荡”。几番较量之后，日军感到硬的不行，就派人向陈示意，将其招安到伪政权（维持会）的自警团，企图先瓦解他的部队，再解决陈继尧本人。陈继尧命人寻找党组织请示此事，寻到信南中心县委，经转达，得到新四军五师党委同意后，又和维持会反复谈判，在不改编游击队的前提下，才到自警团任职，团部驻县城西李庄。

陈继尧在任伪自警团副团长（团长是兼职）的一个月中，在力所能及的情况下，帮助抗日武装。王文卿游击队一时受困，王文卿部投自警团暂避。陈继尧还会同其他共产党人先后诛杀原豫西警备司令部中校参谋——双手沾满共产党人鲜血的汉奸崔仲英和叶县日伪政权二号人物薛伟。日军连丧两员得力干将，警觉到有人暗中作对，便打算以检阅的名义缴自警团的械，活捉陈继尧。闻讯后，陈继尧于 1944 年 7 月率部重上西南山，接受县国民政府授予的国民兵团第二支队的番号，开展抗日活动，队伍一度发展到 2000 人。

第二支抗日游击队是共产党员武定一领导的，是由原田庄一带抗敌自卫团下属的联防队发展整编而来。

1939 年夏，在延安陕北公学毕业的武定一被分配回原籍，开展抗日救亡工作。10 月间，武受党组织委派打入国民党基层政权，任思诚乡联保主任。1944 年，汤恩伯溃逃后，叶县由大后方成为抗日前线，且土匪乘机而起。武定一为保全村的安全，毁家纾难，卖地购枪，加强本村联防队，组织起近 30 人的武装。1944 年 4 月，日军飞机轰炸县城，国民党县政府各机构撤离。崔慎三带领国民兵团撤到武楼村，任命武定一为联防队中队长，授权他整顿思诚乡、柏树李乡等地的联防队。他把武楼村武装编为中队的独立排带到柏树李、杨庵村一带，和联防队一起进行军事训练，并担负站岗、放哨、打更等维护一方平安的责任。

日军陷叶，汉奸组织蜂起。为抢夺地盘，扩大势力，距武楼10华里的宋庄维持会买通内线，突袭武楼村，武定一亲率10多人反击。独立排战士闻讯赶快放下手中的农活参加战斗，打退汉奸武装，夺回被抢的枪支和物资。

经此一战，武定一考虑到游击队处在县城、老鸦、常派庄三个日伪据点之间，且又是平原地区，处境非常不利。他同崔慎三商议后把队伍带到常村附近，以呼沱村为驻地进行训练整顿。崔慎三还派曾任豫南抗敌独立团副团长、老党员著名军事人才冯景禹等参加这支队伍的领导。此后，段庄游击队、沈湾游击队也来此合编组建成国民兵团第五预备支队，崔慎三任命武定一为支队长，支队人数最多时达700余人，整顿后保持在530人左右。其他还有两支游击队，散布在常村和龙泉。

抗日游击队相互配合，协同作战，基本上控制了叶县东南部和西南部的广大乡村，使日伪在县城、老鸦、常派庄的三个据点日趋孤立。

第六节　新四军豫中游击兵团挺进叶县

一、豫中游击兵团挺进叶县

1944年5月，河南大部地区沦入敌手，成为新沦陷区。为了拯救水深火热中的河南人民，中共中央、中央军委和华中局先后发出向河南沦陷区发展的指示。是年夏，活动在鄂豫边区的新四军五师为掌握敌占区的情况，派叶县籍干部段永干回县联络。段永干同段语禅、张联芳会面后，带张联芳到鄂北大悟山向新四军五师党委汇报敌、我、友现状。五师党委通过淮南支队肖章告诉张联芳要叶县地下党：（一）在淮南到豫中的一线上，建立几个通讯联络点。

（二）将豫中的同志们都联络起来，组织起各种各样的游击队。（三）筹备粮草等物资，供部队到时使用。

遵照五师党委的指示，叶县各游击队负责人共同研究了叶县的抗敌斗争，认为目前任务是站稳脚跟，依靠多方面的帮助，壮大抗日武装，展开游击战，配合新四军开辟豫中根据地。研究决定，陈继尧、武定一部继续与国民党县政府保持关系，尽可能地扩大活动区域，王文卿游击队仍保持原有秘密活动，以常村镇为中心坚持地下斗争；张联芳游击队转入东南部的叶县、舞阳交界地区，向嵖岈山区靠拢，与舞阳抗日武装联合起来。

7月，在原齐贤王区委书记张士英的统一协调下，韩庄寺、吕庄、后崔、廉村的抗日武装集体行动，夜袭袁庄，消灭以张子平为司令的“冀鲁豫边区”武装（伪军），为地方除去一害。

8月，廉村维持会会长姚志国勾结北舞渡关振亚伪军，围攻后崔寨，企图夺取后崔抗日游击队的武器装备。后崔共产党员崔新吾、崔丰臣联合韩庄寺、吕庄武装同敌人的骑兵、步兵激战两个昼夜，俘敌连长以下数人，击退伪敌一个营的进攻。

1944年12月，以新四军五师十三旅副旅长黄霖为司令的“豫南游击兵团”（后改编为“豫中游击兵团”）北上河南，挺进到叶县南部罗冲村。黄霖在该村接见了陈继尧和王文卿，指示陈、王做好迎接新四军北上的准备工作，同时对叶县共产党人大加赞赏，称陈继尧为抗日英雄。

黄霖（1914—1986）时任新四军豫中游击兵团司令员，1955年授少将军衔

1945年初，叶县的抗日游击队进一步壮大。县内的一部分顽固派密报陈继尧等是“土八路”“赤党”。南阳专署专员楚怀理为取缔共产党领导的抗日武装，命令叶县抗日游击队到南阳集中改编。获悉此情后，经黄霖司令员决定：叶县共产党人领导

的抗日游击队去掉国民党地方番号，归入新四军序列。其中董锡之、张联芳领导的部队编入叶舞支队；其余编为叶县挺进总队，陈继尧为总队长，武定一为副总队长，冯景禹为参谋长。因王文卿领导的游击队活动在国民党统治区，暂不变动。

2月中旬，原叶县县委书记王泽民随八路军河南军区挺进豫西，化装回叶县，经张联芳协助见到五师参谋长刘少卿。刘少卿指示王泽民利用原有影响，抓好叶县、舞阳的抗日武装。

是年夏，新四军挺二团、挺四团及各县的武装改编为“豫中游击兵团”，黄霖任司令员，栗在山任政委。该兵团在西平、舞阳、叶县等地连战连捷，打出了新四军的气势和声威，肃清日伪势力，建立了以嵖岈山为中心，南自信阳，北到叶县，西起泌阳，东至正阳，方圆一万多平方公里的豫中抗日根据地。

二、叶舞支队的组建与北上南下

叶舞支队是叶县、舞阳于1944年6月5日、6月9日两县相继沦陷之后，由张联芳领导的叶县部分抗日游击队和效信趁领导的舞阳抗日武装合并、改编、整训、发展而来的一支抗日劲旅。

汤恩伯部溃逃不久，舞阳沦陷。原在叶县任店“青训团”担任教育长的张茨山和担任教育主任的效信趁回到舞阳家乡，在中共抗日民族统一战线的推动下，以国民党“方（城）宝（丰）动员区游击纵队”的名义，经常在叶舞边界从事抗日活动。纵队的主要力量是以效信趁为支队长的游击队，时称“效支队”。

7月间，为了联合抗日，张联芳带领游击队百余人到舞阳与游击纵队合并，被编入效支队第三大队，不仅使效支队增加了百余人枪，而且得到了像杨金印、彭彦士能打善战的共产党员，使效支队的政治、军事素质得到了提高。

此前，在延安建立了中共河南区党委、河南军区和河南人民抗日军。戴季英任区党委书记兼军区、人民抗日军政委，王树声任军区和人民抗日军司令员。1945年2月中旬，王泽民任河南人民抗日军第三支队、第三地委组织部长，随王、戴进入豫西地区。王泽民回到叶县，化名李青峰，以效支队三大队为立足点开展工作，相机迎接陈先瑞第三支队南下。

王泽民负有与北上的新四军五师及南下的八路军联络的任务。到豫中后，他与陈继尧等取得联系，通过董锡之通知各游击队到叶县东南的水城、草厂一带集中，面向山区，背靠龙泉街，隐蔽活动；通过张联芳积极着手“改造”效支队。与此同时，加紧与挺进河南的黄霖部联络，并派人将豫中态势及黄霖北上的情况向王、戴首长做了汇报。根据王戴指示，王泽民由张联芳护送，找到嵖岈山中心县委和新四军五师豫中指挥部，并见到五师参谋长刘少卿。刘少卿指示王泽民，抓紧时间对效支队进行改造、收编，并派胡坤协助王泽民工作。

4 月 3 日夜，在胡坤带领下，效信趁率部开赴嵖岈山区，4 月 5 日到达黄霖兵团驻地遂平县李香楼村。挺进二团团长林国平率部迎接，中共嵖岈山中心县委书记兼豫中指挥部政委冷新华亲自接待，并召开隆重的欢迎大会。

效支队开赴嵖岈山后，王泽民又将舞阳地下党员王方铭所控制的约 300 人的地方武装和原方宝动员区游击纵队直属特务大队五中队长王国贤部，带到遂平县由新四军进行整训、改编。

5 月 13 日，刘少卿正式命名效支队为“叶舞支队”（番号暂不公开），效信趁任支队长，王泽民任政委，李华任参谋长。下辖叶县、舞阳两个营（大队），分别以张联芳、董仲衡为营长（大队长）。王方铭部编为独立大队。独立大队与叶舞支队共同组成叶、舞、方指挥部，由挺进二团政委邵敏任指挥长，王泽民任政委。

7 月上旬，叶舞支队随挺进二团护送刘少卿到豫西，路过叶县南水城村，在南水城村召集叶县地下党，抗日游击队负责人陈继尧、武定一、沈祥甫、张联芳、董锡之、段语禅和王泽民参加的联席会议，讨论了叶县游击队的编属。由刘少卿宣布：一、叶舞支队公开番号，北上豫西。二、叶县挺进总队改称叶县独立团，独立团原武定一部暂编叶舞支队一同北上。三、在王泽民回来之前，董锡之为叶县党的总联系人。

刘少卿、黄霖召开南水城会议会址（叶邑镇南水城村）

叶舞支队北上到达禹县神垕的第三天，遇到了日军向豫西抗日根据地的扫荡，支队配合八路军主力部队反扫荡，激战一昼夜，敌人败退。据参战的武定一讲，这时日军的武士道精神不复存在，败逃中衣服、枪支、鞋子丢一路，甚是狼狈。

叶舞支队到达豫西抗日根据地，刘少卿参谋长由此去延安，黄霖司令员率挺进二团返回嵖岈山。叶舞支队按河南军区指定的地方，到登封县杏山坡村，在八路军陈先瑞三支队领导下集训。河南军区对叶舞支队领导成员进行了调整，任命王泽民为支队长兼政委，派八路军干部武振庭、淳润堂分别担任副支队长和政治部主任。效信趁、董仲衡、张联芳等人到军区报到参加学习。各大队配设了政治教导员，经过一个月的集训，叶舞支队向正规化建设跨出了一大步。

8 月 13 日，军区紧急命令，要陈先瑞率三支队火速插到豫中。三支队以七团为先头部队，当即出发，叶舞支队随行，途中接到日本投降的消息。

部队急行军前进，穿过郏县，直赴叶县。14 日黄昏进入叶县境。

在姚孟寨附近，发现日军运输车。叶舞支队配合七团进行伏击，半小时结束战斗，击毙日军30多名，俘获7名，炸毁汽车3辆，缴获一批武器装备。这时，天下大雨，部队连夜冒雨前进。15日拂晓接近瓦店营村，正遇伪河北民军乔明礼所属一个营围攻瓦店。陈先瑞命令七、九两团从北面两翼展开攻击，叶舞支队向南面运动，堵其逃路。经过两个多小时的战斗，除少数逃脱外，俘营长以下200多人。陈先瑞指示，将缴获武器主要补充叶舞支队。

被解救的瓦店营群众打开寨门，欢迎子弟兵进寨。他们杀猪宰羊，盛情款待三支队和叶舞支队，并恳请留住，部队休整两日。

陈先瑞（1914—1986）时任八路军三支队司令员，1955年授中将军衔

17日夜，部队跨过许南公路，18日到达水城、草厂。在此处不仅实现了叶舞支队和叶县独立团会师，还实现了八路军、新四军先遣队的会师。

叶舞支队回县带来了八路军的消息，引起叶县各种政治势力的震动。叶县南部与地下党游击队有联系的地方武装纷纷集中在龙泉、草厂、水城要求改编。经三支队首长批准，武振庭任叶舞支队长，王泽民任政委兼管地方。改编的地方武装王赞臣营编入叶舞支队，叶舞支队达1000人；属豫中军分区指挥。同时筹备恢复中共叶县县委，由淳运堂兼任县委书记。

三、叶县独立团的成长及其与日伪的斗争

叶县独立团的成长

叶县独立团是与叶舞支队同时并存的地方抗日武装，是以陈继尧、武定一领导的抗日游击队为主整编组建的。黄霖司令员所著《挺进河南》一书中写道：“鲁山、叶县、舞阳一带地处豫中，这里的人民有光荣的革命斗争传统，群众基础很好。抗战进入相持阶段后，

由于残酷的斗争环境，这一带的党组织与上级党组织失去了联系，但仍坚持领导人民进行斗争，并掌握发展了一部分武装，如王文卿就掌握二百多人枪。特别是叶县的陈继尧掌握有两千多人的武装。日本人曾多次派特务抓他都未得逞。为保存这支武装，陈继尧曾多次派人到信南找我党联系，后来见到我信南中心县委书记段远钟同志，段将情况报告师部，师部立即指示我们到豫中与地方党联系。”

叶县独立团的成长经历了整编前后两个阶段。第一阶段是从1944 年 4 月到 1945 年夏；1945 年 9 月升编到正规军撤销地方番号为第二阶段。是年 5 月初，日军攻占襄城，逼近叶县，汤恩伯率部闻风而逃。逃跑之快不仅令国人瞠目，也大出敌军所料，让日军制定的强攻和突袭叶县的两种计划均告落空。陈继尧趁此慌乱之机，截留汤部的武器弹药等军用物资，这样，陈继尧部获得足够枪支弹药、粮食衣物，有能力收编其他民间武装，成为叶县最大的一支抗日游击队。

1944 年冬，新四军河南挺进兵团司令员黄霖率二团、四团到叶县探听南下支队消息，在罗冲村接见了抗日游击队负责人陈继尧、王文卿、陈继尧把黄霖的指示转告武定一，使他们明确了当前的主要任务是积极主动向日伪进攻，反对国民党顽固派“曲线救国”的妥协行动。

进入 1945 年，陈继尧、武定一领导的游击队，归入由黄霖领导的河南挺进兵团统一指挥，编为叶县挺进总队，陈继尧任总队长，武定一任副总队长，冯景禹任参谋长，沈祥甫、段语禅分任大队长。此时，新四军五师指示黄霖领导的各部不要急于打仗，应尽快打通与北面兄弟部队（指八路军河南军区部队）的联系。叶县挺进总队奉命担负起扫清、护好两军（八路军、新四军）联络通道的重任。

7 月上旬在南水城，经刘少卿主持，把叶县挺进总队改称叶县独立团，陈继尧任团长，武定一任副团长，冯景禹任参谋长，至此，陈继尧、武定一、段语禅、沈祥甫领导的四支队游击队全部编入叶县独立团，全团指战员约 1400 人。

8 月间，八路军河南军区三支队带领整训后的叶舞支队回到叶县，武定一带领的大队又归入原建制。在三支队司令员陈先瑞的主持下，抽调八路军干部充实到叶县独立团，增派张士明任政委，刘振华任参谋长，冯景禹改任副参谋长。叶县独立团配合八路军、新四军发动群众，筹建抗日民主政权。独立团以大队为单位改为武装工作队，深入旧县、辛店、廉村、坟台帮助建立区政府。

叶县独立团南和庄战斗

叶县独立团刚改建，就同日军进行了南和庄遭遇战，俘日军上等兵雄仓太郎。

事件发生于 7 月，独立团探悉有日军运输车队从南阳、方城沿许南公路向叶县、许昌行驶。团长陈继尧和参谋长冯景禹经过简短商议，决定在旧县南和庄一带的公路两旁设伏，打日军个措手不及，劫枪支、弹药，武装这支刚组建的地方部队。那天，独立团指战员早早隐蔽到公路两边的庄稼地里。大约 10 点，日军一辆车进入视野，因路上有行人，进入伏击圈时，车便鸣笛前进，车速也慢了下来。憋足劲的战士们随陈继尧的一声枪响，跃出青纱帐，拦住车头，长枪、短枪一齐开火。本来想几个押车的日军“三下五去二”[①]就能收拾掉，谁知车厢内不是军用物资，而是一小队武装整齐的日军。他们突遭袭击，停下汽车，就凭车还击，车上两挺机枪疯狂吼叫，火力甚猛。独立团虽说人数众多，但武器落后，有些战士手中拿的还是大刀长矛，持枪的战士子弹也很有限。一阵对射，独立团扩大了包围圈，车上的日军也跳下车来，借物障形凶猛扫射，一场伏击战变成了遭遇战。枪声中，另一辆日军汽车驶来，这辆才是运输车，看情况不对，给日军卸下几箱子弹，掉头逃走。

双方僵持半日，独立团消灭不了日军，日军也脱不了身。眼看

①三下五去二：一句珠算口诀，意指很容易很快。

早已过午，部队弹药消耗很大。冯景禹见状带部队由南面出击，南北夹击日军。日军见断了退路，仓惶撤退。上等兵雄仓太郎在逃命中跌落汽车，被冯景禹俘获。后来陈继尧把雄仓太郎交王泽民，直到 1946 年 6 月，国共谈判时才被遣返回国。

9 月以后，独立团奉命向南转移，一路上在攻打象河关时，叶县著名的军事领导人冯景禹负伤牺牲。部队继续南撤到西平县楚山寨，叶县独立团和叶舞支队一同升编为正规部队，同八路军河南军区三支队的七团、九团合编。陈继尧任七团副团长。武定一脱离军队，编入由王泽民领导的干部队，后到鄂北随县县政府工作。

第七节　八路军南下支队过叶境

一、南下支队过境

1944 年 11 月，奉中共中央军委之命，以王震为司令员、王首道为政委的八路军南下支队，由延安出发挺进华南，12 月 27 日进入河南。此时，已进入了日、伪、顽纵深区，敌情一天比一天严重。部队行进的方向和周围的情况，远不像在根据地或游击区那样了如指掌，只能一边前进一边逐段向前了解敌情、地形和民情。数千里远征，原计划同新四军五师会师，休整部队，因而，确定入河南的行军路线是：从汝阳和临汝、宝丰之间穿插而过，旋经鲁山、叶县、舞阳、遂平、确山南进五师防地。

1945 年 1 月 6 日，支队进入鲁山。当日午夜，支队遭驻鲁日军步兵、坦克兵和装甲兵联军堵击。支队后卫部队奋起反击，激战大半夜，取得重大胜利，但支队官兵牺牲十余名，负伤多人。1 月 8 日，支队由鲁山东南的王庄村出发，冒雪到达叶县常村镇南杨庄村。当晚所带电台收到五师电台呼号，李先念师长亲自同王震司令员通话，告知此处就有叶县地下党领导的抗日游击队，有困难可以同他们联系。

自进入日、伪、顽区以来，部队的军粮就成了一个突出的问题。一支 5000 多人的远征军是无法自带粮食的，只能在行军途中就地取粮，取粮的办法有两个，或征、或购。面对饱受“水、旱、蝗、汤”之祸的河南人民，支队官兵无论如何也不忍心再加重当地群众的负担。遂决定由政治部发布一道命令，严格规定部队必须按市价向群众购粮，一律不许采用征粮或借粮等办法，购粮要在群众自愿条件下，按照储粮情况，合情合理地商购。提倡多吃杂粮，不买农民的种子。一段时间内，红薯和红薯干成为部队的主食，间或吃上一两顿杂面，就算是“改善生活”了。

部队从鲁山进至叶县西南常村一带，当地群众由于长期遭受日伪和国民党军队的骚扰劫掠，一听说穿“老虎皮”（黄军衣）的队伍过来了，一声呼哨就跑光了。开始，群众把支队也当成“遭殃军”，看见部队撒腿就跑。在村里找不到人，把司务长和炊事员急坏了，“巧妇难做无米之炊”，实在犯愁。有的战士发现群众家里存有粮食，立即跑来报告。但是，主人不在，怎样才能动用这些粮食呢？部队政治部反复研究后作出一项决定：部队可以在驻地群众家酌情取用一部分粮食，但要留下一部分给主人维持生活；取用部分要过秤，按市价留下现金，并附上政治部统一发的一封信：

诸位父老兄弟姐妹们：

本军作战敌后，瞬达八年。军威所至，日伪丧胆。战无不胜，所向披靡。战绩卓著，中外共闻。军纪严明，买卖公平。借物必还，损坏必偿。军中信誉，遐迩皆闻。迩者奉命南征，途经贵地，军粮缺乏，不得不就地购粮，以供军食。刻临贵府，适值外出，无法恰购。为保证军食无虞，不得不设法向贵府取去红薯若干斤，豆面若干斤，每斤以市价若干元计算，共合计若干元，谨如数留于柜中，尚望查收并乞见宥。

即颂

公安！

部队开走以后，老乡们回来，看到自己家里一切完好无损，少了些粮食，却按市价留下了现金和附信。他们看信以后，才知道是八路军的队伍过来了。“世上真有这样爱民的队伍！”这消息一传十，十传百，很快传遍了远近村镇。此后，群众只要一听说是八路军，不仅不再害怕，还热情地欢迎队伍进村，甚至要求部队长期住下。

当日，新四军五师用电台又与南下支队取得了联系。电文说：“南下支队可经舞阳县东南、嵖岈山东南，到达确山县西北之大乐山，即进入新四军五师地区。”又指出：“在旧县镇以南的保安一带驻有国民党六十八军，如经过旧县，应提防该部顽军的袭击。”司令部的同志们听说很快与新四军战友会师的消息，一个个高兴得欢呼起来。晚上，支队再接到五师来电说：新四军五师师长李先念决定亲自前来迎接南下支队。

1 月 9 日，支队官兵踏着 25 千米的冰雪道路，到达叶县保安镇罗冲村。这里曾驻过新四军，给群众留下了很好的印象。老乡们说：“新四军一进庄子就贴告示，召集老百姓讲话，叫大伙儿团结起来打鬼子，保家乡。他们在这里做饭，烧了点麻秸都要给钱，从没有见过这样好的军队。”南下支队的同志告诉老乡们：“我们是八路军，八路军、新四军都是共产党领导的抗日部队。”老乡们都翘起了大拇指高兴地说：“八路军老好！新四军老好！”

在支队直属机关到达罗冲村的同时，担任支队前卫的第一大队已进到保安北柳庄村。这里距国民党六十八军驻扎的保安镇只有 2.5 千米，正处于从许昌经叶县、方城到南阳的许南公路干线上。当一大队侦察部队带领便衣排到达柳庄不久，发现从保安派出的六十八军搜索连一个班，在一名排长带领下也进到柳庄。一大队便衣排利用房屋隐蔽，迅速占领有利地形，以迅雷不及掩耳之势，未费一枪一弹即将顽军一班人连同排长悉数俘获。

便衣排在审俘中获悉：顽六十八军在七日已侦知，从黄河北边过来的八路军，通过鲁山附近的两条公路，插入了鲁山以南山区，估计将继续向南运动，进到方城、泌阳和确山之间的山区。六十八军感到威胁极大，遂在保安、独树附近加紧构筑工事，集结了两个师的兵力，准备随时迎击南下的八路军。

第一大队又据群众报告的情况得知：这两天，叶县、任店、老鸦张及舞阳县等地日伪据点都在增加兵力。近一周来，顽军也不断从南阳地区向方城、独树、保安一带调动军队，当天黄昏第一大队又发现保安顽军有向柳庄东西两侧运动之征候。

支队司令部综合分析各方面的情况后，认为支队现已面临两种危险：一、顽六十八军已在保安、独树地区预设阵地，可能在此伏击、堵击或侧击我军；二、顽军也可能与日军勾结，配合叶县、舞阳等地的伪军，在这一地区夹击我军。当晚，王震、王首道首长在罗冲村召开紧急会议，仔细对以上情况进行分析研究。最后，王震司令员综合各方面意见，着重指出：我一大队似已进入顽军伏击地带边缘，必须于当晚尽快撤出；全军目前所处位置也很危险，唯一的战术措施就是迅速脱离这一地区，向日伪占领区边缘靠近。王首道等人完全同意王震的分析和决定。命令：全支队按一、二、三、四大队序列，支队直属机关居中，于当晚半夜迅速转移。

部队顶着七级狂风出发了，积雪过膝，寒风刺骨，部队每前进一步都要费很大气力。进到一些狭路口和低洼处，积雪齐腰，前卫部队只有用锹铲除一些积雪后才能前进。为了赶在天亮之前脱离危险地带，王震司令员几次下令前卫一大队加快前进速度。经过连续7小时的雪地艰苦行军，次日拂晓，部队终于胜利离开日伪顽军可能伏击、围歼的危险地带15千米。天亮后，部队继续前进20千米，渡过干江河，到达方城所属的各河口、大曹沟和大、小辛庄一带宿营。

二、养护八路军伤员

1945年1月8日，八路军南下支队结束了南下以来与日军的第一次较大战斗，伤员由战士抬着，随部队前进。

南下支队挺进华南，路途遥远，一路上要摆脱日伪顽军的堵截骚扰，必须灵活机动，抬着伤员行军打仗多有不便。在把伤员交给谁才能确保安全的问题上，王震首先想到的是新四军通报过的王文卿、陈继尧。

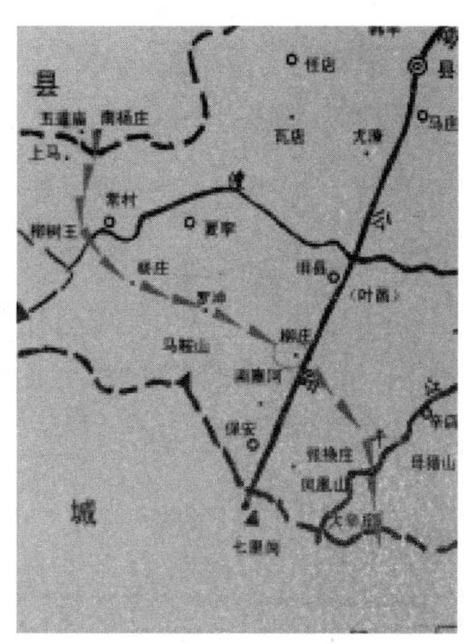

南下支队过叶行军图

当队伍路过常村南杨庄村时，王震化名董必谦修密信一封，信辗转到王文卿手中。王文卿见是王震写给他和陈继尧的，要王、陈于 1 月 9 日赶到罗冲村相见。王文卿、陈继尧的公开身份是国民党叶县国民兵团的大队长和支队长，不便前往。为防走漏风声，引起国民党的疑心，王文卿按信中的要求，通过崔兆元购买了支队急需的电台电池、器材、医药等军需品，并修书一封，派胞弟王汉青去罗冲相见。

王汉青冒着风雪按时赶到罗冲，在一名战士的带领下，见到王震、王首道等首长，呈上物品和书信，受到热情接待。

王震听了王汉青的汇报，得知王文卿、陈继尧等地下党员正积蓄力量，坚持武装斗争，十分高兴。之后，王震告诉王汉青：部队里有 3 名伤员要留下代为照顾，并嘱托转告王文卿，要切实保证 3 名伤员的安全。为支援叶县地下党的斗争，王震还让汉青带回一挺轻机枪赠送给叶县地下党。接着汉青就和护送伤员的一个排的战士一起上路了。

按照土汉青的安排，战士们把 3 名伤员抬到牛头李村赵德家里后，返回了部队。黄昏时分，赵德按照王汉青的吩咐找来了同村的耿彩、柴闯、刘勇志和赵田四位朴实的农民。汉青对他们说："有三个彩号，是常村王文卿的人，今夜辛苦大家一趟，把他们送到常村。天气不好，是个苦差事，每人给一块八毛钱。"

这几人都知道王文卿的为人，也知道这三人是谁。因八路军曾过路牛头李。耿彩发自肺腑地说：“他们在咱庄住时纪律严明，公买公卖，老好啊！行军打仗跑得腿都肿着，还帮咱挑水干活，俺壮着胆子也去送，应该！给不给钱都中。”

不一会儿，赵德、耿彩等人找来两个草篓，放上两条被子，下边多铺些麦秸，分别由两名重伤员躺下，柴闯、耿彩、刘勇志和赵四抬着，一个伤轻点的，找头驴骑上，赵德牵着，王汉青前后照顾。

1944 年的冬天特别寒冷。几天来大雪下了一尺多厚，填平了沟坎，封锁了道路，模糊了人们的视线。除了草篓里的两个伤员外，其余的人包括骑在驴背上的伤员在内，都没少摔跤。为不使骑驴的伤员再摔下驴背，到南张庄时，王汉青和赵德又向老乡借了一个草篓，他俩抬着这个伤员前行。快到常村附近的龙王山时，汉青又雇了个老乡，换下了摔得鼻青脸肿的柴闯。

龙王山有叶县的国民党武装把守，并设有岗哨。汉青凭着这里是王文卿的地盘(王文卿时为国民兵团第一支队大队长,驻防常村)，说话办事有底气，又靠自己的聪明才智，巧妙且安全地闯过岗哨。

牛头李到常村只有 15 千米路程，可他们踏着尺把深的积雪，顶着寒风，涉过冰冷的澧河水，几乎走了一夜，拂晓时分才到了常村寨外。

为避开监视王文卿等人的国民党“眼线”，按照事前的约定，不走寨门。王文卿、王汉青用绳子把三名伤员一一系到寨上。这三名伤员分别叫胡宝合、王文升、黄云山。胡为干部，王、黄为战士。

送走赵德等人，借夜色未明，三伤员迅速被抬进寨内，安排在王文卿家。汉青把往返经过和司令员的嘱托如实地向文卿说了一遍。为确保安全，兄弟俩反复权衡了伤员安置场所。

三位伤员被安排在文卿家的阁楼上。阁楼下，不是猜拳行令，就是有人搓麻将，在阁楼上养伤倒也十分安全。文卿、汉青兄弟俩请医买药，精心治疗，改善伙食，悉心照顾。可时间一长，外界似有传闻。再加上文卿从不让人上他家阁楼，引起一些人的怀疑，甚至在言语间对文卿旁敲侧击。为防节外生枝，便把三名伤员转移到卫文阁家。卫家房浅屋窄，不易保密，于是，一天夜里他们把三名伤员第三次转移到汉青妻弟陈世选家。过了几天，风声渐紧，汉青怕被人发觉，又进行了第四次转移——到了文卿家东油坊空院。这个空院已闲置很长时间，几乎无人出入。文卿是常村很有身份的人，忽然间频繁出入，容易引起怀疑。结果没住几天，就进行了第五次转移。

为稳妥起见，王文卿商之于崔慎三。崔慎三时任叶县国民兵团副团长，是国民党叶县县长崔兆元的族侄，深受崔兆元的信赖。一般情况下，地下党的同志不轻易与之发生联系。当王文卿说明养护伤员意图后，崔慎三当即决定把他的兵团部迁移到王汉青家的前院，汉青家后院住进三位伤员，前院设门岗，禁行闲杂人，后院安全得到切实保障。在王文卿、王汉青等叶县地下党人的精心养护下，伤势较轻的胡宝合先愈，随叶舞支队南下；伤势较重的黄云山、王文升后愈，因找不到部队，随国民兵团进城，驻团部（北当铺），1946 年穿着国民兵团的服装，拿着国民兵团的护照，由王文卿资助回河北老家。一个月后，王文卿、王汉青收到王文升、黄云山联名写的感谢信①。

第八节 叶县人民迎来抗战的伟大胜利

一、叶县抗日民主政府的成立

叶县史上第一个人民政权机构——叶县抗日民主政府，是在八路军南下、新四军北上，实现党中央“缩毂中原”的战略决策过程

① 1952 年，反革命分子龚敏学（原国民党四十五师副营长）诬陷王文卿，说他跟王文卿是隔墙邻居，在一个夜里，他从墙上亲眼看见王文卿和赵永昌把三个伤员一个一个都勒死了，致使王文卿遭到冤杀。经王汉青上告，拿出此信作证据，党和政府审定，王文卿冤死后数年才得以平反昭雪。

中，在以叶舞支队和叶县独立团为代表的抗日武装力量发展壮大的背景下诞生的。

1944 年 12 月以来，中共中央、中央军委先后从延安派出两支精锐支队，一支是南下支队，另一支是八路军河南军区部队，同时电令新四军五师北上，开辟豫中根据地。

1945 年 8 月 20 日，叶县抗日民主政府在龙泉小学开会宣布成立。刘雪棠（八路军干部）任县长，沈祥甫任副县长，民主人士段云骧任参议长，董锡之任秘书长。县政府发布安民告示，按保甲制建立龙东、龙西、段庄、坟台、旧县、辛店、廉村七个区。恢复中共叶县县委，由叶舞支队政治部主任淳运堂任县委书记，董锡之任秘书长。

叶舞支队、叶县独立团以大队（营）为单位帮助建立各地区政府。

抗日民主政府成立之后，就地理位置而论，叶县出现了澧河以南、许南公路以东为基本辖区的抗日民主政权和西南山刘东华的县国民政府以及日伪政权三足鼎立的局面。日本人的日子要难过得多，常派庄据点的日军在铁杆汉奸郑世荣被新四军消灭之后，孤军困守，到战争结束再也没敢出来一步；独立团又在兰庄设立一个监视哨，监视“老鸦县”日军的动静，仅一个排的兵力就吓得敌人深沟高垒，噤若寒蝉；县城的日军也因失去犄角只图招架，往日四出烧杀的威风一点也不见了；叶县已成为人民的天下。

二、抗日战争中叶县人民付出了巨大代价

1945 年 8 月 14 日，日本政府照会中、美、苏、英四国政府，接受《波茨坦公告》。8 月 15 日，日本天皇裕仁以广播《停战诏书》形式，宣布日本无条件投降。9 月 2 日，在日本东京湾的美国密苏里号军舰上，日本外相重光葵和日军参谋长梅津美治郎分别代表日本天皇、日本政府和日本帝国大本营在投降书上签字，在华日军 120 万人向中国政府投降。

八年全面抗战中，日伪顽军给叶县带来了空前的灾难和重大的损失，叶县人民付出了巨大代价。

据 1937 年至 1945 年国民党《河南省第六（南阳）行政区各县人口伤亡受灾损失统计表》载，叶县受伤人数 135 名，死亡人数 830 名。经核准，有名有姓的新四军烈士漏统 26 名，不知道姓名但有明文记载的牺牲者漏统 11 人，有名有姓的伤者漏统 2 人；被强迫到日本去的叶县劳工死亡者丁六、张云亭、李四、刘寿亭 4 人漏统；国民党人员等漏统 9 人。实际上，有资料证明的直接伤亡数字为 1017 人，其中伤 137 人，死亡 880 人。间接伤亡数字更为巨大，仅汤恩伯部驻叶期间，天灾加人祸，叶县有据可查的死亡人数为 104635 人。

财产上的直接损失也是惊人的。日军盘踞叶县期间，烧毁民房 8000 余间，炸毁“鲁苏豫皖边区学院”校舍 14000 间，共 22000 余间；土地荒废 152312 亩，开挖战壕毁地 8000 亩，共计 160312 亩；战壕开挖量 500 万立方米，耗日工 500 万个。耗费军粮 192 万斤；粮食歉收 98530 石，约 10290 万斤；损失农具 9872 件，耕牛 5579 头，驴 2083 头，马 881 匹，骡 1175 头。加上拉兵车等其它损失，按 1946 年 5 月《冀鲁豫物价表》，由币值参数计算，总损失与 1235.8 万银圆等值，合现在的人民币约 10 多亿元。叶县 1942 年不足 27 万人，1945 年抗战胜利人口上升至 30 万，人均直接财产损失在 4 千元以上，每家平均也有万元、数万元损失。日军在人、财、物等方面对叶县人民犯下的罪行，是有史以来最野蛮、最残酷的；上述数字只是有据可查的一部分，其实际罪行罄竹难书。

第四章 解放战争时期

（1945 年 8 月～ 1949 年 9 月）

抗日战争是中华民族百年以来反侵略战争第一次取得完全胜利。百年以来的战乱给国家造成巨大的破坏，使人民饱受巨大的战争创伤，国家需要恢复发展，人民需要休养生息。此际，是和平还是内战，是民主建国还是独裁统治，是把中国引向光明还是引向黑暗，国共两党采取两种截然不同的态度。国民党反动派不顾人民的死活，以一党之利凌驾民族利益之上，坚持“一个国家，一个政党，一个领袖”的独裁战争政策，向人民解放军发动全面进攻；共产党代表人民利益，在“重庆谈判”中作出重大让步，力图避免内战发生，最终使国共双方签署《双十协定》。

叶县原属豫中抗日根据地，1945 年 9 月，奉上级指示，体现“重庆谈判”精神，党政军人员全部撤出河南地界，抗日武装升编为正规军向鄂北转移。

“双十协定”墨迹未干，国民党军 30 余万人大举进犯中原解放区，人民解放军中原军区部队以“中原突围”为标志，被迫进行自卫还击，解放战争拉开序幕。

1947 年 11 月，陈赓、谢富治兵团发起“伏牛山东麓战役”，4 日，解放叶县。原叶县的共产党人乘势在常村建立人民政权，积极开展反匪反霸、减租减息、支援前线和恢复经济、文化等各项事业。

第一节　党政军人员奉命南撤

一、党政军人员奉命南撤并参加中原突围

1945年8月底，国民党调兵遣将，抢夺抗战胜利果实，中原政治形势日趋紧张。根据中共中央指示，为避免内战，顾全大局，叶舞支队、叶县独立团、叶县抗日民主政府和刚恢复的中共叶县县委奉命随八路军河南军区三支队撤离，南下桐柏山区，与李先念领导的新四军五师会合。9月初，先与豫中游击兵团会师嵖岈山，建立豫中地委、专署和豫中军分区。

9月18日，泌阳县保安团坚持与共产党为敌的顽固立场，豫中军分区决定将其彻底消灭，派出一个团和叶舞支队、叶县独立团联合攻打象河关，夜间偷袭未克，次日凌晨强攻，守军王贯斗率部逃遁。战斗中，陈继尧身先士卒打头阵，冲开封锁线，粉碎了敌人的拦截；独立团副参谋长冯景禹率200余人担任主攻，负重伤牺牲。

同月，豫中军分区的八路军、新四军打破原建制，合编为中国人民解放军中原军区独三旅第七、第九两个团。叶舞支队、叶县独立团编入第七团，陈继尧任副团长。叶舞两县的地方干部编入由王泽民领导的干部队。10月，陈继尧所在的部队编为中原军区十五旅四十三团，陈仍任副团长。从这时起到1946年6月，王泽民的职务随工作需要不断调换，担任过“叶、舞、方、泌指挥部”政委兼舞阳县委书记、豫中地委组织部长、桐柏县县长、信南县七十七团政委和军区干部队队长等职。武定一编入叶县干部队同王泽民一同撤到鄂北中原军区，由组织分配到随县县政府任财粮科长。

在叶县党政军人员奉命撤离的同一时间内，以蒋介石为首的国民党政府假和谈、真备战，一步步地加快夺取中原的步伐。中共中央为避免内战，从大局出发，继重庆谈判之后，通过北平军事调处执行部，又同国民党方面进行了中原谈判，签订了相应的停战协议。

但国民党军队根本不执行国共重庆谈判的《双十协定》和中原谈判的十余条协定，调动35万兵力，进一步围攻中原解放区。

1946年6月26日，蒋介石撕毁《停战协定》，以大举进攻中原解放区为起点，向解放区发动了全面进攻，声称在48小时内歼灭中原人民解放军。

根据中共中央指示，中原局和中原军区研究制定了突围方案，突围的兵力部署是：（一）皮定钧率中原军区一纵一旅向东佯攻，掩护主力向西突围。（二）主力分南北两路向西突围。（三）张体学率鄂东军区独二旅坚持大别山斗争。（四）黄霖率河南军区部队在平汉路西侧掩护主力突围，然后随主力转移。

北路，由李先念、郑位三、王震率中原局、中原军区机关和二纵主力向陕南挺进。王泽民奉命带领原河南军区干部队随李先念部行动。王泽民等随主力十三旅三十八团于7月17日进至南化塘，与三十七团、三十九团联合，与胡宗南的“天下第一军”展开激战，杀出血路，8月初，到达陕南商（州）洛（南）地区，十三旅三十八团前进到山阳、镇安和湖北郧西等县，下旬成立第一军分区，王泽民任“山（阳）、郧（西）、镇（安）办事处”主任、工委副书记，发动群众建立政权、组织武装，开展游击战争。

南路，由王树声率第一纵队二、三旅和第二纵队十五旅向鄂西北挺进，其中十五旅所属的四十三团，陈继尧任副团长，团以下官兵大部分来自原叶舞支队和叶县独立团的叶县人。他们作为突围主力的一部分，在王树声指挥下，冒着夹击的枪林弹雨，奋勇作战。7月1日突过平汉铁路，避开敌人主力，插向鄂西北。11日，部队在流水沟、垭口抢渡襄河，7月下旬到达武当山地区，与先期到此的江汉军区部队会师，建立了鄂西北根据地。

黄霖司令员率河南军区部队3000人掩护北路主力部队越过平汉路后，根据预定部署，于7月4日从湖北省随县祝林店出发，向豫西一带前进；时在随县县政府工作的武定一同县委、县政府领导干部沿当年红25军长征路线突围，从两岔河出发，渡过丹江，在古路河遭到国民党三个旅的伏击。部队与敌军血战一天，杀出重围，再渡丹江，到卢氏县。

从6月26日到8月初，中原解放军两支主力在兄弟部队的有力配合下，历经艰难险阻，终于突破了国民党的重重包围和堵截，胜利完成了战略转移任务。参加中原突围的叶县党政军千余人，牺牲了一部分；一部分在中途掉队冲散，一部分参加了地方游击队；另一部分找不到原单位返回家中。参加南路主力突围的陈继尧因途中过度疲劳，加之环境恶劣患病，且逐渐加重，跟不上队伍，经部队首长批准，由警卫员掩护，扮作商贩，回到叶县常村镇，化名董德三，隐蔽在马家寨村。突围中王泽民、武定一被俘，经组织家庭营救出狱。杨金印、彭延士、段盘等中途被冲散，找不到部队回乡。段绍勋、段文彩等随李先念、王树声冲出重围，参加新解放区的创建。

二、豫中支队过境

豫中支队即八路军冀鲁豫军区十三军分区八团，下辖四个营，指战员3000余人。1945年10月初，支队奉命撤离豫东根据地，挥师北上，准备参加邯郸战役。因途中敌情突变，过不去黄河，被迫折兵南下，于10月12日进入叶境。当日，支队与国民党叶县地方武装分别进行了孙寨战斗、贺渡口战斗和龙泉战斗，共歼敌500余人，俘虏1100余人，缴获枪支1300余支。有力打击了国民党地方恶势力。

1945年9月以后，国民党以对日受降为名，调动大批军队向河南各解放区进攻。冀鲁豫军区司令员杨勇、政委宋任穷于10月1日电令豫中支队迅速北上，务于10月15日前抵达滑县集结，参加邯郸战役。接到命令后，支队党委立即召开紧急会议，决定：由政委李士才率四营担任前卫，政治部主任杨劲率三营和支队机关为第二梯队；支队长王定烈和参谋长常志义率第一、第二营担任后卫从西华逍遥镇出发，经鄢陵县望田镇斜插扶沟，而后渡新黄河北上。

10 月 8 日，部队进至距扶沟县城 6.5 千米的章甫村附近，侦知敌五十五军已占据了扶沟县城，并封锁了渡口，切断了支队北进道路。且敌四十一军又在后面步步追逼，原计划已无法实施。经请示冀鲁豫军区首长同意，支队决定避实就虚，改北上为南下，向嵖岈山新四军五师部队靠拢。部队经许昌、张潘、临颍大石桥，于 10 日下午到达繁城宿营，并着手在北舞渡抢渡沙河。因连日暴雨，河水陡涨，无法涉渡，遂把渡点改在汝河和沙河汇合点的上游。11 日，支队 3000 余人夜渡沙河，次日晨进叶境，传令各营到构树王村（方言“狗皮袄”，现属邓李乡）宿营。上午八时左右，大部队先后到达了宿营地，却不见一营的两个连到来。

原来渡沙河时两连作为搜索队分为东西两路：东路在观上渡河，西路在贺渡口渡河。东路渡河后，在孙寨村消灭国民党地方武装 300 余人，缴获长短枪 300 多支。西路到达贺渡口村（现属龚店乡）时，被王范臣为首的国民党地方武装千余人包围。王部自恃拥有优势兵力，不断发起猛攻。此连人数虽处于劣势，但多是身经百战、训练有素的老战士。他们沉着应战，一方面向敌人喊话，宣传八路军的政策，一方面把捉到的俘虏放回，兑现优待俘虏的诺言。而王部却非常顽固，不仅未停止进攻，反而又调动六个乡镇的 2000 多名武装人员，加强对该连的包围。全连集中在村西北角小学和一家地主的院里，继续英勇战斗。经过一个小时的激战，国民党地方武装的进攻被打退好几次，但他们仍不撤退，企图等待天黑下来再度进攻。该连连长为了减少不必要的牺牲，用密集火力打开一个缺口，派两个战士突围回部队求援。支队长王定烈马上派一个步兵连和一个骑兵排急驰贺渡口增援。在离贺渡口不到 1.5 千米的坡宋村，增援部队猛烈向国民党地方武装展开进攻。突如其来的攻击，使敌人乱了阵脚，有的掉头逃跑，有的就地投降。从进攻开始到战斗结束，仅用 20 分钟时间，共俘敌千余名，歼敌 200 多人，缴获各种枪支千余支。

八路军豫中支队贺渡口战斗遗址

在增援贺渡口战斗的同时，王定烈率主力星夜奔袭龙泉镇。此时，该镇驻着一个国民党军中队，其任务是阻挡南面的新四军。支队指战员乘敌人正在酣睡之机，越墙而入，不费一枪一弹就把他们全部俘获。此时，参加孙寨战斗、贺渡口战斗的部队和增援部队也胜利归来。部队经舞阳南部，于 14 日胜利进抵嵖岈山根据地，圆满完成了转移任务。

三、解放战争爆发前后国民党的反共活动

1945 年 10 月，叶县的政治形势急转直下，在一个月的时间内，政治力量发生巨大变化：一是占据县城、老鸦、常派庄三个据点的日本侵略军灰溜溜地到指定地点——郾城缴械投降，日伪政权灭亡；二是为顾全大局、避免内战，刚恢复重建的中共叶县县委、成立两个月的县抗日民主政府等党政军机构和人员，南下桐柏山，与新四军五师会合；三是以崔兆元（抗战时期共产党的统战对象）为县长的县国民政府从常村镇刘东华村迁回县城。1946 年春，国民党河南省政府以通共嫌疑撤去崔兆元县长职务，任命国民党顽固派凌士英为县长，全县再次被黑暗笼罩。

从 1946 年 6 月至叶县解放前夕，国民党作垂死挣扎。县党部发动各民众团体，到处发表宣言、声明，组织反革命集会宣传，强

迫共产党员自首，对那些抓不到的共产党员，采取代发自首书的形式找人代为自首，并用武力胁迫公职人员填表加入国民党，胁迫学校学生集体加入三青团。

1938年加入中国共产党的任芳馥，叶县坟台西马庄人，其家曾多次掩护过豫中地委书记张维桢、组织部长杨毅，1945年9月，遭到国民党反动派的暗杀，牺牲时年仅28岁（后追认为革命烈士）。

1938年入党的张士英，出身于中医世家，坟台孟王村人，曾任区委书记。1947年4月14日，张士英到相邻的吕庄村开展联络工作，被叛徒告密，叶县保安团突然包围吕庄村，把张士英、吕万刚、吕万福三位党员逮捕，三人宁死不屈被杀害。

据不完全统计，这一时期被国民党杀害的共产党员还有李更新、慕庭芳、慕庭兰等100余人，把有进步思想的段发展等青年捕往南阳监狱。

第二节 叶县的解放和初期的政权建设

一、陈谢兵团攻克叶县县城

1947年，为了实现千里跃进大别山、夺取中原的战略计划，中共中央作出了“三军配合，两翼牵制”的战略部署。陈（赓）谢（富治）兵团是“三军”之一。在刘（伯承）邓（小平）率晋冀鲁豫野战军主力突破黄河天险，挺进大别山之际，中央军委决定，组建陈谢兵团，由晋冀鲁豫野战军第四纵队、第九纵队、第三十八军及太岳军区第二十二旅，共8万余人组成，陈赓为前委书记，谢富治为副书记，各部首长为委员，陈赓、谢富治、韩钧三人为常委。陈谢兵团任务是挺进豫西，在豫陕鄂边实施战略展开，首先配合西北野战军，粉碎国民党军对陕北的重点进攻，然后配合刘邓、陈粟两军，东西机动作战，逐鹿中原。从1947年9月到1948年初，连克38座县城，在著名的“伏牛山东麓战役”中叶县获得解放。

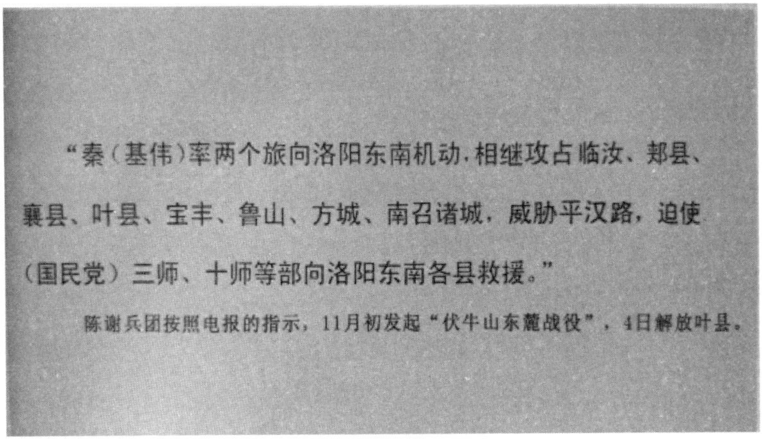

"秦（基伟）率两个旅向洛阳东南机动，相继攻占临汝、郏县、襄县、叶县、宝丰、鲁山、方城、南召诸城，威胁平汉路，迫使（国民党）三师、十师等部向洛阳东南各县救援。"

陈谢兵团按照电报的指示，11月初发起"伏牛山东麓战役"，4日解放叶县。

1947 年毛泽东给陈赓的电文

1947 年 11 月 3 日，陈谢兵团九纵二十六旅七十七团奉命解放叶县。当夜，七十七团由副旅长张显扬带领，从宝丰轻装疾进，午夜渡过沙河，兵临叶县城下。

叶县城内的国民党县长凌士英、保安团长孟栖梧、警察局长赵长金也度着不眠之夜。他们前几日听说临汝、郏县、鲁山解放之后就惶惶不安，把家眷送往漯河，全城实施戒严，西、南、北三个城门用沙土袋屯死，只留东城门出入。

县城内约有一个团的兵力、警力。县保安团共三个大队，第一大队防守城中；第二大队两个中队守南关；第三大队守北关；第二大队一个中队和保安警察分局防守汽车站；警察局维持治安。

宝丰解放的消息传来，国民党叶县的政客们感到末日来临，日夜派出探子刺探解放军的行动，一有电话打来就心惊肉跳。他们自己也预感到从解放军自北向南、自西向东的进攻方向看，下一个被打击的目标就会是叶县县城。

电话还是急促地响起来了，原来是宝丰东南一个乡公所打来的，告知解放军直奔叶县而来。随后，汝坟店警察分局也报告解放军先头部队正在过河。大约凌晨三时，最让他们害怕的电话到底打来了。孟栖梧拿起话筒，清晰地听到一个操湖南口音的人讲话，来话者自称是国民党二十军的，奉命赶来增援，要了解城内是否有友军，了解番号、人枪数目和装备情况。孟栖梧和在场的人都清楚，向国民党省政府的电话尚未打通，哪里会有国军增援，这分明是解放军打来的电话，叶县城已被完全包围了。这个电话正是张显扬副旅长让打的，旨在给守城的人员造成心理上的强大压力。

张副旅长和七十七团张葛明团长商议后，下达了“火力扰乱”“火力侦察”的命令，让东、南、北的解放军一会放几声冷枪。孟栖梧以为解放军攻城，赶紧打了三发信号弹。解放军一放冷枪，城内必群起回应；再放冷枪，城内处处群起回应，如是直到天亮。张团长命一营一连佯攻南门，二营一连佯攻北门，一营另两个连埋伏西城外，集中二营两个连、三营三个连共五个连的兵力主攻东城门。4 日 10 时，攻城部队开始扫除外围据点。防守汽车站的保安团二中队、保安警察分局首先顶不住，溃入城内；接着北关外防守的保安团也撤到城内。凌士英见势不妙，赶快用电台向省政府主席刘茂恩、南阳专员楚怀理谎报军情，声称：“城门已攻破，正在巷战，援军若不及时解围，后果堪虑。”刘茂恩复电：“能突围则突，若突不出去，坚守据点待援！”这些头面人物本想靠援军救驾，现在等于撒手不管，希望破灭。于是，有的痛哭，有的骂娘，有的跺脚。正在这时，解放军发起总攻，冲锋号在南、西、北三个城门响起。进攻东门的主力，用重机枪掩护爆破，突过护城河，将炸药包放在城墙下，“轰隆”一声，掀起一个巨大的烟柱。战士们未等硝烟散去，就沿着炸塌地方冲锋，密集的枪声中夹着不断的爆炸声，守城的保安团以为解放军用大炮轰击了，纷纷撤离岗位，准备逃命。

原来保安团屯死三城门准备抵御解放军的工事，却成了自己逃生的障碍，无奈中多坠城逃命。孟栖梧首先溜跑，凌士英负伤被用担架抬着逃往漯河方向。

发起总攻后，七十七团只用一个小时就摧毁了苦心经营几个月的叶县城防，击溃了国民党叶县保安团，生俘 700 余人，缴获迫击炮一门、重机枪两挺、轻机枪一挺、电台一部、各类枪支近500支，炮弹、枪弹近3万发，结束了国民党在叶县20多年的反动统治。

二、叶县人民民主政府办事处的成立

陈谢兵团二十六旅七十七团攻克叶县之后，于11月6日奉命执行任务离叶。此后一个多月的时间内，原国民党叶县县政府教育科长孙赞襄（孙燮堂）入城“主事”。孙自知大势已去，并无实际作为，仅在城内“整顿防务”，经营孤城。全县出现了短暂的“无政府”状态。这时，广大人民群众生恐国民党的黑暗统治卷土重来，而豪绅则为共产党终会占有天下而不安。

正在这时，中共豫陕鄂七地委副书记范华受命来此开辟新区。他先住进拐河，以鲁山南部地区和方城县北部地区建立了“鲁南县”（治所始驻叶县黄湾村）。县长王致祥的安民告示贴进了叶县常村（拟把常村也划入鲁南县）。

1947年12月14日，叶县的共产党员在鲁南县政府成立的启发下，按照范华的指示，依靠王文卿掌握的武装力量，在常村成立了叶县民主政府办事处（叶县人民民主政府前身），兰德修任主任。办事处设秘书室，杨金印任行政秘书，段发展任事务秘书；杨金印兼任财政科长；卫文阁任粮库主任。王文卿掌握的武装力量编为县独立大队，王文卿任大队长。独立大队原不足100人，后收编方城西北部土匪武装350人，队伍迅速扩大。

叶县建立政权的方式不同于临汝、鲁山、宝丰，不是由军队干部或随军干部牵头建政，而完全靠自身力量开始民主建政。办事处建立伊始，同时铺开三项工作：

在常村镇布告安民

宣告办事处为劳动人民的政权，行使县政府的权利。布告一出，常村及附近农民就有人前来告状。根据群众的控告，兰德修以主任兼“军法官”名义下令逮捕了一些恶霸地主，枪毙了其中的唐柱馨、黄承斋、孙本善等人。

建立基层民主政权

当时，国民党的地方政权体制是乡（镇）、保、甲，全县划为16个乡镇。办事处则代之以区、村、闾。区为县辖，全县划为九个区。人口相对集中且经济比较发达的集市，建立直辖集市本身的镇民主政府，如常村镇、夏李镇，与旧政权辖若干保的镇完全不同。第一批实建的只有第三区（辖常村、夏李）和常村镇政府。王文卿胞弟王汉青（王汉卿）任区长兼常村镇长。叶县已经在常村建立县级政权，鲁南县不再管辖。

征粮征款

在田赋制度尚未建立的情况下，办事处采取向地主派征的方式，解决用粮用钱问题。做法是：派武装人员将征单送往某地主家，写清该户此次应缴粮、款数目，交送地点及时间，说明违抗者该担何责。当时“法币”[①]虽大幅度贬值，但仍为市场主要支付手段，所以征单上写的是天文数字一样的“法币”。为防止出师受挫，第一次派征时，做了多种预防措施。被征对象选择为对共产党不甚抵触的“土财主”张幼平，顺利完成了征用任务。粮食管理由粮库负责，粮库实为民主县政府办事处的要害部门。相比之下，财政科显得无足轻重，科长杨金印的主要精力就放在办事处的行政工作上。

解放军九纵回县城，孙赞襄弃城而逃。其后，国民党先后任命的县长孟栖梧、胡栋材、王启民等均在流亡中被镇压。

12月20日，叶县民主政府办事处公布了第二次任命：朱树奥为第一区区长，区民主政府驻县城。段永新为第四区区长，民主区政府驻张思诚村。魏益甫为第五区区长，民主区政府驻常派庄村。县里没有能力给各区配备充足人员，要求各区长尽其所能，依靠自

①法币：1935年（民国24年）11月4日，国民党政府实行“法定货币”政策，规定由中央银行、中国银行、交通银行、中国农民银行发行的钞票为法币，面额最小的为一分，最大的为一万元。法币取代了市场上其他纸币，法币贬值到100元买不了一只鸡。

身力量开辟工作。由于各区面临的客观条件不同，此次建区就出现区域大小不一，人口众寡悬殊和边界不清现象。

叶县县城虽然解放了，但国民党的军、政势力并未肃清，地方上一些地主武装依然存在，土匪活动仍相当猖獗。为了建立巩固的根据地，按照“谁打下的（地盘）谁负责巩固”“包到底”的原则，陈谢兵团四纵十旅从所属三个团各抽一个排，编为叶县独立营第一连，号称叶县独立营，在营长张征祥、教导员杨玉玺带领下开赴常村，接受叶县民主政府办事处指挥。同时，又派出一个连（时称“老四连”）“借给”叶县使用，帮助稳定政局。

1947 年 12 月 31 日，县民主政府正式成立。叶县民主政府办事处历时 18 天，使命告终。

三、叶县人民民主政府的成立与东征

叶县人民民主政府是在陈谢兵团和中共豫陕鄂七地委的关心支持下，由县民主政府办事处加强、改建而成。

1947 年 12 月 23 日，陈谢兵团十旅三十团政治处主任范离在漯河接到旅部通知，通知中任命他为叶县县长。他于漯河刻制叶县人民民主政府公章一枚，带着七地委副书记范华写的介绍信，12 月 31 日由鲁南县民主县政府驻地——方城县拐河街来到常村。范离与兰德修简单谈了情况，就召集办事处工作人员，宣布成立叶县人民民主政府，范离任县长，兰德修任副县长。派人通知张征祥、杨玉玺、王文卿晚饭后见面。

刚坐在一起，有报告说城东董庄有国民党“叶县自卫总队”朱培敬部与“西安绥靖公署教导第二支队”李庚安部“火并”。范离当机立断，将见面会议改为军事会议，做出“东征奔袭”决定。当晚，范离带县武装强行军 35 千米，于次日（1948 年元旦）凌晨包围两部国民党军队。经短暂战斗，全歼国民党军。多数俘虏当场教育释放，留朱、李等 83 人，准备押回常村。

李庚安是叶县的恶霸，为非作歹多年。此次被“八路军”逮住，董庄一带群众奔走相告，他们拦住部队，一致要求“八路军县长[①]为民除害”，将李庚安就地枪毙，否则，无论如何“也不让八路军走”。鉴于民情激愤，范离县长扼要了解了李、朱的罪行，与兰德修临时决定，就地召开群众大会，公布李、朱罪由，以叶县人民民主政府名义，将其二人枪毙在董庄村外[②]。

在人民解放军打击下，残余的国民党“叶县保安总队”成为东奔西窜的流寇。凌士英以养伤为名“辞职”，逃往开封，孟栖梧当了“县长”。他与叶县的顽固分子胡栋材纠合在一起，聚集500余人，仍称“叶县保安团”，流窜在叶县、舞阳、襄城等县结合部。1948年1月5日，孟、胡在叶县东部与舞阳相接的水寨、丁华一带，网罗一些旧官僚、地主于丁华村，显示“权力”，卷土重来。当夜，打入国民党内部的崔慎三将情报传到常村。

为求全歼，叶县向陈谢兵团十旅求援。次日傍晚，县武装力量出发奔袭，在旧县镇与十旅三十三团支援部队会合。十旅派三十三团一赵姓营长带一个整连，携六〇迫击炮一门，配一工兵班，整装待发。这时又接到崔慎三的情报，敦促“火速奔袭水寨”。

围着一张北洋军阀时期吴佩孚主持绘制的叶县地图，范离、兰德修、张营长、赵营长、王文卿研究了作战方案。随后，以连为单位作战斗动员。赵营长在前，急行军直扑水寨，至廉村北地，遇一来自丁华的老乡，得知国民党的“首脑”人物在丁华村。为扩大政治影响，范离决定，先打丁华，消灭国民党残余政权。

1月7日凌晨，完成了对丁华村的包围，天亮开始进攻。战斗结束清点战果，除孟栖梧[③]化装成农民，推一独轮小车逃跑外，其

①陈谢兵团到豫西后，本地人民亲切地称之为“黄河北来的八路军”。人民政府的县区长也相应地称为“八路军”县长、区长。

②朱培敬中弹未死，潜逃漯河。伤愈后无处藏身，1948年11月潜回叶县，被太康村群众抓获。在被押送叶县第九区区政府的途中，朱企图逃脱，被押送民兵击毙。

③1951年在广西南宁当搬运夫的孟栖梧，被叶县南下干部陈晓光（小名大喜，陈继尧的长子）认出，由南宁市公安局将其逮捕，押回叶县，公审后枪决。

余人员及国民党“县政府”文书档案连同代传铜印，尽被俘获。

为接叶县著名共产党人崔慎三出来工作，县政府派秘书段发展带独立大队一个中队去后崔村。寻崔慎三未见，段发展召集村上群众开了一个会，做政治宣传，会后返回丁华。此事为胡栋材所知，他听说段发展带“土八路”（独立大队未发军装）在后崔活动后回丁华，误以为打丁华的是叶县地方武装，便一改怯战的心态，率队由水寨向丁华攻击。听到重机枪的响声，胡知道遇上了解放军正规部队，遂向舞阳县境逃窜。

胡栋材部溃逃，范离率队胜利而归，在廉村停留时，贴出范离手拟叶县人民民主政府第一张布告，宣布国民党县政权已被摧毁。由于人民政府印章留于常村，将缴获的国民党县政府篆文铜印颠倒盖在布告上代替，并通知四乡群众来廉村开会。下午，2 万余名群众汇集廉村，范离县长登上一张方桌，向群众讲话。他讲了解放军大反攻的胜利，讲了共产党的新区政策，号召人民群众警惕敌人的破坏活动，安心从事生产，支援解放战争。最后范县长描述了在共产党领导下人民群众当家作主、幸福生活的前景。会场上响起一阵又一阵的掌声，军民同声高呼“打倒蒋介石，解放全中国！”“共产党万岁！”口号。

1 月 10 日，范离率部队到达县城东南之宋庄。宋庄并无敌人，此行目的在于扩大宣传。该村的绅士相约而出，在村口迎接人民县长。也许是范离没有他们心目中的那种“派头”，从他们身边过去好久了，他们还在“翘首相望”。

又传来胡栋材窜回叶县，侵占叶县东部桃奉街的消息。县长范离率领部队连夜追剿，赶到桃奉，天已大亮，胡栋材部已于两小时前逃跑，遂在桃奉召开群众大会，宣传共产党的政策。12 日晚饭后，有人来报，胡栋材住在孙寨。13 日晨，部队赶到孙寨时，胡众刚刚西逃不上三里路。范离率部疾速向西追歼，还可望见胡部奔逃的尘烟。部队赶到沙河南岸，胡众已经渡过沙河。部队涉水过河到达河北高村时，胡等已进洪庄杨村并封闭寨门。

范离把指挥部设在河北高村北寨门楼下，指挥各部向东北插过去，完成对洪庄杨的包围。独立大队的任务是在沙河的北岸，防御敌人渡河南逃。赵营长发起攻击后，敌人拼命抵抗。指战员冒着弹雨抢占洪庄杨西寨外的洪文中学，随用迫击炮打击敌人。工兵班以炸药轰开西寨门。胡栋材不敢恋战，仓皇东逃。遗憾的是独立营此时尚未完成东面的包围，敌人沿着靠河的狭长地带跑掉了。这一仗虽未达到全歼之目的，却把胡栋材一劳永逸地打出了叶县。打扫战场时，得到了许多敌人丢弃的枪支和军大衣，可知敌人逃跑时已狼狈到“丢盔弃甲”的样子。

县民主政府此次“东征”，七天打了四仗，转战半个叶县，消灭了国民党县政权的残余，铲除了其基层机构，使共产党、人民政府的影响深入人心。同时，征粮100万斤，不仅满足了叶县本身的需要，而且有力地支援了前进中的野战部队。13日上午，县民主政府全体人员和县独立营、独立大队、老四连及三十三团配合行动的连队700余人，集合在洪庄杨西门外，范离县长对“东征”作了总结。赵营长率所带连队返回原建制，县民主政府全体人员向县城迈进。

四、县委、县民主政府初创基业

恢复充实中共叶县委员会

1947年冬，中共豫西南工作委员会同陈谢兵团前委取得联系，奉兵团前委指示，撤销豫西南工作委员会，干部回本地参加新区建设。1948年1月18日，段永健持豫陕鄂七地委书记胡荣贵介绍信，回叶县任中共叶县县委书记。段永健联系叶县党员，派人接回隐蔽外地的早期党员段语禅、董锡之、陈继尧、崔新吾等着手恢复县委，县委机关设夏李镇，与常村县民主政府呼应。当时，党组织尚未公开，县委对外称“叶县政治部”，书记称政委。政府行文，除了正副县长署名外，还要署上“政委”的名衔。段永健以为自己既无文化又有眼疾，难以胜任，在陈谢兵团驻叶休整期间，他找到陈赓司令员，恳请上级加派干部领导叶县党的工作。1948 年 2 月中旬，豫陕鄂七地委任命四纵政治部民运部长、七地委委员郑刚为中共叶县县委书记，段永健改任副书记。

这时，驻夏李的只有书记郑刚、副书记段永健。他们各有一名警卫员、一名饲养员、一匹战马。机关工作主要是秘书董胜波及两名工作人员。

段永健刚回叶县，他同范离、兰德修等商议，把叶县境划为 9 个区，适逢叶县早期党员回来，南下第一批干部已到，公布 9 个区的干部任命，同时对一些已任职干部也有所调整。段语禅、孟广秀、王子良、段永新、魏益甫、王汉青、杨金印、张明亮、崔慎三，分任九个区的区长，原一、二、三、六、九区区长改任副职。这次干部调整，暴露出一些地方干部缺少系统的党内教育，思想觉悟不高的现象，职务只能上不能下。这些重新出来工作的党员干部，对新形势还不适应，必须再学习，提高工作能力和政治水平。

1948 年，前半年是扭转中原敌我态势的关键时期。三路大军通过洛阳战役、宛西战役、开封战役和睢杞战役，尤其是华野粟兵团取得开封战役和睢杞战役胜利，第一个攻占省会这样的中心城市，使国民党“在中原战场上完全失去了对我发起战役性进攻的能力”[①]。由此说明 1948 年前半年与后半年大气候完全不同，影响到地方建政采用的是两种方式。

艰苦创建山区解放区

叶县在前半年的民主建设中，县委、县民主政府集中力量在西部山区建立稳固的山区解放区，一旦形势反复可以为根据地。开辟的山区包括府君庙、五间房、彦岭、岳楼等 20 多个夏李、常村、保安所属村庄。每村都驻有工作队，开展“走马点火”（也叫点火

①摘自中共河南省委党史资料征编委员会编：《中共河南党史大事记》，河南人民出版社，1986 年第一版第 169 页。

抄家，即急性土改。），找出村里有恶迹有民愤的地主进行批斗、抄家、分其财产，收缴民间枪支，分田地等项工作。但是工作中出现无组织无纪律，甚至乱打乱砸、残酷逼供现象（如灌石灰水、乱棍打死人等）。这些问题，全县干部在夏李集中整风时得到纠正。这次整风，通过学习《怎样划分阶级》《加强请示报告制度》《九九指示》《目前形势和我们的任务》及邓子恢著《论群众运动》等，总结经验教训，开展批评与自我批评，检查错误、提高认识，对有错误的同志进行严厉的批评教育，让他们在大会小会上作深刻检讨，向群众赔礼道歉，有的还给予处分。通过整风，从思想上、组织上武装了全体干部。

县委、县民主政府机关人员常在乡村，没多少公文，工作人员除了吃饭，没有津贴，到政府领米票，有时发给一双布鞋，不合脚就在鞋帮两边各穿一孔，找根布条作鞋带绑在脚上。

形势稍稳定，有了简单的文书工作，写个纸条就算通知，由机关人员送达。向各区印发通知或表格，用的是鲁山出的棉纸。通知是用紫、绿颜料每次写两份，再卷上湿手巾上下各拓印两份，这样共印 10 份，一份留底，其余九份送往各区。后来编印《叶县通讯》指导工作，从龚店学校调来一部油印机，刻蜡版，印出的文面黑一块白一块，被称之为“黑老虎”。送达机要文件和信函，由刚成立的交通班 10 多名机要交通员负责。他们每人配有步枪、手枪各一支，但没有任何交通工具，与地委和本县各区联系全靠步行，到各区送文件，一人一天能跑三个区，到许昌地委送取文件行程 75 千米，两天能打个来回。宛东战役发起时，叶县成立支前司令部，县委、政府动员人民支前，准备大量支前的米面，在民用平房里堆放，支前用不上了，时间一长，受潮霉变。为了不使之浪费，就用镢头、耙子打开，再把霉变成块的米面打碎晒干，然后分给各个机关当口粮。开始霉变较轻的还能蒸馍、擀面条。但吃着很苦，不得已就在面条、馍里掺萝卜丝、辣椒。后来，这样也吃不了，就把霉变小米用净水泡透，反复淘洗，然后磨成糊糊，加青菜蒸成虚糕，勉强下咽，就这样，工作、生活条件差，还不分昼夜，没有作息时间，没有星期，不辞劳苦，也从不见工作人员叫苦，仍欢天喜地，极为乐观，不知疲倦、日日夜夜、全力以赴地工作。他们苦着、累着，靠坚定的信念奋斗着，快乐着。

山西、山东、河北老解放区干部到来，基于同样建立稳固解放区的指导思想，一部分南下干部深入叶县、方城县交界的老寨山，筹建老寨山特别区，也称叶县十区。他们克服人地生疏，敌人投毒，忍饥挨饿等，种种困难，经营这块根据地，以备形势危急时使用。6 月以后，豫陕鄂形势发生根本好转，作为县委、政府安排的后备根据地而存在的老寨山特别区，政治上已失去意义。通知人员奉命撤回时，他们历经 50 多天，个个满脸胡子，像猿人一般。

建立新型的基层政权组织

区级政权建设也经历一个过程。国民党县、区政权瓦解，保甲制度虽然陷于瘫痪，但那些没有逃跑的人，有些还在暗中起着控制群众的作用，常常制造谣言，威胁群众不要和解放军接触，更不要帮助新政权，否则解放军一旦走了，就会受连累甚至有杀身之祸。为了尽快稳定局势，各区很快行动，取缔国民党保甲制度，建立村级政权，成立村农会。村政权（行政村）下设闾、排，闾有闾长，排有排头。村农会虽是选举产生，但是一时很难纯洁。人们称村农会主席为“穷人头”，意味着他们本身必须是穷人，而且推举出来是代表穷苦人民并为穷苦之人办事的，至于其他条件人们知之甚少。在最初的人选中情况错综复杂。有的为人正派，大多数都很穷苦，但是为人特别老实，没有办事能力，推举他们主要是起支应差事、装点门面的作用，有的虽有办事能力，却带有“街痞子”味道，他们平时游手好闲，不务正业，正经人看不起他们，却又想利用他们；有的是家族势力大，认为解放了，穷苦人“吃香”了，就在本族中推举出一个“穷人”，让他出面应事。这些人既没有明确的立场，也划不清阶级界限，起不到穷苦农民带头人的作用。也有“勇敢”分子，天不怕，地不怕，敢于斗争，但是不讲政策，如损害工商业者、自由职业者，损害比较富裕的农民利益；有的非法关人、吊打、逼供、要枪、要粮、要款等；有的自作主张，挖地主的“底财”等；也有个别是被地主恶霸收买，暗中打入村级政权和村农会，成为他们混进内部的代理人。个别地方还发生敌人内外勾结，袭击区政府的事。

所以，区级建政必须与收缴民间枪支弹药，组建壮大区干队一同进行。民间散落的枪支颇多，一经收缴，各类武器丰富，长枪、短枪、轻机枪、重机枪、掷弹筒、迫机炮，还有六零炮。各区区干队很快建立起来，多者近百人，少者几十人，武器配制也杂乱，但均有武器，有的还一马双跨，长短枪兼有。区干队逐步成长，开展剿除散匪、股匪、“土蒋”行动，对打压封建势力，维护一方安全，制止政治谣言起到有力作用。

来到叶县的南下干部50余位，除配备到县委、政府机关，不少配于区级。县委有条件建立中共区委，李钧、王浩、庞振生、李向荣、王锡坤、申怀义、赵鸿亮、贾星三、尹世儒先后担任九个区的区委书记。党组织未公开前，区委书记、副书记也称政委。

为彻底取缔国民党保甲制度，区下设乡，乡下设行政村。

叶县独立营在初期建政中成长

叶县独立营、叶县独立大队随范离县长东征返回，原帮助叶县稳定政局的“老四连”及临时借用的正规军连队都撤离叶县。范离曾商于段永健，叶县的两个营级单位，实际是两个连的兵力，为指挥方便，不如合兵一处。但顾虑王文卿是老同志，而独立营营长和教导员已有，把王文卿职务降为副营长，范离怕影响团结，腹议迟迟不便言明。不料，经段永健提议，王文卿爽快答应下来，独立大队并入叶县独立营，称二连。

叶县独立营在牛头李等村驻防，叶县独立大队在常村、夏李均不断招兵，增大实力，从区干队青壮年翻身农民中抽调一部分集训，补充到叶县独立营，组建了第三连，抽调一连班、排干部到三连任职。四纵打下洛阳后，范离派人找到老首长，要回一批武器、弹药，这样，叶县独立营不仅满编，还使全营武器装备获得很大改善，叶县独立营真正成为一支500余人名副其实的地方武装。

第三节　陈谢兵团、刘邓大军进驻叶县

一、陈谢兵团旧县前委扩大会议

挺进豫西以来，陈谢兵团在东西机动作战，大量歼灭敌人的同时，针对豫西官匪不分的特点，先后抽调12个团作为地方武装骨干，大量剿灭敌人的地方团队和土匪；又抽调2000多名干部做地方工作，发动群众，组织农会，进行土改，建设豫陕鄂新解放区。但是，大兵团开到蒋管区，进行无后方作战，对军需筹备和在新区发动群众的工作等，都缺乏经验和必要的思想准备，因而也导致工作中出现了一些问题：一，不顾新区的实际，在群众尚未发动，国民党和地主富农势力还很大，各项工作尚无基础的情况下，提出“走马点火”（村村点火，户户冒烟），到处斗地主、分浮财，使社会财富流失，军队筹粮发生困难。二，在土改宣传中，不是宣传依靠贫雇农、巩固地联合中农、消灭封建制度的路线，而是孤立地宣传依靠贫雇农，“打江山、坐江山”，削弱党的领导，偏离正确的阶级路线。三，在“贫雇农当家”的思想支配下，出现一股绝对平均主义的“左”倾思潮。有的部队由贫雇农出身的战士找干部翻“马褡子”，检查是否“发洋财”，并要分他们的“浮财”。四，有的部队大搞“唯成份论”，在连队成立“贫雇农委员会”对剥削阶级家庭出身的干部“采取行动”，为贫雇农出身战士的亡故亲人设立灵堂，让剥削阶级家庭出身的干部戴孝祭奠，甚至提出撤换地主出身陈赓的职务。这些做法混淆了是非，模糊了政策界限，造成了思想混乱；而且兵

团前委内部也存在截然不同的两种意见。作为司令员、前委书记的陈赓，为解决上述问题，于 1948 年 1 月中旬一面打电报向中央请示，一面准备召开部队旅以上、地方地委以上负责干部参加的前委扩大会议。陈赓在电报中向党中央毛主席请示，究竟应当是共产党当家还是贫雇农当家？并汇报了当前部队的思想情况，陈述了本人见解。电报头一天发出去，次日晚上就接到了中央的复电：同意陈赓同志的意见。毛主席讲是党当家，不是贫雇农当家。1 月 18 日，毛主席起草的中央指示《关于目前党的政策中的几个重要问题》发布，指出："'贫雇农打江山坐江山'的口号是错误的，在农村，是雇农、贫农、中农和其他劳动人民联合一道在共产党领导下打江山坐江山，而不是单独贫雇农打江山坐江山。"

1 月 25 日至 2 月 5 日，前委扩大会议在旧县小学召开。陈赓主持会议并作工作报告和大会总结。

会议首先传达学习了中央的复电、1947 年中共"十二月会议"精神和中原局对豫陕鄂地区斗争任务的指示。接着，陈赓代表前委，对五个月来的作战、根据地建设、武装建设和部队思想政治工作等作工作报告。《报告》首先肯定了部队各项工作取得的巨大成绩，都是执行毛泽东军事路线的结果，指出陈谢兵团挺进豫西是毛主席安排的。毛泽东主席指示我们首先向西作战，既造成了继续展开的有利形势，又配合西北野战军转入进攻，然后挥师东南，开辟广大地区，直接配合了挺进中原的刘邓主力部队作战，实践完全证明了毛泽东这种战略安排和指挥的英明。

陈赓讲到部队在新区发动群众的工作时，着重阐述了存在问题的实质及其危害，强调必须坚决纠正这些问题。（一）"走马点火"，过早地分浮财是不对的。（二）在部队搞"贫雇农当家"，已经造成了思想混乱，我们是共产党领导的军队，不是老百姓，在这里搞"贫雇农当家"，要我们共产党干什么？（三）在"贫雇农当家"思想支配下，搜查参谋长和副司令的"马褡子"，这是违反党的政策的行为，影响指战员的团结，使我们的部队陷于分裂。（四）在部队搞唯成分论，对剥削阶级家庭出身的干部“采取行动”，予以撤换的做法是“左”倾错误思想，还延伸到后方家属，也要纠正过来，不能让前方的指挥员正在打仗，后方出身不好的家属被扫地出门，动摇军心。

会议期间，前委负责同志认真组织与会人员进行了讨论，坚决批评了部队中产生的错误思想，并针对存在的问题做出了相应的决定。会议确定今后全军的任务是：“一面作战，一面建设，巩固豫陕鄂根据地，把豫陕鄂根据地建设成为中原我军的后方基地。建设根据地的基本环节是放手发动群众，坚决依靠贫农，巩固地联合中农，彻底消灭封建制度，有准备有步骤地完成土地改革，而且必须尽最大努力改变过去主要依靠老区和财经工作落后于军事需要的被动情况，做到就地取得补给，自力更生。”

会议确定建立豫陕鄂军区和豫陕鄂区党委，并拟定了军区和区党委领导成员名单，报请党中央和中原局批准。

2月5日，陈赓作大会总结。他号召根据地军民继续大量歼敌和进行土地改革，大力巩固豫陕鄂根据地。同日，前委扩大会议胜利结束。

这次前委扩大会议是一次非常重要的会议，对于顺利进行军事斗争和根据地建设具有重大指导作用，并产生了不可估量的影响。

会议以后，全体干部战士的思想很快统一到党中央的路线、方针、政策上来，思想政治工作得到进一步加强。全军上下检查纠正了各种错误思想，部队内部团结得到加强，进一步加强了党组织的凝聚力，坚定了指战员的战斗意志，提高了部队战斗力，为解放洛阳奠定了基础。随着会议确定的根据地建设方针、政策的贯彻落实，使包括叶县在内的豫陕鄂新区的各项工作走上了正确、健康发展的道路，取得了巨大成就。事实证明了陈赓关于执行政策重要性的讲话：“党的政策是争取群众发动群众的武器。将战争引向国民党统治区，不仅靠作战，而且靠政策”。

豫陕鄂解放区南北长1000余里，东西宽600余里，与豫皖苏、鄂豫皖两大解放区连成一片，形成了广大的中原解放区，占据了中原地区丰富的人力、物力资源，把敌人的重要后方变成了我军夺取全国胜利的前线。至此，实现了党中央、毛主席关于“把战争引向国民党区域”的伟大战略方针，为全国解放战争的胜利创造了有利条件。

二、加强中共中央中原局，组建中原军区和改建中原野战军

1948年4月13日至5月19日，中共中央中原局和刘邓大军首脑机关先后在叶县谷店村、岗马村和昆阳中学驻扎，共计36天。其间，加强中共中央中原局，重建中原军区，刘邓大军和陈谢兵团统一改为中原野战军；召开过两次重要会议，及时解决了部队思想建设、组织建设和地方新区建设中亟待解决的问题；为刘伯承、陈毅、邓小平等首长运筹帷幄，决胜中原提供组织保障和精神动力。

1947年6月30日，刘伯承、邓小平指挥的晋冀鲁豫野战军主力第一、第二、第三和第六纵队12万余人千里跃进大别山，至1948年1月，在半年多的时间内，刘邓大军协同陈（赓）谢（富治）、陈（毅）粟（裕）大军，经过艰苦卓绝的斗争，先后建立了鄂豫、皖西、桐柏和江汉解放区，地跨鄂、豫、皖、苏、陕五省。

随着战争形势的进展，1948年2月8日，由刘伯承、张际春、李雪峰、刘子久、陈少敏五位中原局领导人向党中央报告，建议把中原局和刘邓大军领导机关撤出大别山，移向豫西，“东依山东，南依大别，西依伏牛，立足策应”，便于集中指挥和联络后方。党中央和中央军委采纳了刘伯承等五人的建议。刘邓大军司令部便逐步由大别山经上蔡、西平、漯河向西移动，4月13日从舞阳县孟庄、前直里村移驻叶县七区（坟台区）谷店村。随司令部一起撤下来休整的三纵、六纵指战员也一同移驻叶县，三纵领导机关（司令员陈锡联、政委阎红彦）驻昆阳中学南院，六纵领导机关（司令员王近山、政委杜义德）和野战军政治部驻四区（旧县）岗马村（今属田庄乡）。

4月16日，刘伯承、邓小平在谷店村召集华东野战军外线兵团领导人陈士榘、唐亮和陈赓、谢富治开会，部署、协调“三军”（刘邓、陈粟、陈谢）行动，打退国民党整编第三师、第九师、第十一师对解放区的进攻。

野战军司令部在谷店住下后，在各级政府的组织下，叶县人民腾出最好的住房，捧出最好的食物，热情接待刘邓大军。县长范离特意安排了鲜鱼和石香菜，代表县政府前往野司慰问。刘邓首长当面表扬叶县的“工作做得好，人民觉悟高”。

刘邓大军支付供应时，使用的“中州票”，是由中州农民银行发行的。1948年1月投放市场，为中原局所属各解放区统一的本位币，与银圆的兑率规定为200元“中州票”换一银圆。因种种原因，发行后没有在市场流通。此次刘邓大军进驻豫西，才由部队首先使用。为了保证部队供应，叶县民主政府在县城设立了兑换所，每天投放一定数量的银圆，收兑部队支付到市面上的“中州票”，使“中州票”在群众中有了信誉，挤压了国民党政府发行的钞票（法币）的流通空间，也为解放区物资不外流提供货币手段。

4月17日，司令部由谷店迁驻四区岗马村，召开野战军直属队及三、六纵团以上干部参加的整军会议，一边休整，一边整军。

4月20日，刘伯承、邓小平在岗马村司令部，研究发起宛西战役的部署。同日，刘邓致电中共中央、中央军委：“中原局辖区甚大，领导力量极显薄弱，建议加强中原局，组建中原军区”。5月2日，陈赓统一指挥第二、第四纵队和华东野战军第十纵队及桐柏军区、豫陕鄂军区地方部队，发起宛西战役，攻克镇平、内乡、淅川、邓县等9座县城及老河口、西峡等城镇数10处，歼敌21700人。宛西战役中，中共地下党员、内乡县民团副团长别光典率领2000人起义。此役的胜利，进一步巩固和发展了桐柏、豫陕鄂两个解放区，为以后解放军向西南机动，向东南出击，寻机大量歼敌，创造了条件。

4 月 30 日，刘伯承、邓小平在岗马村召开旅以上干部参加的政治会议。

5 月 9 日，中共中央、中央军委决定加强中原局的领导，刘伯承、陈毅、邓小平、邓子恢、粟裕、张际春、李雪峰、李先念、宋任穷、刘子久、陈赓、谢富治 12 人为委员，邓小平任第一书记，陈毅任第二书记，邓子恢任第三书记，并指定刘伯承、邓小平、陈毅、邓子恢、李雪峰、张际春为常委。中原局此时下辖鄂豫、皖西、江汉、桐柏、豫西、陕南、豫皖苏七个区党委和军区。中原军区也在叶县重建，决定将刘邓野战军和陈谢兵团统改为中国人民解放军中原野战军，下辖第一、二、三、四、六、九、十一七个纵队和三十八军，并统一指挥华东野战军陈（士榘）、唐（亮）兵团的三纵、八纵、十纵三个纵队。刘伯承任中原军区和中原野战军司令员，邓小平任政委，陈毅任第一副司令员（仍兼任华东野战军司令员和政委），李先念任第二副司令员，邓子恢兼任副政委，张际春任副政委兼政治部主任，李达任参谋长。中原局的加强和中原军区的重建，强化了各战略区的统一领导和指挥（陈谢兵团原由中央军委直接指挥改归刘邓直接指挥），中原解放区的对敌斗争进入了一个崭新的阶段。

5 月 19 日，中原局和中原军区司令部离开叶县，进驻宝丰县，由叶县开始的中原军区政治工作会议在宝丰继续举行。

三、刘邓大军直属机构及三、六纵团以上干部整军会议和旅以上干部政治工作会议

三路大军转入外线作战，粉碎了蒋介石将战争继续引向解放区、彻底破坏解放区的反革命计划。陈毅、粟裕领导的华东野战军，于 1947 年 8 月打破了敌人对山东的重点进攻后，挺进鲁西南，进军豫皖苏解放区。开封战役中，解放河南省会开封，使得刘邓大军能够利用战斗的间隙休整部队，传达贯彻中共中央“十二月会议”精神，使指战员体力上得到休养，思想上得到武装。

刘邓大军驻叶休整期间，开过两次重要会议，一是野战军直属队及三、六纵团以上干部会议，重在整军；二是野战军旅以上干部参加的政治工作会议，重在总结交流经验，加强部队党的建设，为夺取解放战争的全面胜利做好思想准备。这两次会议的精神无论对于军队建设或是地方各项建设都具有重大而久远的指导意义。

野直及三、六纵团以上干部会议，于 1948 年 4 月 17 日在刘邓指挥部所在地——岗马村召开。刘伯承、邓小平出席会议，三、六纵司令员陈锡联、王近山等 100 余人参加会议。刘伯承作了《关于大别山斗争和全局问题》的报告，邓小平作整党工作报告。会议的中心议题是统一指战员对反攻形势、大别山斗争形势的认识，在思想上处理好局部与全局的关系，明确当前和今后的基本任务。

刘伯承司令员紧密结合指战员思想实际，既高屋建瓴又深入浅出地作了洋洋万言的报告。刘伯承开宗明义地指出："我们遵照毛主席的有关指示，特别是在毛主席的战略思想指导下，切切实实地有步骤、有计划地进行反攻，时机是成熟的。"并从全局的高度讲道："蒋介石的反革命战略就是要扭在我们解放区里打，消耗我们的人力、物力、财力，使我们趋于枯竭，走向失败……。毛主席的战略指示是：'内战开始第一年是内线作战，也必须在内线作战，歼敌 120 万以后转入外线作战，也必须是转入外线作战，步骤是明显的'。"

"如果打不出来，我们自己的人力、物力、财力就一定消耗大，牛被人家牵走，房子被人家放火烧掉，树被人家锯掉。现在我们解放区，街头上已听不到飞机的声音，娃娃生得胖胖的，为什么有的同志不这么想？只觉得自己吃了亏，只见自己的脚走烂了，饿了几顿饭[①]。"

①刘伯承：《关于大别山斗争与全局问题》，文载《中原解放区》，河南人民出版社，1987 年 12 月第一版，第 58 页

刘伯承指出："不要以为自己一个连伤亡了几个人掉队了几个人，好像全国革命就完了。在配合兄弟部队作战时，人家的英勇胜利，自己也应感到非常光荣。哪一个部队打仗没有钳制方面和突击方面？吃肉就好，啃骨头[①]就吵起来，这样看问题是很不全面的。毛主席说到打胜仗的部队，同时也提到南线兵团的艰苦斗争，我们也是其中的一个，钳制了敌人九十个旅[②]。要从大局来看大别山，全面的胜利，我们是其中的一份。"

刘伯承、邓小平在报告中都强调，要好好学习毛主席的战略，就是毛主席在《目前形势和我们的任务》一文中讲的十大军事原则。那是过去十年土地革命战争、八年抗日战争和一年半爱国自卫战争经验的基本总结，也是今后革命战争的指导方向。凡是打得好的，都是依靠了这十条，不依靠这十条，就一定不会打好。这次会议，不仅使与会人员澄清了思想，提高了认识，增强了全局意识，受到了一次深刻的毛泽东军事思想的教育，还为旅以上干部政治工作会议做了必要的准备。

1948 年 4 月 30 日，刘邓大军政治部在岗马村召开旅以上干部参加的政治工作会议。刘伯承司令员致开幕词，宋任穷（政治部副主任）传达党中央《关于目前形势和任务》的指示，邓小平政委作关于政策问题的报告，张际春作会议总结报告。叶县县长范离列席了会议。刘伯承致辞后，宋任穷传达毛泽东在中共中央 1947 年 12 月 25 日至 28 日在陕北米脂县杨家沟会议上的报告，并传达了刘少奇 3 月在五台、邯郸中央局的报告。刘伯承即席讲了一段话："我听了毛主席、少奇的报告，感到有了材料。用马列主义分析，在政治工厂制造（理论）是博大精深，了解运用是不容易的。大家听时

①吃肉：指打突击，消灭敌人多；啃骨头：指打钳制、打配合，消灭敌人少。

②毛泽东在《评西北大捷兼论解放军的新式整军运动》一文指出："我刘邓、陈粟、决定性的战略作用，获得全国人民的称赞。"文载《毛泽东选集》第四卷，人民出版社出版，1968 年 12 月河南第 12 次印刷，第 1188 页。

很注意，有的写在本上。写在本上是一个问题，运用又是一个问题。要用很大力量来研究和解决思想问题、具体工作问题”。5月7日[①]，副政委张际春在政治工作会议上作关于整党工作与开展战士中的诉苦民主运动结合起来的报告。并宣布会议议题为：（1）汇报交流工作经验。（2）研究整理政治工作中的某些问题。（3）着重讨论部队的整党问题，以便全力克服部队思想作风不纯的状态。以利完全实现中央给予我们在外线大量歼灭蒋军，解放中国的光荣任务。

邓小平政委作关于政策问题的报告，科学地分析了中原的斗争形势，指出敌人的力量还很强大，任何一个地域都必须经过有组织的斗争才能巩固。并强调：新解放区农村工作要区别于老解放区，必须充分利用抗战时期的经验，先搞减租减息，再进行土改试点，避免急性土改。

后两项会议内容在宝丰县柳林镇进行，5月31日闭幕。张际春做总结报告，传达了刘伯承司令员（时在前线指挥作战未到会）的指示：每一个革命军人，“如果离开了党的领导，就不能成为一个革命军人。不管你多么大的指挥官，权威有多么大，即使是一个口令能让上千上万的人向你立正，但也只是党给予的，你个人没有什么可以骄傲的。你如果昏头昏脑地骄傲起来，走向军阀主义倾向，就要脱离开了党，那是非常危险的！因此，一个革命军人必须无条件地接受党的领导。”[②]

列席会议的叶县县长范离，认真记录了会议的精神要点。回来后，向县委作了汇报。叶县及时贯彻了党中央、中原局和刘邓首长的指示和会议精神。

①范离：《自传与回忆》，《中国共产党叶县地方党史资料选编》，1984年第一版，第97页。
②李福昌：《史源笔耕录》，河南人民出版社2010年12月第一版，第85页。

第四节 县委、县民主政府在时局反复中经受考验

一、国民党十一师窜扰，县委、县民主政府应变

1948年5月19日，野司撤离叶县，县委接到上级通报，近日将有大股国民党军队进攻豫西，各地要“让开正面，保存实力”，做好准备。由于前些天传达过邓小平政委的一段讲话：按照中共中央对全国解放战争的总体部署，河南还会遭受一次国民党军队的扰乱，时间不会很长。对于上级通报，叶县县委、县政府负责人有思想上的准备，当夜召集区以上干部会议，部署应敌。5月21日起，全县县、区两级党、政、军人员分为四路向四个方向同时转移：第一路由县委书记郑刚、副书记段永健、副县长兰德修带领第三区区长李向荣、副区长王子良偕三区区干队，代号为“伏牛支队”，向西部山区转移，必要时退入鲁山县境。第二路由县长范离率领第一区代区长段发展、第六区区长陈继尧、第九区区长崔慎三所带区干队及机关人员（二百多人）、县政府各科室全部工作人员、公安队武装人员和青年学习班共计500余人，代号为“沙河支队”，向东北部叶、襄边界的张徐、炼石店一带转移。第三路由张征祥、杨金印、魏益甫、段永新分别带领的县独立营和第七区、第五区、第四区的区政府、区干队组成的“澧河支队”，以独立营和第七区区干队为主力（七区区干队人员众多，装备精良为全县之冠），向东南山区叶舞方三县结合部转移。第四路是最小的一个支队叫“平山支队”，基本兵力只有第八区区长张明亮、副区长段威林带领的区干队，由分管公安工作的县委委员徐荣仁率领，向西北部平顶山转移，必要时退入叶、郏、宝结合部。

5月21日入夜，国民党整编十一师（美械装备，后称十八军）经方城来叶，东西两翼有相当多兵力担任警戒，呈三军并进之状。5月23日凌晨，占领叶县县城。国民党军队中夹杂着“叶县县长”

胡栋材和“保安团长”张国栋带领的“还乡团”。5月25日，国民党十一师被解放军“牵”着继续北去离叶。

十一师窜叶，郑刚率领的“伏牛支队”于5月21日晚饭前集结完毕，由夏李街出发，经双合铺、摩天岭、张官营、张良等地，昼伏夜行，顺利转移到目的地。由范离率领的“沙河支队”也成功避开敌之正面，安全转移到叶舞交界的张徐、炼石店一带。他们一面顺利转移，一面随时打击和消灭小股匪徒和还乡团的破坏干扰，保护群众生命财产的安全，都圆满达到了“避其锋芒，保存实力”的目的。另两个支队，因集结不及时等原因，与敌发生了遭遇战。

第七区区长杨金印、区干队长彭彦士带队于22日撤离区政府，夜间转移到龙泉附近的桥北头吕庄村。午夜，被占绝对优势的敌人包围。杨金印、彭彦士率全员90余人拼死战斗，多次突围，伤亡过半。最后彭彦士等18人突围成功，杨金印等被捕。23日，杨金印等被敌人押回县城，遭受严刑，宁死不屈。敌人将杨金印等11人杀害在城东九龙口（现政府门前）。他们在刑场上大骂敌人，杨金印高呼“中国共产党万岁！”，慷慨就义，年仅36岁。

另一遭遇战发生在十一师撤退时，其一个连的搜索部队，在平顶山西南麓的下牛村包围了第八区区政府人员。在敌我力量悬殊的情况下，区长张明亮沉着指挥，凭借有利地形坚守三个多小时。山上的八区区干队与区政府合力夹击，将优势之敌击退。张明亮率众转移，至落凫山南侧，敌人发现张明亮等人，遂开炮轰击，张明亮壮烈牺牲。

这两次战斗中，叶县地方武装表现出了对敌作战的英勇精神。为了祭慰牺牲的同志，县政府举行了公祭大会，县长范离亲自主祭。县政府又做出决定，将县城的城隍庙街和福音堂街分别命名为“金印街”“明亮街”，以永远纪念为人民解放事业而献身的人民区长。

敌人正规部队离开县城之后，留下了狐假虎威的国民党流亡“县长”胡栋材和“保安团”团长张国栋。26日黎明，范离率“沙

金印街牌

河支队”首先返回县城，并向胡、张发起攻击。胡、张兵力远大于沙河支队，但仍被打得落花流水，只好逃之夭夭。

十一师窜叶，给刚成立不到半年的县委、县政府带来严峻考验，面对敌军肆虐、还乡团破坏，证明军队干部结合叶县地方干部的施政是成功的，人民政权经受住了严峻考验。叶县的应敌行动，既有经验，又有教训。叶县县委，政府行动迅速，部署有方，地方武装英勇果敢，曾受到中原军区首长刘伯承、邓小平的嘉许，称叶县武装群众，有此胆量，实属难能可贵。后派人来叶花费10多天的时间，总结经验。但教训也是沉重的，主要是有的同志主观轻敌，贻误时机，造成惨重伤亡。

二、彻底剿灭土匪，进一步巩固政权

十一师窜扰期间，人民群众积极配合民主政府的工作，提供了有力的支持，充分体现了对共产党和人民政权的信赖；同时也暴露了叶县地方恶势力对新政权的敌视。短短四天内，各地都程度不同地出现过土匪作乱、地主恶霸反攻倒算现象。这就要求党和政府消灭一切反动武装，剿灭土匪，进一步巩固新政权。根据中共中原局关于彻底消灭“土蒋”、土匪的指示，叶县大张旗鼓地开展了剿匪斗争。

叶县地处豫西。在国民党反动派的统治之下，豫西“多匪”，人所共知。土匪中有反动会道门武装组成的“会匪”；有以打家劫舍为生的“惯匪”；有农忙时耕作于田亩之上、农闲则相约外出抢劫的“蹚将”。封建地主为保护自己的利益，又热衷于豢养武装，这些封建武装无法无天，与土匪无异。国民党军队被打败之后，其军政残余又沦为政治土匪（“土蒋”）。他们与流窜在外的地主武装、“会匪”、“惯匪”结合起来，胁迫一些“业余土匪”在农村和山区活动，阻挠生产发展，破坏地方安宁，并寻找机会袭击经济较发达的城镇。这些土匪中有的心狠手辣、无恶不作，除一般的杀人行凶、图财害命外，还以反革命地下组织面目出现，散布政治谣言，暗杀共产党干部，袭击人民政权机构。叶县就发生过潜入区政府的反革命分子勾结土匪，里应外合袭击第五区区政府的严重事件。土匪活动频繁的地区，农民白天不敢出来赶集，夜晚不敢睡在自己屋里，太阳不落，就扶老携幼、牵着牲口，到人口较集中的村镇上去。

为了巩固新生的民主政权，为了人民群众的安居乐业，叶县掀起了剿匪斗争的高潮。按照上级“政治瓦解为主，配合以积极的军事打击”的指示，县政府一方面布告全县：

“所有特务匪徒，不论官兵，不论集体或个人，只要从今悔悟，改过回头，缴枪投降，或自动向当地政府自首者，一律宽大处理。如能瓦解匪众，枪杀匪首，通报匪情而有成效者，按其立功大小，分别予以奖赏。……其为匪首，如能率众投降，携械归来，本宽大政策保证其生命安全，准予将功折罪，从轻处分或免于究办……，各地人民都有剿匪责任，并有权控诉匪霸暴行。凡协助政府、军队缉拿匪首，或密报匪情者，一律加以奖赏。凡能查出或密报匪藏武器或自动交送政府者，兹分别奖赏……。”

另一方面，在解放军剿匪部队的有力支援下，县区武装全力参战，并与周边县联合，全面开展剿匪军事行动。很快，各股匪众土崩瓦解，“土蒋”也被打得无处藏身。抗战以来长期与人民为敌的胡栋材、张国栋部与舞阳、郾城等县反动武装纠合流窜，1948 年 6 月，被郾城、舞阳、沙北三县革命武装围歼于舞阳东北部吴城。敌大部伤亡，张国栋率少量匪徒漏网逃跑，胡栋材等千余众悉数被俘。押送途中，胡栋材夺枪暴动，被当场击毙。处理俘虏时，叶县将保安团副团长梁子英、大队长倪亚飞以下 300 余人带回，经甄别，24 人分别送往各区处决，3 人在县城枪毙。至此，胡栋材经营的由“河北民军”几经演变而来的“河南省保安第五团”被彻底消灭。

张国栋等逃跑之后，流窜到舞阳北舞渡一带，与关振亚匪部集结，流窜 20 多天后，因无处安身，又勾结地方众匪折北南下，窜至方城与叶县交界的龙潭沟、黑龙潭、周庄、葛花沟、小良沟一带盘踞，白天见人就抓，晚上四处打劫，闹得当地群众惶惶不安。

得知此情，叶县民主政府与方城地方武装联手对其进行包剿。7 月初，方城县大队从杨楼直抵龙潭沟，顺沟而进。叶县独立营在辛店一带截住敌人外窜要道，形成两面夹击之势。进攻的号声一响，匪徒们以为解放军来了，纷纷如丧家之犬，拼命地逃上确大山，妄图居高临下垂死挣扎，激战约两个小时，方城县大队攻上确大山顶。匪徒们拼命往山下逃窜，后又被追窜到老寨山顶。

正当叶县独立营、方城县大队攻山之际，驻舞阳南白山寨的解放军某部前往赊店执行任务，路过老寨山对面的背阴沟听到枪声，停止行军，侦察得知有土匪被包围在老寨山上，遂前来支援。分兵合围，一举将张国栋匪众歼于老寨山①。

在 1948 年的剿匪斗争中，叶县先后瓦解、剿灭各类土匪 6000 余人，缴获各类武器 4000 余件②，彻底消灭了“土蒋”和土匪，进

①张国栋本人又乘机逃窜，投奔国民党张轸部，并随张轸在武汉起义，被解放军收编。1950 年，张国栋因叛变，在武汉被枪毙。

②数字摘自中共叶县县委党史办编：《中共叶县党史资料》第一辑，1984 年第一版，第 21 页。

一步巩固新生的人民民主政权。

第五节　贯彻执行刘伯承陈毅重要指示和中原局新区政策

一、刘伯承、陈毅等首长两次接见县委、民主政府机关人员

1948 年 1 月，县民主政府机关由常村搬迁至县城，在原国民党县银行院办公。无产阶级革命家、军事家刘伯承、陈毅先后两次莅

刘伯承

陈　毅

临县政府。第一次是在 1948 年 6 月，逐鹿中原的刘邓、陈粟、陈谢三路大军完成了对中原地区广大农村“面”的占领，迫使国民党军队退缩到铁路沿线和一些大中城市的“点”和“线”上。“三军”有了分批休整的机会，也促成了刘伯承、陈毅、邓小平等首长相聚中原的机缘。一天晚上，刘伯承、陈毅和中共中央中原局副书记李雪峰带领野司警卫、参谋、机要和电台人员驱车来到县城，看望三纵将士和民主县政府工作人员。当时，范离县长外出，兰德修副县长和工作人员在院中列队恭候。刘伯承、陈毅一行，同大家一一握手，边握边说：“好好好，我们过河（黄河）以来，还是第一次走

进自己的县政府！”

进客厅落座，刘伯承、陈毅把李雪峰等介绍给大家。兰德修代表民主县政府向首长们汇报叶县县情和近段工作，刘、陈首长又询问一些县委、政府干部配备、武装建设情况，李雪峰也对民主县政府夸奖、鼓励一番。

兰德修听说首长们还未吃晚饭，就让事务秘书到街上饭馆叫些菜来。刘伯承坚持不同意，仅让政府食堂做了一大锅面条，并吩咐多放些辣椒，说：“陈军长有些感冒”。饭后，刘伯承叮嘱兰德修把县城的城墙扒掉，并告诉叶县同志，部队在大别山吃过“土围子”的亏。事后县民主政府命人挖去城墙。

刘、陈首长第一次莅叶，是对民主县政府的看望和鼓励；第二次接见县委、民主政府人员，则是责备和批评。正是受到首长的批评，叶县的党政领导人的政治站位得以提升，县民主政府才由银行院搬入叶县政权机构的象征性建筑——县衙。

7月中旬，刘伯承，陈毅从宝丰乘美式吉普到舞阳开会，路过叶县，到三纵司令部（今昆中南院）后，派警卫员把县委和民主政府主要人员叫来相见。范离等人到后刚坐下。刘伯承就开口批评道：“刚才我到你们县政府（指县衙）看看，门窗都被人扒走了，乱七八糟，还到处拉了屎，为什么不修修搬过去？”范离不敢吭声，静等首长指示。有人壮胆说道：“不知道蒋介石什么时候再来。”刘伯承更加生气地说：“啊，蒋介石什么时候再来！是你们知道还是我知道？蒋介石不会再来了。”接着缓和一下口气说，“你们修一修吧，国民党是秋后的蚂蚱——蹦跶不了几天了。”刘伯承一用歇后语，气氛又马上变得活跃起来。陈毅接着说：“现在形势大好，我们把国民党的上将、中将、少将、芝麻酱、辣椒酱捉了一大堆，你们有人在右倾，看不到快速到来的新形势。听说有些人搞群众工作‘左’倾，我不用问，这些同志过去在山东时说我右，现在来一个'左'①。"两位老帅既严肃又风趣的批评，让在场的人员深受教育。刘、陈首长询问还有什么困难时，范离说："前些时候，有一批伤兵闹了县政府，是我处理的方法不当。"刘伯承问伤着人没有？范离回答："一区区长李志耕被打破头，事务秘书段发展等人也挨了打。"刘伯承接着说："这些伤兵呀，受了点伤就居功自傲，谁也管不了他们，等我们回去叫大军区下个命令，叫你们县长兼军法处处长，看他们还敢胡来！"刘伯承、陈毅带接见人员步行到原县署实地察看，边看边说："要改变以往的游击习惯，改变不下本钱，不做长远打算的思想观念。我们共产党要坐天下，你们眼前的困难是拿着金碗要饭吃，一面斗争一面建设，才能稳住大局。克服困难，县署赶紧整修一下，把县政府搬过来。"根据两位首长的指示，民主县政府抓紧整修了县衙，于 7 月底搬入办公，一直用到"文化大革命"时期。

叶县县衙

民主政府驻县衙，人民县长坐县衙，虽未举行隆重仪式，却起到安定民心，号召四方的作用。

刘、陈两位革命家的指示高屋建瓴，明确告诉地方负责人：（一）中原局势已取得了根本性的好转，鼓舞同志们继续发展大好形势；

①中共叶县县委党史办编：《范离日记》，收入《中共叶县党史资料》第一辑，1984 年第一版，第 38 页。

（二）叶县周边大体稳定下来，不会再出现如国民党整编十一师过境那样的破坏和反复了；（三）要改变以往只重视政治、军事斗争，不重视经济社会发展现象；（四）共产党坐天下已成为事实，既坐天下就得治理天下；（五）治理天下的方针、政策，在实施中既防“左”也得防右。叶县党政干部有幸亲耳聆听到刘老总、陈老总的教诲，使他们拨开战乱的迷雾，眼界开阔了，认识深刻了，方向明确了。对指导叶县的工作不仅十分及时，而且意义重大。

二、山西、山东、河北老解放区干部分配到叶县

1948 年 3 月，豫陕鄂地委曾分配来第一批老解放区干部（又称南下干部），其中有李均、王浩、贾星三等 17 位。7 月上旬，以马金铭为首的多位来自山东、山西、河北老解放区的干部奉派到叶县，进一步充实加强了县区两级党政和群团机构。第一批老解放区的干部职务此时也进行了适当调整。这两批干部后来有随军继续南下的，也有职务升迁离开叶县的，多数落户于此，为叶县的建设和发展作出了贡献。

到叶县任职情况是：

县委和群团组织

县委副书记：马金铭（山东即墨县）；县委秘书：陆州（原名慕容衍，山东黄县）；县农会主席：张振海（河北）；县委组织部长：李均（河北），于岐（女，山东掖县）；县委组织部干事先后有：葛庆瑞（山东）、王殿甲（河北）、葛纯芙（女，山东）；县妇联主任：张慧忠（河北），马力田（山西）；县工会负责人：张金山（山东），团县委书记；于忠贤（河北）；团县委组织部长：刘希修（河北）。

县政府

副县长：刘庆丰（河北）；县政府秘书：刘启东（山东）；县公安局局长：朱干（河北）；副局长：陈彪（山西）；股长：刘敬文（山东，后任公安局第四任和第七任局长）；县民政科长：罗民

（河北）、张经纬（河北）、袁希增（山东）；科员先后有：李兴荣（山东）、鞠光喜（山东）；县财粮科长：白俊彩（山东），科员孙洁民（山东）；县税务局长：岳生瑜（山东）；县邮政局长：吕道明（河北）。

区委、区政府

一区区委书记：赵宏亮（河北），区长：李志耕，区委委员：吴松德（河北）、谷国卿（河北）；二区区委书记：王浩（山东），组织委员：刘汝杰（山东），宣传委员：纪忠良（山东），二区区长：勾绍蕃（河北），农会主席：刁俊山（河北）、王逢惠（山东）；三区区委书记：贾星三（山西）、区长：亢永宁（河北）；四区区委书记：王锡坤（河北）、副区长：杜守瑜（河北）、组织委员：刘亭（河北）、宣传委员：燕志信（山东）；五区区委书记：申怀义（山西）、组织委员：李大学（山东）、副区长：林国顺（河北）；六区区委书记：庞振生（河北），张明月（河北）；七区区委书记：赵智林（河北）、组织委员：白宗礼（河北）、宣传委员：李东来（永城）、副区长：韩廷贵（山西）、王乐众（河北）；八区区委书记为：鲁振林（山东）、于忠贤（河北）、郭秀宾（山东）。九区区委书记：尹世儒（河北）、区长：高振山（河北）、组织委员：王青大（山西）。

截至 1949 年 10 月在 18 个区主级岗位上，只有四、五、六区区长由叶县干部担任。

充实加强后的叶县县委、民主县政府积极创造条件，恢复社会秩序，发展工农业生产，创办叶县中学，动员知识分子参加革命工作，恢复全县学校，保护、恢复与扶植民族工商业、小手工业和家庭作坊。县政府还投资 1 万斤小麦在第八区内的平顶山开了一个煤矿（后上交豫西行署）。全县普遍建立起各级民兵组织，1948 年 11 月底，全县民兵达 7000 余人，拥有各种枪支 6000 余支。

三、豫西二地委在叶县试点

关于新解放区农村工作的政策和策略问题，毛泽东主席曾于1948年2月和5月间，先后两次向时任中共中央中原局第一书记的邓小平发来电报，明确指出："新解放区农村工作策略问题有全盘考虑之必要，新解放区必须充分利用抗日时期的经验，在解放后的相当时期内，实行减租减息和酌量调剂种子口粮的社会政策和合理负担的财政政策……，而不是立即实行分浮财、分土地的社会改革政策……。这一个减租减息的阶段是任何新解放区所不能缺少的，缺少了这个阶段，我们就要犯错误。"

根据中央的指示，中原局经过鄂豫陕区、大别山区调查研究，决定全区立即停止土改，将土地改革群众运动分为三个阶段进行，即反匪反霸，减租减息，最后土地改革。为了摸索经验，使干部在实践中提高认识，豫西二地委选择不同地区进行了三种类型的试点工作。一种是先反霸后减租，地委在比较稳定的叶县县城附近和夏李一带进行；另一种是开始就进行减租减息，不搞反霸，地委派工作组在方城县独树镇进行；第三种是有股匪活动的地区，如舞阳和叶县七区（坟台）一带，以清剿土匪为主，进而发动群众反霸减租。结果表明，叶县夏李试点较好，通过反霸斗争，打击了封建地主的气焰，提高了群众觉悟，保证了减租减息的顺利进行。豫西二地委书记李陶庭亲自带队在叶县坟台试点，发动群众追剿土匪，总结出符合实际情况的成功经验。而方城独树试点，不搞反霸，虽然减了租，但封建势力没有受到有力的打击，群众没有真正发动，顾虑很大，效果不佳。实践证明，必须首先发动群众进行反霸斗争，打击封建势力，使群众在斗争中受到教育和锻炼，然后进行减租减息，让群众得到利益，进一步提高觉悟，最后进行土地改革，才是正确地执行新区政策。

1948年11月上旬，中共豫西二地委在舞阳举办整党学习班，为全面开展减租减息训练干部。叶县县委书记郑刚、副书记马金铭、县长范离、副县长兰德修参加了整党学习。叶县根据地委的部署，认真贯彻执行中央和中原局制定的新区政策，吸取夏李试点和坟台试点的经验，在全县范围内掀起了反匪反霸和减租减息的群众运动。

四、反匪反霸运动（简称“双反”）

经过1948年初县政府的“东征”和同年夏大张旗鼓的剿匪斗争，国民党政权的残余武装和浮在面上的“土蒋”、土匪武装受到了毁灭性的军事打击，叶县的社会秩序稳定下来。但广大农村封建制度和根基及其代理人——地主、恶霸分子和欺压群众的旧政权头头并未受到彻底打击，严重制约基层政权建设，农民群众仍不能从根本上得到翻身和解放，发动群众大刀阔斧地开展“双反”运动，势在必行。

运动之初，县长范离率工作队到六区（龚店区）进行“双反”工作试点。从1949年2月3日至3月3日，在一个月的时间内铺开了叶寨、贺渡口、楼马、节庄、常李和余营六个村，突破四个村，两个村即将突破。总结经验后，范离向县委会议做了汇报。会议讨论同意了试点经验，主要是：一、农运初期提出反匪、反霸，合理负担三个口号，只有开展反霸斗争，农民才能觉悟起来。二、必须依靠贫雇农，团结中农，中立富农和一般小地主，打击恶霸地主。三、了解情况，启发阶级觉悟，发展积极分子，组织骨干队伍。四、抓紧时机开好斗争会，诉苦挖穷根。五、果实分配，要经农会和群众评议，谁分的多少好坏公平合理，反对特殊化走后门。六、民主斗争领导权应由贫雇农取得。中农领导斗争不深入，干过事的（指干过伪事的）斗争作风不民主，只有真正的贫雇农才能领导斗争深入持久，不走弯路。

同年春，县委书记马金铭组织一批精干干部，亲自带队，选定尤潦区（二区）的辉岭营进行反霸试点。除县委书记马金铭外，区委书记王浩、区委组织委员刘汝杰、区委宣传委员纪忠良、区农会主席王逢惠、区直干部李兴荣、董万民等参加了试点。各区都有一名负责人参加试点工作，以点带训，以便取得经验后回到本区开展反霸工作。这次试点，发动群众充分，说理斗争得力，执行政策严格，大大激发了人民群众的觉悟，大涨了人民群众的志气，大灭了恶霸地主的威风，巩固了基层政权，同时也为全县反霸斗争的全面开展培训了骨干。

龚店试点和辉岭营试点之后，为了给“双反”、减租减息打下组织基础，县委、县政府对全县村级干部进行整顿，对每一个村长都从阶级成分、思想意识和工作作风做全面考察，清除了阶级异己分子，并枪毙了三个依仗权势为非作歹的恶霸村长。村农会和民兵组织普遍建立起来，实行上级关于“农会办理减租减息事宜的合法机关”的规定，将村级权力转移到农会手中。4 月 16 日，叶县 1500 名农会会员代表在县城参加了县农民协会第一次代表大会，选举产生了以张振海为主席的叶县农民协会领导机构。会上，代表们和乡村干部共同参加了诉苦挖穷根、算剥削账等活动，为全县开展“双反”斗争培训了骨干队伍。

“双反”运动铺开后，以区为单位，把区域内行政村按工作量的大小分类排队，划出一类村、二类村和三类村，统一抽调干部组成工作队入村开展工作。其一般步骤是：先组织发动整顿队伍，启发诉苦，进行阶级教育，讲明政策，提高觉悟，然后了解该村自然情况、社会情况、政治情况、经济情况，从中摸出地主、恶霸、土匪等人员底数，筛选出罪大恶极者作为斗争对象，进而召开群众大会，进行面对面的斗争。

一区孟奉店北村集匪、霸为一身的王邦昌曾组织地主阶级、假农会人员夺取民兵枪支进行暴动，扣捕积极分子，强迫群众向政府请愿，向人民政权进攻。反霸斗争中，驻村工作队组织骨干，采取果断措施向其发起强有力的斗争，揭发了其大量罪证。经上级批准，立即处决了王邦昌，打击了恶霸势力，振奋了广大群众。一时间，该村匪霸恐慌不已，逃跑者 30 余人。但在强大的政治攻势下，仅几天工夫就有22名潜逃的地主、土匪、流氓回村登记，悔过自新。

在斗争会上，绝大多数情况下只斗争匪霸本人，群众有苦诉苦，有冤伸冤。个别情况下，也有其家人或亲属代替挨斗的。六区穆寨村一姓甘的，当过乡长两年，保长12年，寨首10年。本村人亲眼见他杀人4名，奸淫妇女80多名，抓兵、派粮，打骂欺压民众不计其数。就连为其催粮派款、因东西交不上来而被杀的保长也有两人。在4月中旬的一次斗争会上，因其人不在家，是由其妻子替他挨斗的。

截至5月底，全县反霸斗争已取得重大进展。全县9个区共38个乡，突破37个，突破行政村187个，占总数254个的74%；反霸结束的行政村144个，占总数的56%；建立村农会233个；改造村政权239个；组织斗争会371次；培养积极分子705人；斗争匪霸444人；发展农会会员43625人；发展党员164人；建立乡总支10个，村支部14个，建立村民兵连216个，有民兵2583人，长短枪支1966支；斗争果实计有粮食47627斤、土地29713亩、衣物13877件、农具1611件；录用知识分子干部22人（脱产）、工农干部205人（脱产）、不脱产的工农干部210人[①]。经过两个多月的斗争，地主、恶霸们在政治上的气焰被打了下去。凡在家之斗争对象，均有管制委员会管理，无故不准离村，有事他往者，需向农会请假。经济上他们退出了一部分土地和浮财，但还留有足够的土地。因他们过去好逸恶劳，不曾劳动，大部分土地还是农民为其耕种。可他们为着表现起见，自己也不得不种部分土地，从事劳动生产。反霸斗争中，果实的分配也是重要的一环。普遍的做法是：将算出的土地和浮财划为三个等级，由群众集体讨论，农会拍板，谁应分哪一等级，应分多少。多数地方做到了基本公正，但个别地

①此组数据摘自1949年6月1日《叶县群运情况发展数字统计表》，叶县档案馆存。

方片面地提出“为提高群众觉悟及其积极性”，强调入会的分，不入会的不能分；干部和积极分子分好的，且分得多；一般会员分坏的，且分得少。如四区某村农会主席，自己原来就有 10 亩多地，又分得了 4 亩上等高地和大批浮财，致使发生不公现象。

6 月初，县委、县民主政府普遍听取了全县 9 个区的“双反”工作汇报。在充分肯定成绩的同时，严肃批评和纠正了乱打人，分配不公，侮辱人格等执行政策中的问题，使下一阶段的斗争，更加健康地发展。

五、减租减息运动（简称“双减”）

根据豫西二地委的部署，1949 年 6 月，县委、县民主政府要求凡“双反”结束的地方，立即转入“双减”运动。

叶县“双减”运动的政策依据主要是中原局《关于执行中共中央土改和整党工作指示的指示》（简称《六六指示》）、《中原局关于发动群众贯彻减租减息政策的指示》（简称《九九指示》）和《减租减息纲领》（简称《纲领》）。《纲领》规定，无论何种租佃形式，一律按原租额减去百分之二十五（“二五减租”），禁止预收地租，免交陈年欠租。减租同时，清理各类债务，减免贷款利息。农民欠地主的旧债，付息等于借额数目者，即不再付息。付息倍于借额数目者，即等于还清；农民其他借债，一律按月利分半清偿。《纲领》要求，对已分配过地主土地和浮财的，应保证地主、富农分得与农民同等的土地。

为了贯彻《减租减息纲领》，开展“双减”工作，县政府对全县农村情况做了调查，掌握了叶县广大贫苦农民所受经济剥削的程度；地租多为“对半租”（收 100 斤交 50 斤），最重为“倒二八”（收 100 斤交 80 斤）。在青黄不接时，农民向地主借债，借一斗麦后要还两斗，群众称之为“驴打滚利”。只要背上了债，就像“黄香膏药”贴在身上，终身难以还清。遇上天灾人祸，有的地主还以“解佃”相挟，将农民逼入衣食无着的境地。

为让贫苦农民在经济上得到好处，巩固“双反”成果，开展“双减”势在必行。全县普遍借鉴了地委在夏李的试点经验，结合当地实际，以《九九指示》和《减租减息纲领》为政策依据，将“双减”分为四个步骤，逐步深入开展：

经过反霸斗争，地主、匪霸在政治上的气焰被打了下去，人民群众在政治上“翻身”。但地主、匪霸“变天”之心不死，变换手法与人民为敌；而干部群众对变化了的形势缺乏清醒的认识，满足于“出了口气”，这与“双减”斗争的需要是极不适应的。为此，县委、县民主政府要求：凡反霸结束的地方，在转入“双减”斗争前必须首先总结“双反”，肯定成绩，查找问题，评量干部，评量会员，整理组织，为“双减”斗争的开展打好思想基础和组织基础。在干部群众提高觉悟的基础上，清除了少数不纯分子，吸纳了新生力量，组织“双减”工作队，进行“双减”政策学习教育，学习政府印发的翻身道理小册子，武装思想，整理队伍。

第一批开展“双减”的地方，正值春荒，多数群众生活困难，少数农户缺食断炊。工作队和乡村干部结合生产度荒进行“双减”的宣传酝酿，白天领导群众生产、筹粮；晚上领导群众小组学习“双减”政策和翻身道理，发动群众。为了让过去受过地主、恶霸欺压的苦主进一步提高觉悟，首先启发他们与地主老财比贫富、比地位、比吃穿、比干活、比抓兵、比拉兵车等，从中比出悬殊差别；接着，诉苦挖穷根。苦诉得越尽、剥削账算得越清，群众的觉悟提高得越快，穷根挖得越准。

为了把群众真正发动起来，克服起初的“诉苦不入门”和“诉不开”的局面，乡村干部白天帮群众干活，夜晚采用以苦引苦的办法启发群众诉苦。如一区干部孙广兴到孟北村一个会员小组，先将自己的苦诉说一遍，当场就引起了共鸣。会员李滴流说：“我给地主种了一辈子地，累得胳膊抬不起来，腿也疼腰也酸，一辈子连个女人也没寻上；人家地主光过好光景还不干活……。”会员们都一一诉了起来，接下来，有的诉因生活所迫当童养媳之苦，有的诉抓壮丁之苦，有的诉被逼拉兵车之苦，有的诉高利贷之苦……一个个的血泪控诉持续到午夜，全场越诉越苦，哭声连天，群众的情绪变成一团怒潮，惊动得村里的狗乱咬不止，吓得地主老财们在家坐卧不安，有的连衣服也不敢脱，有的则当夜逃跑。

群众发动起来之后，强烈要求与减租对象进行面对面的讲理斗争。为了稳妥起见，县政府要求以行政村为单位，首先由会员小组酝酿讨论提出斗争对象，再提交村代表会研究形成草案，最后由全村会员大会讨论定为正式斗争对象。划定对象时，坚持了缩小打击面，扩大教育面的原则。需要在大会上斗争的只是极少数带有恶霸性质的地主，一个行政村一至两人即可。其他一般的小地主和带有租佃关系的富农，只要承认减租不进行抵抗者，即采取小会讲理算账处理。方法是将地主叫到村农会，由农会成员主持，农民代表参加，佃户当面讲理进行减租。对于外仓地主①，一般在本村占地不多，则采取天津方式或北平方式处理②。如果地主要鬼抵抗，即改为大会斗争，要求大家齐心，一人与地主讲理，大家帮腔，扯破脸皮，面对面斗争。

6 月初，首批开展“双减”的第一、第三和第四区的 27 个行政村相继进行了大会讲理斗争。在充分准备的情况下，一区孟北村召开了对恶霸地主减租讲理斗争大会，当面讲理斗争的 28 人，要

①佃户对租给他土地的外村地主的称呼。

②“天津方式”和“北平方式”：原指人民解放军在平津战役中解放天津解放北平所采用的“攻城”和“攻心”两种不同的战法。1949 年 1 月 14 日，东北野战军对天津发起总攻前，早已做好了周密的准备和部署，但仍发出令天津警备司令陈长捷受降的信号。在陈拒绝投降后，立即以步兵、炮兵、工兵、装甲兵联合作战的方式发起总攻，至 15 日，全歼敌军 13 万余人，生擒陈长捷，大获全胜，天津解放。而北平的解放则与天津截然不同。孤守北平、陷入绝境的傅作义接受了解放军提出的和平条件，于 1949 年 1 月 21 日，双方签订了《关于和平解决北平问题的协议》。1 月 31 日，北平和平解放。这种和平解决问题的方式称之为“北平方式”，而前者强攻硬打的方式称为“天津方式”。此处代指双减中的“斗争”和“协商”方式。

求讲理的80多人。大会上，苦主哭着讲着，在场群众自动帮腔当证人。看到群众的阵势，往日不可一世的恶霸吓得发抖，丝毫没敢抗拒。

大会斗争让一般的地主看到农民情绪的一致、斗争的坚决，心理上受到震慑。一般地主由村佃户协会同村农会将他们叫到村委会，分别让苦主与之当面讲理算账，核算出剥削的粮食与款数，农民就依照算出来的粮食数，向地主要粮、要款。因核算的地主剥削账是累计数，有的地主倾其所有财产仍不够归还农民，怎么办？经村农会、村干部和“双减”工作队研究，经区政府批准，采取了分化地主阶级，区别对待的四种办法来处理：恶霸地主家，人均留地一亩七分，浮财动其三分之二；带有恶霸行为并有租佃关系的富农，人均留地二亩，浮财动其三分之一；较大的富农（每家有地一项，有出佃），人均留地二亩七分，浮财不动；一般的富农，人均留地三到四亩，浮财不动，让苦主找他要粮，让他自己说出拿什么东西还账，地作地价，物作物价。在处理当中，对处理较轻的富农讲明，这是政府和大家的宽大。富农王邦杰当场就感激地说：“是大家宽待了我。我对不起大家，我过去怕别人打我的孽，偷买了一支枪，谁都不知道，我现在缴出来。”经面对面的讲理斗争，占三分之二的群众解决了该不该减租、敢不敢减租和如何减租的问题。

果实的分配较之反霸阶段，采取了更加谨慎的态度。为了达到公平合理，以行政村为单位成立评议会，由各会员小组选出大公无私，政治立场坚定的评议员组成，受村农会直接领导。在评议中，对于受到剥削的农民，不管是不是干部、是不是会员，分多分少、分好分坏一视同仁，坚持基本平均加照顾的原则。

全县的减租减息运动，于8月份全部结束。它虽然还没有彻底消灭封建的土地制度，但通过发动群众普遍而彻底地实行“双减”，人民群众在经济上初步“翻身”，同时也锻炼了党在基层的干部队伍，积累了发动群众的工作经验，为土地改革打下了基础。

第六节　大力支前喜迎新中国

一、叶县成立支前司令部，大力开展支援前线工作

叶县对山西、山东、河北老解放区来说是新解放区，而对于尚未解放的江南来说是半老解放区。为支援人民解放军进军江南，“一切为了解放战争，一切为了前线”，支前工作一度是中心工作。随着战争的进展，叶县组建两次支前司令部，一次在1948年秋，另一次在1949年春。

1948年秋，人民解放战争在中原地区进入决胜阶段。叶县掀起了参军参战的热潮，中原野战军准备进行“南阳战役”（也称宛确战役）。县委、县政府第一次组建支前司令部，司令员由县长范离兼任，政委由县委书记郑刚兼任。司令部一声令下，叶县人民全体动员，筹办的粮秣烧柴十分充足。并将各私人缝纫店组织起来，集中到宝丰为解放军制造被服，保证部队供应。集中木匠四天之内做好棺材300副、担架900副，动员民工风雨无阻抬上前线。在“南阳战役”紧张备战时，三纵、九纵的军械补给仓库都设在叶县城内。全城临街居民统统把住房腾出来，以利物资的搬运。各地的挑夫、毛驴都集结在县城整装待发。没有雨具，他们人人只披一条麻袋，冒雨待命。10月中旬，六纵从宝丰、开封赴淮海前线，路过叶县，县支前司令部筹集2000多双军鞋予以支援。

1949年春，辽沈、淮海、平津三大战役胜利结束，蒋介石赖以发动内战的主力部队被消灭殆尽，江北“换了人间”。中国人民解放军百万雄师陈兵江北，一派“万马萧萧饮长江”的雄伟气势。打过长江去，解放全中国已指日可待。为支援全国解放战争，叶县再掀参军支前热潮。

渡江战役前夕，县委、县民主政府中，原军队干部回归原建制，县委书记由副书记马金铭升任，县长由晋量子担任。县委、县民主

政府再建叶县支前司令部，司令员晋量子兼任，政委马金铭兼任，县政府财政科、民政科、中州农行叶县县行等，组成支前司令部的动员部、供应部；区乡均设立支前指挥部，动员全县人力、财力、物力支援解放战争。全县人民表现出极大的政治热情和牺牲精神。仅支援渡江战役，叶县动员参军 1300 人、参战民兵 3500 人次，提供牲畜 1000 头次，军鞋 12 万双，军粮 2000 万斤，有 7000 名翻身农民随军支前。

二、叶县支队的组建和升编

叶县支队是在叶县独立大队、叶县独立营的基础上发展壮大起来的地方武装，由县委、县政府直接领导，后升编为解放军正规部队，参加渡江战役。

叶县解放后，原中共地下党员王文卿率领的游击队公开活动。一部分在中原突围中失散回来的人员参加到游击队中，组建县独立大队，队伍很快发展到 150 人。

从人民解放军正规军中帮助稳定叶县政局的一个连，同王文卿领导的叶县独立大队合编。分别编为叶县独立营一连、二连，以此为基础东征剿匪，斗争中吸收翻身青年农民参军，组建第三连，形成满编的叶县独立营。

1948 年前半年，叶县独立营通过多次剿匪战斗，收取民间枪支以及从洛阳运回大批武器，叶县独立营整编为 5 个连，单独组建了重机枪连和迫击炮连，整体实力得到很大提升。

6 月以后，根据上级“扩军”、为“地武升补”（地方武装升级，补充到野战部队）做准备的指示，四纵派二十八团副团长阙启普和三十团组织股长张宇馨参加地方工作，帮助叶县组建“叶县支队”。比照“三不四要”（不强迫，不收买，不欺骗和成分要好，年纪要轻，身体要好，来历要明）的参军标准，在全县范围内动员，号召广大翻身青年农民参加人民武装，仅在坟台区一次就招到 80 多人。整顿 9 个区干队，叶县的人员可编三个营。8 月，鲁南县独立营划入叶县支队编制，原叶县独立营编为支队第一营。鲁南县独立营编为第三营，叶县从区干队中只升编一个营的兵力，称第二营。叶县支队正式成立，县长范离兼支队长，副县长兰德修兼副支队长，陈继尧、阙启普任专职副支队长，县委书记郑刚兼政委，副书记段永健兼副政委，张宇馨任专职副政委，支队部驻焦庄。9月，叶县支队接上级命令，为参加淮海战役进行学习、整训、备战。10月2日，这支由方城县、鲁山县、叶县子弟兵组成的叶县支队离开家乡，奔赴战场，行至漯河，军区改变命令，让原路返回，仍回焦庄进行冬训。

1949年2月，整训后的叶县支队开赴漯河，升编为中国人民解放军第二野战军第四兵团（陈赓兵团）第十四军四十师一二零团，在团长阙启普、政委张宇馨的带领下参加渡江战役和广东、广西战役，一直打到云南省凉山地区，驻守西南边境，团部设临沧县。陈继尧、王文卿因年龄大留地方工作。

一二零团在漯河召开渡江战役的誓师大会上，全体指战员举枪在毛主席和朱总司令的巨像前庄严宣誓：“打过长江去，解放全中国，一定将革命进行到底！”挺进江南的光辉战绩，实践了他们的誓言。转战五省，仅叶县人就牺牲120多位战士。

解放军全军统一番号命名的一二零团，当年人们俗称叶县团，尽管有外县人参加，究其原因，除叶县人数最多，占70%以上，还有两个主要因素，其一，阙团长和张政委是在叶县执行扩军任务带出的。其二，一二零团是由叶县支队升编而来。算是应时版本的叶县团。

叶县尚未升编的还有一营兵力，重新组建叶县大队，陈金榜任大队长，罗藏珍任教导员，作为叶县直辖的地方武装，几经演变，成为后来的叶县人民武装部。

三、叶县以崭新的面貌喜迎新中国

当革命的列车驶入1949年，叶县迎来解放全中国的热潮，广大人民群众通过“双反”“双减”已经发动起来，党政军各级组织已经健全，封建主义、资本主义的污泥浊水如“黄、赌、毒”彻底清洗，共产党执政下，城乡到处呈现出朝气蓬勃的新气象。

长期作为党联系群众的工、青、妇群团组织，1948 年就全面建立起来，1949 年继续充实提高。县、区、乡成立的农民协会正茁壮成长，不断向基层农村发展，4 月，中国青年反帝反蒋大同盟转为新民主主义青年团。这些群众团体在民主运动、参军参战和军队后勤保障方面起到重大作用。

社会事业发展方面，学校恢复招生，筹建医疗卫生机构，发展工商业和手工业，农民发展生产，多打粮食支援前线，地方民兵站岗放哨，防敌防特防阶级敌人破坏。社会出现少有的安定发展局面。叶县 40 万人民在民族解放凯歌进行中，在叶县各项事业百废俱兴中迎来新中国的诞生。10 月 1 日，县委、县民主政府举行盛大庆祝活动，在城西广场召开万人庆祝会，各界代表做庆贺发言，中共河南省委书记张玺到叶县视察，参加庆祝大会，做重要讲话。会后，参会人员高呼口号，游行县城。

国家的历史翻开新的一页，叶县的历史也翻开新的一页。

第五章　社会主义过渡时期

（1949年10月～1956年8月）

第一节　进行以土地改革为中心的各项社会改革

从中华人民共和国成立到基本完成社会主义改造，我国相继从半殖民地半封建的旧社会到民族独立、人民当家做主的新社会，从新民主主义到社会主义历经两个历史性转变。1949年至1952年，中国共产党领导全国各族人民为巩固人民民主政权而斗争，完成了土地制度改革和其他社会改革任务，取得了抗美援朝战争的胜利，迅速恢复遭到严重破坏的国民经济，为向社会主义转变进而实现工业化准备了条件。1953年党提出了过渡时期的总路线，开始了第一个五年计划和大规模经济建设，到1956年，基本完成对生产资料所有制的社会主义改造，初步建立起社会主义基本制度。

1949年10月1日新中国成立后，叶县人民在中共叶县县委的领导下，全面贯彻实施新民主主义建国纲领，对封建主义、官僚资本主义制度和社会基础实行彻底改革，解放和发展生产力，有计划地开展经济建设和实施社会主义改造工作。

一、开展农村土地改革

解放初期，为巩固政权，叶县县委领导全县人民积极开展了剿匪反霸、减租减息运动。共剿灭土匪6000余人，收缴刀、匕首千余把，步枪数千支，手枪700余支、手榴弹4000余枚。严惩了首恶分子，打击了残余敌人的嚣张气焰，安定社会秩序。通过减租减息，树立农民要自己起来争取正当利益的观念，使农民真正发动起来。在此基础上，叶县按照省委、省政府部署开展了土地改革（以下简称土改）。

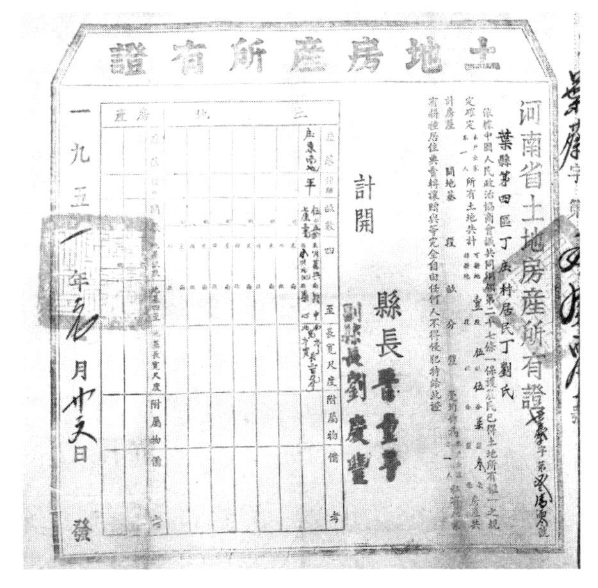

土地房産所有證

河南省土地房産所有證

葉縣第四區丁庄村居民丁劉氏

依據中國人民政治協商會議共同綱領第二十七條「保護農民已得土地所有權」之規定

有耕種居住典賣轉讓贈與等完全自由任何人不得侵犯特給此證

計開

縣長

副縣長 劉慶豐

一九五　年　月　日發

1950 年叶县颁发的土地证

1949 年冬，在剿匪反霸，减租减息的基础上，叶县作为全省 13 个，许昌专署 7 个土改试点县之一，进行农村土改工作。县委开始训练土改工作队，在第一区（城关）和第三区（夏李）的六个乡进行土改试点。12 月，召开第二届叶县各界人民代表会议，贯彻土改政策，训练武装骨干，在全县范围内发动群众，开展土改运动。土改的基本政策是：没收地主的土地和房屋，征收富农多余的土地，把没收、征收的土地及房屋，分配给无地和少地的农民；中农（包括富裕中农）的土地不动；对地主也分给按总人口平均数量的土地和房屋。此政策简称为“中间不动两头平”。经过宣传发动、划分阶级、没收征收、分配土地等阶段，次年三月土改运动基本结束。彻底消灭了封建土地所有制，实现了耕者有其田，解放了农村生产力。据大营、尤潦、邓李、夏李、旧县、龚店 6 个区（缺城关、圪垱店、坟台三个区）当时的统计，共没收地主和征收富农的土地 457320 亩，房屋 37468 间，牲畜 4091 头，农具 35279 件，家具 109713 件，全部分给贫农、下中农和雇农。据刘店、前董、孙庵、黄楝树 4 个乡当时的调查，贫农平均每人分得土地 3.12 亩，雇农（含单身）每人平均分得土地 3.76 亩。1950 年冬，县委又在全县开展了复查。在干部中查思想、查立场、查作风，在工作上查政策执行情况、查生产是否上去、查村政权是否巩固，在群众中查敌人动态、查阶级力量、查翻身成果。通过复查，解决土地遗留问题，整顿阶级队伍，巩固土改成果。

二、开展各项社会改革

以土地制度改革为中心，按照上级工作部署，叶县县委领导了包括社会改造在内的一系列民主改革。

改革封建婚姻制度

旧中国的封建婚姻制度，是一种以夫权为中心，压迫妇女并剥夺男女婚姻自由的落后的婚姻制度。新中国成立后，中国共产党对这一制度进行了改革，1950 年 5 月 1 日，中央人民政府正式颁布了《中华人民共和国婚姻法》。这是新中国成立后制定的第一部专项法律。新婚姻法规定：废除包办强迫、男尊女卑、漠视女子利益的封建主义婚姻制度，实行男女婚姻自由，一夫一妻，男女权利平等，保护妇女和子女合法利益的新民主主义婚姻制度。

新的《婚姻法》颁布后，得到了县委、县政府的高度重视，受到了叶县各界特别是妇女界的热烈拥护。县委、县政府遵照中央的通知和省、地委的要求，在全县范围内布置组织党员干部学习《婚姻法》，特别要求民政、司法和妇联的干部将《婚姻法》的学习、宣传和贯彻作为当前工作的重中之重，并印发《婚姻法》及有关手册。男女平等，废除童婚，婚姻自由的口号成了人人皆知的口头禅。

从 1950 年 5 月 1 日《婚姻法》颁布到 10 月，叶县法院就处理婚姻案件 1300 件（不含区乡处理的）。判决离婚 92 件；调解离婚 911 件；调解不离者 53 件；解除婚约者 140 件；寡妇改嫁者 70 件；小婆离婚者 34 件。5 月至 10 月，全县自由恋爱，登记结婚的有 854 对。

通过宣传贯彻《婚姻法》，使全县人民受到了一次社会民主和法制的深刻教育，使占人口半数的妇女摆脱了 2000 多年的封建桎梏，从水深火热中解放出来，由旧社会的奴隶，成为新社会的主人。

极大地改善了作为社会细胞的家庭关系，使民主、和睦、团结、生产的新风尚在广大乡村逐步形成。同时，通过婚姻制度的改革，结合土改、抗美援朝和民主运动，促进了各项改革和建设事业的大发展。

开展全民扫除文盲运动

为切实提高全体国民的政治、文化素质，1952 年 3 月 29 日，中共中央、政务院联合发布了《关于扫除文盲的决定》，指出“扫除文盲是我国文化上的一次革命，也是国家进行社会主义建设的一项极为重大的政治任务。各地要按照当地情况，在四年或五年内基本上扫除文盲”。

叶县县委、县人委根据中央、省、地区的指示部署，及时对全县的扫盲工作进行了系统具体安排。建立了由一名县主管干部任主任，文教、工会、共青团、妇联等县直部门及各区政府负责人参加的叶县扫盲委员会，调入 5 名专职干部具体负责。县人民委员会制定了《叶县关于贯彻省市扫盲工作紧急会议精神的几项措施》《叶县扫盲工作打算（草案）》和《关于对扫盲工作的指示》等文件，1952 年下半年进入实质性工作阶段。全县共培训扫盲教师 1500 余人，其中专职 200 余人，业余 1300 余名，分布在全县基层岗位，认真做好扫盲工作。1952 年至 1956 年，经过四年不懈努力，叶县各级干部和广大工农群众文化水平明显提高。全县扫盲学习人数达到 85725 人，约占全县总人口 40 万人的 22%，按上级规定的识字标准，这些扫盲对象基本达到了脱盲要求。干部群众文化水平的提高，使党的方针、政策向基层宣传贯彻的效果大大提高。

打击清除旧社会遗毒活动

解放初期，旧社会遗留下的如卖淫嫖娼、贩毒吸毒、设庄赌博等丑恶现象，严重毒化社会环境，危害人们的身心健康。中央人民政府成立后，迅速开展了扫除社会弊病的斗争。这项斗争打击的对象为妓院老鸨，毒贩及赌头等。这些丑恶现象的操纵者大都属于封建恶霸势力，因而清除旧社会的遗毒与反恶霸斗争，有着密切联系，同样带有民主改革的性质。1950 年 2 月，政务院发布通告，采取坚决措施禁绝鸦片种植，收缴烟土毒品，对制贩烟毒者严加查处，从严治罪。叶县按照省、地委的工作部署，组织有关部门，在全县范围内取缔了妓院、赌场、烟馆等旧社会遗留下的丑恶场所，并对所属人员按照政策分别做了打击和处理。对公开的赌博场所一律查封，聚众赌博，屡教不改的赌徒严加惩治，对一般参与赌博者实行教育和劝导，使在旧社会十分盛行的坏习气很快被扫除。全县人民的精神面貌焕然一新，为恢复和发展全县经济创造了良好的群众基础和社会环境。

三、开展抗美援朝运动

1950 年 6 月 25 日，美国发动侵略朝鲜战争，把战火烧到中朝边界的鸭绿江。中国政府根据朝鲜方面的请求和祖国的安全需要，毅然做出了“抗美援朝，保家卫国”的决策。10 月 25 日，中国人民志愿军为保卫祖国领土赴朝参战。11 月，叶县县委响应党中央号召，在全县人民群众中开展鄙美、蔑美、仇美的宣传教育，肃清了旧中国遗留下来的亲美、崇美、恐美思想，开展反对美帝国主义侵略中国台湾、朝鲜，保卫世界和平的签名运动。1951 年 1 月 8 日和 2 月 8 日河南省委两次下发文件，把抗美援朝爱国宣传教育贯穿于其他各项工作中。4 月，叶县县委成立了由各界代表组成的抗美援朝叶县分会。会长：王浩（县委委员、宣传部长），副会长：刘庆丰（县委委员、副县长）。成员：李志耕（团县委书记、青年代表）、张慧忠（县妇联主任、妇女代表）、董锡之（县中校长、教育界代表）、党焕宇（教师、开明绅士代表）、汪席珍（卫生、宗教代表）、买鹏飞（回族、少数民族代表）、摆献中（烟厂经理、工商界代表）。县里组织学生宣传队，到全县各地进行宣传活动。演出歌剧《解放》《生产》等剧目，引导广大群众诉帝国主义压迫中国人民的苦，诉地主剥削人民的苦；呼吁世界和平，反对侵略战争。和平签名达 271800 多人，占全县当时总人口的 65%。参加控诉美帝罪行人数 315000 人，占全县总人口的 70% 以上。组织游行示威 300 余次，参加人数 31 万多人，占全县总人口的 70% 以上。全县人民为抗美援朝捐献“叶县号”飞机一架，金额达到 18 亿圆（旧人民币，一架飞机 15 亿圆）。为抗美援朝参军参干 873 人。给中国人民志愿军写慰问信 1.5 万余件。寄慰问袋 7909 件。在抗美援朝战争中，叶县有 127 位热血青年捐躯朝鲜战场。

1952 年 4 月 6 日下午，朝鲜人民访华代表团和志愿军归国代表团组成巡回报告团莅叶，在报告团成员下车的车站到县城近 0.5 千米的道路两旁，受到叶县各界 5000 多名群众的夹道欢迎。次日上午八点，县委、县政府在县中操场召开万人大会，广大干部群众聆听了代表团的英雄事迹报告。下午三点之后，各界民众 3000 多人，打着腰鼓，扭着秧歌，高呼口号，欢送代表团离开叶县。

通过抗美援朝，形成了全县人民空前团结的大好局面，不仅激发了全县人民的爱国热情，而且促进和推动了全县工农业生产等各项工作。

四、召开各界代表会议

中华人民共和国成立初期，根据《中国人民政治协商会议共同纲领》和中央人民政府《各界人民代表会议组织通则》的规定，叶县实行各界人民代表会议（简称各代会）制度。开始，作为县民主政府的协议机关，授权于县民主政府，后来，部分代行人民代表大会职权，即人民代表大会的前身，至 1953 年，共召开过六届八次会议。

叶县首届第一次各界人民代表会议于 1949 年 3 月在县城文庙大成殿（县委小礼堂）召开。出席代表中有干部、农民、工人、教育工作者、工商业者、革命军人，少数民族和开明绅士等，共 1000 多人。会议的主要内容是：动员全县人民剿匪反霸，讨论部署在全县范围内实行合理负担，复查减租等工作。会议选举岳清亮、马翠英、刘应年为出席河南省各界人民代表会议的代表。

叶县第二届各界人民代表会议第一次会议于1949年12月29日至1950年1月7日在县委礼堂召开，出席代表700多人。会议听取了县委书记马金铭的工作报告和中共河南省委书记张玺关于土改政策的报告。主要讨论土地改革、生产度荒和冬防等事项，并通过了相应的决议。

叶县第二届各界人民代表会议第二次会议于1950年1月28日在县城召开。会议听取了县委书记马金铭的工作报告，讨论通过掀起生产建设新高潮的决议。

叶县第三届各界人民代表会议第一次会议于1951年12月在县城召开。出席代表800多人。会议听取和审议县政府的工作报告和互助合作、抗美援朝以及镇压反革命的工作报告，并通过相应的决议。

叶县第四届各界人民代表会议第四次①会议于1953年1月20日至24日在县城召开。应到会代表280人，实到200人，其中男150人，女50人；列席人员23人。会议听取和讨论了县委书记晋量子做的“关于生产和粮食征购工作”的报告。会议号召全县人民大力开展拥军优属、实施婚姻法和治理淮河等项工作。

叶县第四届各界人民代表会议第五次会议于1953年3月7日至12日在县城召开。出席代表188人。会议听取和讨论了县委书记晋量子关于贯彻实施中共中央向全国人民提出的三大任务（抗美援朝、第一个五年计划、民主选举）的报告，听取和审议了副县长袁希增关于1953年农业生产计划的报告，听取和讨论了县委副书记钱聚道关于反对官僚主义及开展宣传婚姻法运动的报告，并通过相应的决议。

叶县第五届各界人民代表会议第六次会议于1953年6月29日

①各界代表会议有关届次顺序系原始资料记法。

至7月3日在县城举行。出席代表176人，列席人员142人。会议听取了政府工作报告，讨论了夏季征购生产救灾和普选工作。

叶县第六届各界人民代表会议第七次会议于1953年11月30日至12月4日在县城召开。出席代表450人，列席人员81人。会议听取和讨论了县委书记晋量子《关于贯彻国家在过渡时期的总路线、总任务的报告》和副县长林国顺《关于粮食统购统销政策的报告》。会议通过8项决议。

第二节　贯彻党的过渡时期总路线

1954年1月，中央财经委员会提出《关于有步骤的将十个工人以上的资本主义工业基本上改造为公私合营企业的意见》，全国各地开始有计划地扩展公私合营。叶县县委遵照中央工作部署，先后对全县的农业、手工业和私营工商业进行了社会主义改造。

一、对农业的社会主义改造

党和国家对农业的社会主义改造即农业合作化运动，是过渡时期三大改造的主要内容之一。土地改革完成后，农村实现了“耕者有其田”，生产关系和生产力得到很大的改善。但是农民中小富即安的小农经济观念和单家独户脆弱的发展生产、抵御灾害能力仍是农业生产快速增强的制约因素。党中央洞察国情，适时做出实行农业合作化的战略决策。1951年9月，党中央召开了第一次农业合作会议，讨论初拟了《中共中央关于农业生产互助合作的决议（草案）》，明确强调要按照自愿互利的原则，发扬“劳动互助的积极性”，组织起来，克服农民在分散经营中产生的困难，迅速地增加生产，走上丰衣足食的道路。在全国先行试点，总结经验，逐步修改完善，全面推广。1952年8月，河南省委下发《关于农业生产互助合作运动的指示》，要求各级领导要充分认识“组织起来”的重要性，既要看到是农民的基本愿望，又要懂得互助合作组织要逐步提高，是农民和农业长期自我改造的需要，要“站到运动前头积极而又稳步地领导运动向前发展”。许昌地委根据全区农村和农业状况制定了发展农业互助组织的规划和措施，搞试点、抓典型，以点带面，逐步展开。

按照党中央和省、地委的统一部署，叶县的农业合作化运动历经三个阶段。

农业互助组阶段

叶县土地改革于1950年春季结束，农民普遍有了自己的土地，开始了一家一户为单位的生产活动，由于劳力、畜力、农具分散，多数农户生产能力单薄，稍有自然灾害就难以招架。因而翻身农民中自发出现了一些同村临近的家庭自愿结合、牲口犋（仅有单头役畜的农户为了解决拉车、犁耙地等畜力重活中的困难，相互协商将牲口配犋使用），或三五户间协商达成君子协议，实行一户遇到大活重活时大伙儿集中劳力为其帮忙的换工互助形式，显示了小农经济阶段的农民已有互助合作、壮大力量的初步愿望。1952年初，叶县开始贯彻试行党中央《关于农业生产互助合作的决议（草案）》，在县委统一部署下，区、乡、村党组织因势利导，遵循自愿互利、典型示范的原则，帮助农民建立临时或常年互助组，并试办小型农业合作社，引导农民走农业互助合作道路。当年春，全县共组织互助组4672个（其中常年互助组3100余个，季节性临时互助组1500余个），农业合作社4个，形成了互助合作运动的初步高潮。夏秋季节，叶县先后遭受水旱灾害，各级领导忙于抗灾，放松了对互助合作运动的具体指导，全县有1364个互助组解体，互助合作陷于短暂的低潮。秋后，县委根据工作需要，制定了互助合作与抗灾救灾同时并举、双管齐下的工作方针，建立县生产救灾委员会，因地制宜、开拓生产门路，进行生产自救的同时，成立互助合作运动办公室，开始举办第一期互助训练班，对参加的基层干部和农民代表进行社会主义远景教育和具体政策的宣传教育，以他们为骨干，带领广大群众对互助组开展恢复整顿。全县互助组得到有效的整顿、巩固和发展，全面实行劳力、畜力、生产工具互帮互助，至第四季度，互助组总数达 8000 个，一定程度上实现了翻身农民走互助合作道路的愿望，叶县对农业的社会主义改造开始起步。

初级农业合作社阶段

1953 年冬，贯彻党中央《关于发展农业合作社的决议》，县委颁布了《组织叶县农业合作社方案（试行）》，提出了工作目标和要求，派出大批干部下乡，宣讲上级政策，帮助基层党组织部署开展工作。当时的主要任务是在初具社会主义萌芽性质的互动组基础上组建土地入股、统一经营的半社会主义性质的初级农业生产合作社（简称初级社）。下乡干部与农民实行“三同”（同吃、同住、同劳动），调查了解基层情况和农民心理动向，将大多数群众想走互助合作道路的朴实愿望引导到党提出的实现社会主义集体化的正确方向，巩固、扩大常年互助组，创造条件组建、发展初级农业社。年底，全县初建初级社 57 个，入社农户 1400 余户，占农村总户数的 1.4%。1954 年下半年至 1955 年上半年，经全县上下持续不懈努力，在稳定巩固互助组的基础上，共建立初级社 528 个，入社农户 14680 户，占总户数的 14.3%；入社耕地 225739 亩，占总面积的 14.89%。初级社实行主要生产资料入股，土地统一耕种，牲畜分槽喂养、搭配使用，劳动力评工记分的办法，年终按入股农资（土地、大牲畜、主要农具）和劳动工分“四六”（农资 40%，工分 60%，下同）或“五五”比例分红。入社农民初步迈上社会主义集体化的道路。

高级农业合作社阶段

根据党在过渡时期总路线逐步实现对农业社会主义改造的总体目标，半社会主义性质的初级农业社需要适时过渡到完全社会主义性质的高级农业社。1954 年 3 月，根据对叶县首批农业生产合作社进行整顿提高的需要，县委、县人委下发《叶县互助合作计划》，规划用两年时间将全县已建立的互助组和初级社转为高级社，筹建县拖拉机站，在农业合作化运动中逐步施行农业生产机械化。7月份，县委开始举办转社（由初级社转向高级社）对象训练班，按照“准备一批、发展一批、巩固一批、再准备一批”的步骤，分批组建新的高级农业合作社。为了贯彻河南省委集中力量整顿与巩固农业合作社，解决老社盲目扩大，新社组建工作粗糙、不稳固问题的指示精神，促使合作化运动健康发展，1955年1月，县委制定《巩固提高农业合作社的几点意见》，部署全县对农业合作社开展以土地入社、农具入社、牲口入社、劳力评工为主要内容的整顿、提高工作。并在韩庄寺乡和思诚乡进行试点，以点带面，推广全县。8月份，在总结试点经验的基础上，县委再次组建农村工作队，分成16个组分赴各区乡指导推动转社工作。1956年上半年，全县以初级社转为高级社或常年互助组直接进入高级社的形式，共建高级社87个，入社农户占总农户的99.6%，基本实现农业合作化。6月30日，毛泽东以国家主席名义签署公布《高级农业生产合作社示范章程》，规定高级农业社实行主要生产资料完全集体所有制，社员的土地必须转为合作社集体所有，取消土地报酬，耕畜和大型农具作价入社等。叶县的高级社全部实行生产资料归集体所有，统一经营，社员根据劳动能力、劳动数量和质量评工记分，以分计酬，纳入分配，取消了初级社阶段的生产资料入股分红方式。管理体制实行区、乡、社三级领导。从此，分散的小农经济通过农业合作化的纽带，转为社会主义集体所有制，农业社的种植、分配、农产品销售都在国家计划指导下进行。农业合作化的实施，将分散弱小的农户生产力汇聚到社会主义集体化的体制之中，能够有效解决一家一户人力单薄、工具不足、资金短缺等实际问题，使农村生产力明显提高。但是工作过程中，局部曾发生因操之过急、方法简单、缺乏管理经验等产生部分农业社财务制度不够健全、分配办法不尽合理，挫伤社员积极性的现象。同时由于少部分农民中“三十亩地一头牛，老婆孩子热炕头”之类的短视观念蔓延，对农业合作化存有不同程度的抵触情绪，出现少数社员出勤不出力、农活质量低下、生产效率不高等问题。更有甚者，社会上极少数别有用心的人散布“互助组，卖牛犊；初级社，饿直厥；连夜穷，到不明”（方言，意即入互助组需要卖牛犊糊口；入初级社会被饿昏；转高级社，晚上开会，当场报名，财产充公，连夜变穷）等煽动性言论，中伤合作化运动，拉农民的后腿，致使个别农户上当受骗，要求退社。针对上述情况，县委于 1956 年 6 月发出《关于开展农业合作社的集体利益与社员个人利益关系问题的讨论的指示》，要求结合实际掀起学习高潮，迅速解决合作化过程中存在的偏离政策的问题，认真做好对农民群众的思想教育工作。坚持“紧紧依靠贫下中农，巩固地团结中农，有效地争取改造地主富农”的阶级政策；用合作社办得好，社员生活得到改善的典型事例引导农民充分认识走社会主义道路的光明前景，培养他们以社为家的集体主义观念，调动社员劳动积极性，大力发展生产，巩固农业合作社。紧接着，叶县“四社”（供销社、农业社、手工业社、信用社）联席会议召开，宗旨是解决农村多种经营的产、供、销问题。为扩大多种经营，开展物资交流、活跃农村经济，提高社员收入，全方位做好服务工作。此举既解决了农产品在产前、产中、产后的实际困难，又能调动社员的生产积极性，使农民群众乐意走社会主义集体化道路，实现共同富裕的愿望。当年，在农村互助组、初级社、高级社的基础上，县委还按照上级部署，效仿苏联集体农庄制度模式，进行建庄试点工作，在县域中南部建立星火、燎原两个集体农庄。其中星火农庄辖思诚、段庄、高庄、蔡庄、牛度庄、楼樊、万渡口、蔡庄、丁庄、全集、郭庄、吕庄、北大营、小张庄等 16 个自然村，由张丙兆任主席，段长运等任副主席；燎原农庄辖田庄、柏树李、王老四、习娄、岗马、康台、孙娄庄等 10 余个自然村，由郑刚任主席，康新正等任副主席。农庄设办公室和农业部、财务部、副业部、工业部四个部，履行不同职责。1956 年 3 月 12 日，两个集体农庄同时召开成立大会。县

燎原农庄旧址(田庄乡田庄村)

委副书记衣春茂等到会宣布县委决定并讲话，要求农庄实行土地、劳力、牲畜、农具“四统一”的管理制度，组织缝纫厂、木工厂、铁工厂、砖瓦厂等工副业项目，以农为主，多种经营，全面发展，不断提高农庄实力和庄员生活水平。农庄试点运行不到一年，于当年10月底解体并入田庄、旧县、龙泉等中心乡。集体农庄体制也曾在全县做尝试性推广，但时间不长就统归于人民公社化运动之中。农业合作化运动在叶县持续开展，分期完成了对农业的社会主义改造任务，实现了过渡时期由个体所有制到社会主义集体所有制的重大转变。

二、对手工业的社会主义改造

对手工业进行社会主义改造过程中，党中央、国务院及省、地委不失时机地做出相应的决策部署。叶县县委、人民政府结合本县实际，认真贯彻上级精神，因地制宜制定落实措施，与农业合作化运动同时进行，引导个体手工业者走合作化道路。

叶县系传统农业县，工业基础相当薄弱，手工业生产在社会经济活动中占有重要地位。新中国建立，县内仅有零星几家小煤矿和卷烟、铁木制品等私营小工业项目，分布城乡的制造业多为进行简单初加工的手工作坊，且经营分散，规模较小，技术落后，生产率低，抵御经济风险能力很弱。在叶县当时的行业状况下，对手工业的改造基本涵盖了对私营小工业的改造，按照全国统一政策部署，促使业者走上社会主义道路。

1951—1953 年，中华全国合作社联合总社先后三次召开全国手工业生产合作会议，刘少奇、朱德等党和国家主要领导人出席会议并讲话，部署指导对手工业的社会主义改造，要求“在方针上，应当是积极领导、稳步前进；在组织形式上，应当是由手工业生产小组、手工业供销生产合作社转换到手工业生产合作社；在方法上，应当是从供销入手，实行生产改造；在步骤上，应当是由小到大，由低级到高级。”其间，河南省委、许昌地委先后召开手工业工作会议，明确了走合作化道路的大方向和手工业合作社的体制、性质和任务，确立分批、分期改造的阶段性目标。叶县县委认真贯彻、反复学习会议精神，形成共识：手工业是地方工业的组成部分，对弥补大工业产品不足，支援国家建设，满足城乡人民生产生活需要具有十分重要的作用。对手工业的社会主义改造同对农业的社会主义改造一样，也需要通过走合作化道路，在“保护、利用”的前提下实施改造。促其联营，扩大规模、提高生产能力，并适时适量注入国有资产，把劳动者个体所有制转变为公私合营体制，进而实现社会主义集体所有制。

遵照“积极领导、稳步前进”的方针和“自愿互助、劳资两利”的原则，结合叶县县情，因地制宜，分步实施，按期完成。为适应工作需要，县委于 1952 年下半年筹备组建了叶县工商业联合会，搭起了党和政府与工商界联系的桥梁。其下设的四个同业公会中，第一同业公会具体主管工业、手工业，参与指导该行业的发展、改造工作。对手工业的改造过程分为三个阶段：

联营阶段

中华人民共和国成立后，由于县委、县政府对手工业实行贷款、税收等方面的扶持政策，行业发展较快。1950～1952年，全县恢复或新建缝纫、翻砂、竹木加工、食品、皮革、印刷、洗染、造纸、棉织、榨油、酿酒、卷烟等项目20余种，跨多个行业，但仍呈现规模小、设备差、效益低的弱点，为提高其生产能力和规模效益，县里于1952年末开始组织手工业联营工作，通过对业者的社会主义思想教育和调查登记，本着互利自愿的原则，对同类型、易管理的项目实施联营。其中，将“裕民”“福民”“新民”和“华典”四家私营小煤矿合并为“叶县工农煤矿”，工人180余人，年产量达2570余吨；几家小卷烟厂合并为“叶县又新卷烟厂”；几家私人铁工厂合并为“叶县益民铁工厂”。在体制上，统筹城乡、划分地域和产品类别，组织手工业生产小组或手工业供销生产合作社，实行分层管理。通过合并联营，解决了手工业分散杂乱、不易管理的问题，减少了户头，扩大了规模，理出了类别，疏通了联系，为促进兴业和发展打下了基础。

公私合营阶段

叶县手工业实施联营后适逢党的过渡时期总路线贯彻高潮，开始对手工业项目实行公私合营的体制性变革，将原来的手工业生产小组和手工业供销生产合作社改建为较正规的手工业生产合作社。1954年6月党中央批准了第三次全国手工业生产会议的报告和计划，要求各级党委加强对手工业合作化工作的领导，国营经济管理部门和工会系统对手工业生产合作社进行必要的援助，推动手工业合作化的进程。叶县县委遵循中央部署，认真研究了实施意见，调整加强了县工商业联合会的领导力量，责成县总工会等部门配合参与此项工作。通过重点试办、典型示范、组织参观、分片推广的办法，将中华人民共和国成立后初具规模的公有企业与合并后的私营企业对口结合或对具备发展前景的私营企业注入一定比例的国有资金，组建公私合营的手工业生产合作社。当年，全县共组建手工业生产合作社 18 个，员工 893 人。合作社实行统一计划，统一生产经营，统一盈亏核算，对员工实行工资和分红相结合的分配制度，除向国家纳税外，从利润中提取公积金、公益金，用以企业发展和社会捐助。合作社贯彻社会主义经营理念，建立民主管理制度，调动了员工的生产积极性，提高了产品质量，降低了生产成本，劳动生产率显著上升，经济效益和对社会的贡献不断提高，运作体制和规模得以巩固和扩大。

巩固完善阶段

1954 年 12 月，中央召开第四次全国手工业合作会议，对手工业同地方工业的发展、同农业和资本主义工商业的社会主义改造如何统筹兼顾、合理安排等问题做出重要部署。要求进一步加强对手工业工作的领导，经常进行监督和检查，并相应地建立健全手工业生产合作社联合社和手工业管理行政机构，调配充实手工业部门的干部力量，对经营管理普遍进行调查整顿、巩固提高。根据中央要求和对手工业社会主义改造工作的需要，县委及时研究组建了负责全县手工业发展的业务部门县手工业合作社联合社，接着成立了县政府直属的手工业管理科，对全县手工业的进一步改造和发展实施了一系列强化管理和调整完善工作。使公私合营的手工业生产合作社逐步加大国有资产的构成比例，促使其向完全的社会主义性质过渡。1956 年 1 月 5 日，县委根据省、地委部署，制定公布了《叶县对私营工商业和手工业实行社会主义改造的全面规划（草案）》，明确私营工商业和手工业在群众生产、生活中的作用，以及进行社会主义改造的必要性，并全面制定了巩固既得改造成果，进一步发展、完善、提高的具体政策。要求各级党组织紧紧依靠共产党员和工商界积极分子做广泛深入的思想教育工作，按照“改造与生产相结合”的原则，对原分布全县的 3293 户手工业者组成的手工业生产合作社进行了一系列巩固、提高的善后工作。至 1956 年底，全县基本完成了对手工业的社会主义改造任务。

对私营工商合营

三、对私营商业的社会主义改造

中华人民共和国成立初期，叶县的私营商业绝大多数属于小商号或摊贩，规模不大，资金较少，由家人或少量雇工经营。在国营商业尚未占主导地位的情况下，它们是商品流通中不可缺少的力量，但在一定程度上又带有唯利是图、投机取巧的倾向。党和政府为了在接受国民党退出的烂摊子上稳定社会秩序，满足城乡人民生活之需，开始对私营商业实行“扶持、利用、限制、改造”的系列性政策，在所有制形式上历经国家资本主义的初级、中级、高级阶段，最终实现社会主义性质。

1952 年，县委县政府按照党中央《关于调整商业的指示》精神，结合县情对私营商业采取了多方面的优惠措施，诸如：国营商业以批发为主，缩减零售业务，让利于私人零售业；适当放宽市场管理尺度，除统购统销物资外，一般商品都允许市场自由交易；降低零售商户税负：建立劳资协商制度，改善业主与雇员的关系；组织物资交流大会，加大商品流通数量等上述利用、扶持政策，对私营商业起到了稳定和促进作用，流通市场明显活跃，商业网络初步形成。全县私营商户由中华人民共和国成立前夕的 400 余户恢复增加到529户，其中坐商（有固定门面或场地）312家，摊贩217家，年零售额691.65万元。国营商业初具雏形，年零售额6621万元。商业流通的初步繁荣有利于社会经济的发展，同时也出现了一些囤积居奇、垄断物价等违背法纪、不当谋利的现象，私营商业的局限性、投机性，不利于国家大规模经济建设的开展，必须因势利导，对私营商业进行有效的改造，将其行业观念及所有制形式引导到社会主义轨道。年底，县里成立了工商业联合会，下设四个同业公会，除了第一同业公会主管工业、手工业外，其余三个分别主管商业的不同分支；第二同业公会主管百货、针纺织品；第三同业公会主管杂货、日用品；第四同业公会主管饮食、服务业。工商业联合会作为上下联系的桥梁与纽带，既认真进行行业调查，向政府汇报基层情况，又系统学习领会上级政策精神，向业界贯彻政府部署，推动对私营商业的改造工作。

1953年，随着党的过渡时期总路线付诸实施，叶县对私营商业的改造正式开始，有计划有步骤地向国家资本主义和合作化形式转变。改造前期的准备工作是首先进行商户联营，按经营商品划分类别，以规模相对较大、社会信誉较好的商号为基础，通过政府联姻、业主协商自愿的办法，将同行同类的商户合并联营。这样，商户规模扩大，经营实力提高，同时，户头减少，易于管理。当时实现联营的商业企业主要有：信昌百货布匹联营、新大杂货联营、和平西药联营、福群中药联营、东关和平饭店联营及服务和肉食业联营等。联营后，在原经销方式和品类的基础上，企业受政府委托，按国家购销计划实行一些商品的代购代销，承担一部分社会责任。其间，为了逐步增加国营商业的份额和调控市场能力，县委、县政府按照党中央确定的“对私营商业排斥大批发商，限制中小批发商”的原则，采取国营商业扩大定购包销商品数量，拓展批发业务；征收私营批发商营业税；规定给私营零售商的银行贷款只能用于向国营批发商进货等措施，使国营商业大部控制了与国计民生密切相关的重要货源，缩小了私营批发商的经营数量和范围。在对批发商业的调整初步改造阶段，中共中央于1955年4月发出《关于进一步加强市场领导、改造私营商业、改进农村购销工作的指示》，深刻指出：“工人阶级当了政，必须负责对社会各阶级的生活出路进行适当安排”，要求按照“一面前进、一面安排和前进一行，安排一行”的方针，开展对私营商业的调整和改造。县委遵循中央指示精神，结合叶县实际，研究在私营批发商的初步改造中，实行“留、转、包”等不同形式，给他们以经营和生活方面的出路。“留”即根据国营商业需要，保留一部分代理批发业务；“转”即有条件转业转行者，协调、帮助其转换成零售经营模式；“包”即对无法继续经营者，业主和雇员可经过政府组织专业培训，合格后由国营商业负责安置就业。上述措施，既增加了国营批发业的比重，又稳定了行业人心和流通秩序，使联营后的私营商业呈现出相应的生机和活力。私商联营尽管呈现初级国家资本主义趋势，但毕竟是行业外延的变化，还未真正触及其关键内涵—所有制性质问题。所以，联营后必须走合作化道路，即实行公私合营，向中级国家资本主义迈进。

1955年11月，中央政治局召开会议，对进一步改造资本主义工商业做了全面规划和部署，要求实行全行业公私合营。会议通过了由毛泽东主持制定的《中共中央关于资本主义工商业改造问题的决议（草案）》，阐明当时已充分具备有利条件和完全必要将改造工作推向新的阶段，即从联合经营、加工定货、经销代销和个别实行公私合营阶段推进到全部或大部分实现公私合营阶段。这是由资本主义私有制过渡到完全的社会主义公有制的具有决定意义的重大步骤。会议精神逐级贯彻后，县委及时召开扩大会议，着重研究对私营商业进一步改造问题。县里成立了以县长郭俊卿为主任的财贸办公室，并调整加强了县工商业联合会，加强领导和协调机制，全面展开私营商业的公私合营工作。会后，县委抽调干部组成专门工作队，在工商业联合会、商业局、总工会等相关部门配合下，深入业界进行广泛的宣传和发动，号召私商股东积极配合公私合营工作。在强大的思想教育工作感召下，许多业主向政府提出公私合营申请，工作进入实质性进展阶段。具体过程中涉及政策界限、员工思想，企业实际、善后事宜等多方面因素，必须积极而又审慎地逐步推进。遵照县委“加强领导、全面安排、先行试点、以点带面”的工作方针，制定了具体的方法步骤；在“统筹兼顾、自愿互利”的前提下确定合营方案；按“公平合理、实事求是”的原则进行清产核资；以“量才录用、适当照顾”的政策安排合营户原有人员，解除他们的后顾之忧。因政策宣传广泛，方法措施切实，公私合营工作进展顺利。全县商户分两块组合到位，县城原组织起来的联营商户大部分划归商业局系统，组成百货、杂货、纺织、烟酒、文具、医药、食盐、食品、屠宰等 19 个行业；原农村小商户和流动商贩向供销合作社靠拢，组成区、乡供销合作社、组，构建农村商品流通网络。

1956 年底，全县联营商业绝大多数过渡到国营或合作商业模式，实现了全行业公私合营。在对私营商业的社会主义改造中，县委、县政府适时认真地传达贯彻党的过渡时期的总路线，按照中央及省、地委的阶段性安排部署，因地制宜，实施符合叶县实际的政策措施，使工作进展基本上扎实有序，成效显著。但与农业相比，商业的涉及面更广，结构更复杂，牵扯到城乡不同阶层和经济成分，因而存在更大的难度和曲折性。叶县的中医药铺和粮行也参照私营商业模式进行公私合营改造。在合营过程中，诸如清产核资企业改组、经营安排、人员调整、制度健全等方方面面的工作很难做到统筹兼顾，恰到好处。曾出现过政策教育不深透，部分业者有抵触情绪，配合不积极；时间紧、任务重、思想急躁、方法简单引起工作疏漏等现象，使个别阶段性工作受到一定损失，然而，局部环节的不足并未影响社会主义改造的发展进程。叶县的私营商业自此完成了所有制形式的整体转换，融入已初步建立的社会主义经济体制之中。

第三节　政治经济文化和各项社会事业的建设

1956年在中国大陆，生产资料私有制的社会主义改造取得了决定性胜利。农业、手工业个体所有制基本上转变成为劳动群众集体所有制的公有制。资本主义商业私有制，基本上转变成为国家所有即全民所有的公有制。社会主义经济制度、政治制度及思想文化等方面的社会关系正在形成。中国共产党执政能力得到了加强，从而领导人民进行社会主义建设。

一、党组织的发展与整顿

1949年10月，中共叶县县委重建后，内设秘书室、组织部、宣传部。1950年设统一战线工作部，与宣传部合署办公。同年又增设中共叶县纪律检查委员会（1955年7月改称中共叶县监察委员会，1960年1月又改称中共叶县县委监察委员会）。1954年10月增设农村工作部（1962年9月撤销）。1955年8月13日县委设常务委员会，同年10月增设财贸部（1962年9月撤销），同时设县直机关总支委员会（1957年改称县直机关党委会）。1958年2月增设工业部（1962年9月撤销）。1959年4月县委设书记处。1959年3月在原党训班的基础上建立县委党校。

县以下党的基层组织，随着行政和企事业机构的设立而设立，一般是区、乡（公社）级设党委，县直属机关设党组（党委）、党总支或党支部；县直二级机构和村级（大队）设立党支部。1948年至1950年，叶县建立城关、刘口（后改称任店）、夏李、旧县、圪垱店（后保安）、龚店、坟台、大营、邓李9个区委。1951年4月，增设辛店区委；1953年3月，增设廉村区委，全县共设11个区委。1955年12月27日，撤销区建制，建立20个中心乡党总支部委员会。1956年10月24日，撤销中心乡，建立36个县辖乡、1个镇（城关镇）党委。

新中国建立初期，党组织发展的重点是吸收农村贫下中农中的积极分子入党。1949年10月，全县党员有1032人，1955年全县党员发展到4014人，其中农民党员3368人，占党员总数的83.9%。20世纪50年代后期，各级党组织注意在工商、财贸、文教、卫生系统发展党员。

县委根据上级指示，有组织有计划地在全县党员中开展多次整党、整风工作。全县大的整党整风活动有：1951年，组织党员学习党员“八条标准”，开展批评与自我批评，整顿党的作风；1953年结合“三反”“五反”进行整党建党。

二、民主政治建设

1956年社会主义基本制度建立，中国共产党领导全国各族人民进行全面的大规模的社会主义建设，同时，对适合中国国情的社会主义民主政治建设也进行了艰辛探索。

1954年9月，第一届全国人民代表大会第一次会议在北京隆重举行。大会的首要任务是审议通过《中华人民共和国宪法（草案）》。大会一致通过的《中华人民共和国宪法》是中华人民共和国的第一部根本大法，全国人民代表大会的召开，标志着人民代表大会制度作为我国的根本政治制度的确立，也是我国民主政治制度新的开端。

叶县人民在县委的领导下，认真开展了学习《中华人民共和国宪法》活动，各行各业，各条战线欢欣鼓舞，真正体现了人民当家做主。根据《中华人民共和国宪法》和《中华人民共和国全国人民代表大会和地方各级人民代表大会选举法》之规定，1954年进行第一次普选。

叶县第一次普选于1954年2月下旬开始，先在六区（龚店）进行试点，3月21日在全县铺开，历时40天，到5月5日结束。此次普选，全县总人口为42.5万人，按照法律规定，有选举权的选民263471人，占全县总人口的62%，其中参加选举的选民

222769 人，占选民人数的 84.5%；依法被剥夺选举权的 14116 人。全县采用划分选区和无记名投票的方法，共选举出乡（镇）人民代表大会代表 4394 人，然后在各乡（镇）召开的人民代表大会上，又选举出县人民代表大会的代表 319 人。

叶县第二次普选于 1958 年 2 月开始。此次选举，全县总人口为 462556 人，按照法律规定，有选举权的选民 266727 人，占全县总人口的 58%，其中男性选民 135911 人，女性选民 130816 人；依法被剥夺选举权的 1951 人，占总人口的 0.42%。按照划分好的选区，采用无记名投票的方法，共选举出各乡（镇）人民代表大会代表 2436 人，在各乡（镇）召开的人民代表大会上，选举出县人民代表大会代表 321 人。在选举过程中，受理破坏普选案件 19 起，纠正违犯普选规则 358 起。

三、人民团体建设

社会主义制度下的群团组织，是党与群众联系的纽带和桥梁。为了更有效地动员各界民众贯彻党和国家的政策法令，踊跃投身社会主义革命和建设，叶县人民政权建立后，县委就不失时机地筹备组建了工人、青年、妇女等范畴的群众团体，赋予其相应的机构职能，理顺施政环节，推动改革和建设加速进展，使其发挥着不可代替的作用。

叶县总工会

1950 年 3 月，县委研究成立了叶县总工会筹备委员会，负责筹建县总工会的前期工作并暂行代理过渡性工会组织职能。筹备就绪后，按照中国工会章程正式成立叶县总工会。1953 年 4 月，叶县首届工会会员代表大会在县城举行，明确规定了工会组织的四大职能：一是参与职能，代表职工参与国家和社会事务管理，组织职工参与企业单位民主管理，实施民主监督。二是维护职能，维护职工合法权益，维护党与群众的密切关系。三是建设职能，有效组织广大职工积极参加社会主义政治与经济建设，充分履行主人翁责任。

四是教育职能，组织搞好包括思想政治教育和文化技术教育在内的职工教育工作。切实提高职工思想和文化素质，使工人队伍真正成为革命和建设的主力军。大会选举产生了叶县第一届工会执行委员会，由贾清仁任主席，张金山、张庚寅任副主席。县总工会在中共叶县县委和许昌地区工会办事处领导下开展工作。1953 年 8 月，按照上级工会要求，叶县总工会更名为叶县工会联合会，工作职能和领导关系维持不变。同年底，联合会增设教育工会并先后建立 37 个基层工会，会员人数达 2264 名。1955 年，全县基层工会增加至 66 个，会员 2320 名，还建立了包括图书馆、阅览室、游艺厅在内的工人俱乐部，为职工群众政治文化学习与娱乐健身活动初步创造了条件。其间，工会联合会大力组织了增产节约、技术革新为中心的社会主义劳动竞赛活动；开展了文化技能教育、形势政策教育、阶级教育、传统教育等职工教育活动；建立职工业余剧团、篮球场、乒乓球室并进行了不同类型文体活动和演出比赛；增进了广大职工的文化业务素质、政治思想觉悟、集体主义观念和身体健康水平。较好地发挥了工会组织的职能作用。

新民主主义青年团叶县委员会

青年团组织自新民主主义革命以来一直是党的得力助手，其组织称谓在不同历史时期有所不同。中华人民共和国成立前夕更名为新民主主义青年团（简称新青团）；1957 年 5 月再次恢复共产主义青年团名称。1950 年初，中共叶县县委与省、地青年团组织共同筹备成立中国新民主主义青年团叶县工作委员会，4 月份召开全县团员代表大会，主要宗旨是加强党对青年团的领导，建立健全各级团组织，充分发挥新青团员在土地改革、国民经济恢复和各项政治运动中的先进作用。会议选举于仲贤为团县委书记。

新民主主义青年团叶县第二次代表大会于 1951 年 3 月在县城召开，出席代表 389 人。大会听取审议了第一届团县委工作报告，选举产生了新青团叶县第二届委员会，李志耕任书记，李光前任副书记。

新青团叶县第三次代表大会于1956年7月在县城召开，出席代表300人，中心议题是：认清形势，明确任务，团结在党的周围，为实现党的各项任务而奋斗。大会听取审议了上届团县委工作报告和1956—1957年工作规划，选举范静安为新一届团县委书记。其间，团县委在中共叶县县委和上级团委的领导下，围绕党的中心工作开展活动，大力加强自身组织和思想建设，充分发挥先进青年群众组织的带头作用，培养、吸收了一批优秀青年入团。至1956年底，全县共建立基层团委会37个，团支部515个，发展团员15181人。各级团组织根据党在不同时期的任务和要求，对团员和青年积极分子进行马列主义及社会主义、爱国主义思想教育，宣传贯彻党的各项方针政策，不断提高他们的政治觉悟和思想水平。同时，各级团组织还组织团员、青年学文化，开展扫盲运动。各乡镇团委都成立了扫盲协会、青年扫盲队、文化学习组等，使全县20000多名青年扫盲对象摘掉文盲帽子，达到了“认、读、写、用”四会标准，全县基层团组织及广大团员青年在不同战线、不同岗位上发挥了先锋模范和突击队作用，涌现出了许多先进人物和模范事迹，充分体现了党组织助手的光荣使命。

叶县妇女联合会

妇联会是各界妇女在党的领导下为争取解放、捍卫权利促进平等而组织起来的女性群众团体，具有广泛的代表性和社会性。解放后，县委、县人民政府按照上级部署于1949年10月组织成立了“叶县妇女救国联合会”，公布于岐任会长，张慧中任副会长，大力号召动员全县妇女积极投入社会主义革命和建设中来。为了不断加强妇女工作，充分发挥妇女组织的职能作用，叶县于1950年6月召开了第一次妇女代表大会，常设机构称谓定为“叶县民主妇女联合会”，选举葛纯芙为主任。之后于1953年9月、1956年11月分别召开了全县第二次、第三次妇女代表大会。组织机构更名为“叶县妇女联合会”（简称妇联会），先后由张慧中、段丽文、郝聚霞、丁梅花担任主任一职。

在县委的领导和上级妇联机构指导下，全县妇女组织不断加强和向基层延伸，各区、乡、村先后均建立了妇联会，确定了专职或业余（村级）负责人，召集带领城乡广大妇女普遍参加工农业生产、三大改造、识字扫盲等社会活动。特别是《中华人民共和国婚姻法》颁布后，各级妇联会利用集市、庙会、物资交流会和庆祝“三八”妇女节等场合宣传贯彻《婚姻法》，同时协助民政、司法等部门处理婚姻纠纷，支持妇女为争取婚姻自主和自身解放而努力。《婚姻法》贯彻初期，据不完全统计全县为 620 对冲破封建礼教自由恋爱的青年男女办理了婚姻登记手续。帮助解除买卖婚约 129 起，支持寡妇改嫁 57 起，有效维护了妇女合法权益，调动了她们参与国家管理和社会主义建设的积极性，涌现了许多女性劳动模范和先进工作者。像叶县总工会、团县委、县农协、工商联一样，都在不同行业、不同群体中协助党委政府为贯彻过渡时期总路线，顺利完成政治、经济领域各项工作任务发挥了显著作用。

四、政治思想和经济建设

按照省委、地委工作部署，叶县县委根据工作实际，对全县的政治思想和经济建设做出了具体部署，把学习宣传贯彻党在社会主义时期总路线、总任务作为当时的首要任务。规划制定了第一个五年计划。

国民经济恢复阶段，通过举国上下三年的共同努力，土地改革在全国范围内基本完成，抗美援朝结束在即，国情国力有所好转，为在政治上、经济上实现由新民主主义向社会主义、由农业国向工业国的两大转变提供了基本条件。经过充分的酝酿和论证，党中央于 1953 年 6 月制定了党在过渡时期的总路线：“从中华人民共和国成立到社会主义改造基本完成，这是一个过渡时期。党在这个过渡时期的总路线和总任务，是要在一个相当长的时期内，逐步实现社会主义工业化，并逐步实现国家对农业、对手工业和对资本主义工商业的社会主义改造。”

第一次全国人民代表大会上，过渡时期总路线还正式写入《中华人民共和国宪法》，以法律的形式确定下来，成为全党全国人民的统一意志。这是一条社会主义改造和建设并举的总路线，指明了新民主主义过渡到社会主义的任务、途径和步骤。毛泽东高度概括其重要作用：这条总路线是照耀我们各项工作的灯塔，各项工作离开它，就要犯右倾或“左”倾的错误。1953 年下半年，全国范围内形成了对过渡时期总路线的学习和宣传热潮。中央宣传部编发了《为动员一切力量把我国建设成为一个伟大的社会主义国家而奋斗—关于党在过渡时期总路线的学习和宣传提纲》，《人民日报》连续发表《必须大张旗鼓地向农民宣传过渡时期的总路线》《为着社会主义工业化远大目标而奋斗》《领导农民走大家富裕的道路》等多篇社论，用通俗易懂的语言阐述了“一化三改”（工业化和对农业、手工业、资本主义工商业的社会主义改造）重大决策的前瞻性和可行性，使社会各界能够通过学习，理解精神，认清形势，以不同形式发挥自身的积极性。

当年 10 月召开的中共河南第六次代表会议，号召全省党员和人民充分认识党在过渡时期总路线的重大意义，以及实行“一化三改”的重要性和必要性，大力开展学习宣传活动，在全省形成广泛深入的社会主义教育运动。

叶县县委及时转变思想观念，更新工作思路，把学习宣传过渡时期总路线放在一切工作之首，重点安排，强力部署。11 月 16 日，县委召开全体（扩大）会议，在系统传达党中央、河南省委文件精神的基础上，认真研究部署了在全县范围内大力开展对过渡时期总路线的学习、宣传活动意见，会议认为：过渡时期总路线的核心内容是解决生产资料所有制问题，改革生产关系，为进一步解放和发展社会主义生产力创造条件，是整个过渡时期党的方针政策的总概括，务必根据上级要求和本县实际，明确制定阶段性的目标任务，分期实施，确保完成。会议决定：迅速组织全县党员干部和群众广泛深入地开展党的过渡时期总路线的学习、宣传、教育活动，统一思想，提高认识，全力以赴掀起“一化三改”高潮。在11月30日至12月4日召开的叶县第四届各界人民代表会议第四次会议上，县委副书记、县长勾绍藩做《贯彻过渡时期总路线和总任务》的专题报告，将主旨精神传达到全县各行各业和基层。接着，县委举办县直和区、乡干部培训班，结合叶县实际，系统学习中宣部下发的《过渡时期总路线学习、宣传提纲》，武装中层干部思想，提高他们的政策观念和指挥能力。各区、乡及县直各系统各单位领导干部除认真组织学习上级文件外，还带头联系实际，写出学习体会和工作设想，言之有物地向群众宣讲。与此同时，县委宣传部、县文化馆、县剧团等部门，还将党的过渡时期总路线编排成群众喜闻乐见的文艺节目形式，组织流动宣传队，轮流到各行业各单位和农村巡回演出，宣传深入人心。12月上旬起，县里又分别举办三期基层干部、农民积极分子和工商界代表培训班，在深入学习、解读总路线基本内容和相关方针政策的前提下联系行业实际，分析面临的形势和不同层次、不同界别、不同职业、不同身份人员的职责，使参训者统一认识，明确任务、振奋精神，增强信心，自觉成为中坚和骨干，带领广大群众积极投入总路线的宣传贯彻之中，从党内到党外、从干部到群众，迅速掀起了社会主义教育活动的热潮。

在深入持久的教育活动中，全县各级党员干部率先垂范，身体力行，紧密结合中心工作和个人思想实际，充分理解、大力宣传过渡时期总路线的内容和意义，在自我提高的前提下，带动各界群众踊跃参加学习讨论，紧跟政治形势。工商界组织业者、职工及亲属全面参与其中，按照中华全国总工会下发的《关于学习、宣传与贯彻过渡时期总路线的指示》和县委的工作部署，紧密结合行业实际学习讨论，切实理解只有实现工业化和实施三大改造，才能使中国由落后的农业国转变为社会主义工业国，才能满足包括工商业者在内的全体劳动人民日益增长的物质文化生活需要，进而鞭策自我，诚恳配合国家对手工业、资本主义工商业的社会主义改造，清除糊涂观念和错误认识，克服唯利是图思想，改善经营作风，主动接受人民政府领导、国营企业管理和工人群众监督。在国家计划轨道上，逐步实现手工业、资本主义工商业的社会主义改造。农村的教育活动也进行得扎实有序，县、区党政领导干部都确定了基层联系点，经常下乡指导工作；乡、村党员干部直接参与带动翻身农民积极开展不同形式的教育活动。在联系农村实际，深入浅出地解读领会总路线基本内容和中央宣传提纲、《人民日报》社论精神的同时，通过新旧社会对比、互助合作与个体生产对比，算细账、讲道理、辨是非、定方向，批判资本主义倾向，划清小农经济思想与农民正常生产积极性的界限、社会主义改造中人民内部的思想斗争与阶级敌人蓄谋破坏的界限，充分认识"一化三改"大政方针对农民生活改善和农村经济发展的重要作用，从而积极踊跃地参加农业合作化、粮食统购统销，支援国家工业化和全面开展社会主义建设。

学习和宣传过渡时期总路线，是新中国成立后在全党、全体人民中普及社会主义观念的一次空前规模的重大活动，在当时的认识条件下，明确了走社会主义道路是历史的必然选择，解决了由新民主主义逐步过渡到社会主义的思想转变问题，进而把党内外的思想认识基本统一到过渡时期总路线上来，坚定了广大人民向着社会主义道路实现国家工业化、强国富民的信心。为大规模工业建设和"三大改造"的顺利进行奠定了坚实的群众基础。

第一个五年计划

国民经济三年恢复时期是新中国进行社会主义建设的准备阶段，及时制定一部切实可行的国民经济发展中期计划，是完成党在过渡时期总路线规定的"一化三改"重大任务的必要措施。1951年由中央财经委员会着手试编《中华人民共和国发展国民经济第一个五年计划（1953—1957）》，历时四年，五易其稿，经多次修订，调整、补充、完善，于1955年7月30日召开的第一届全国人民代表大会第二次会议上正式审议通过，并要求各地制定相应计划配套落实。

为加强对计划工作的领导和管理，河南省委、省政府于1954年7月决定成立省计划委员会，并要求各市（地）县迅速成立计委和统计科，负责国民经济计划的编制、实施、检查、统计工作。1955年1月，全省计划会议召开，根据中央下达河南的计划指标，酝酿形成五年计划的雏形。6月1日至9日，河南省第八次党代会召开，听取并通过了省人民委员会提出的《关于河南省发展国民经济的第一个五年计划（草案）的报告》，8月份经河南省第一届人民代表大会第三次会议审议后下达实施。其间，许昌地委也做出了分解上级分配计划、编制本区及所辖县（市）第一个五年计划的工作部署。

在国家“一五”计划“边修定、边执行”的过程中，叶县县委、县人委借助全面深入宣传贯彻党的过渡时期总路线的强大动力，根据国家“一五”计划的指导思想和省、地下达的任务目标，结合叶县社会和经济发展实际，初步研究制定了五年经济发展规划，统筹全县经济工作，并于1953年11月16日在县委全体（扩大）会议上审议定稿，安排试行。随着党的过渡时期总路线深入实施和国家“一五”计划正式颁布，制定正式的叶县第一个五年计划势在必行。经过充分的讨论、酝酿、考察、论证，1955年上半年在试行中的五年经济发展规划基础上，形成了《叶县国民经济发展第一个五年计划（1953—1957）（草案）》，经6月25日召开的中共叶县党员代表会议讨论并在当年的县第一届人民代表大会上审议通过。叶县是传统农业县，发展农业生产是保障国民经济计划完成和支撑国家工业化的基础，因而，县委从全国经济建设的大政方针和本县实际出发，将上级下达的各项经济目标全面梳理、认真分析、逐一分解。确立了以农业生产为中心，兼顾手工业和商业贸易等行业，迅速发展县域经济，大力支持国家工业化和全面社会主义建设指导思想。县委在《叶县国民经济发展第一个五年计划（1953—1957）（草案）》的报告中客观明确地指出：叶县是全省的主要产粮区之一，在生产粮食和工业原料方面均占有重要地位。生产效率将直接关乎着国家社会主义建设的胜利进行，必须充分认识发展农业生产的有利条件和制约因素，总结经验接受教训，克服困难，艰苦奋斗，保证完成和超额完成上级下达的农业生产计划。必须紧紧抓住发掘耕地潜力、提高复种指数、增加高产作物比例、扩大技术作物种植面积、搞好农田水利基本建设等关键措施。农业生产合作社是提高广大人民生活水平和支援国家工业化的制度保证，必须在巩固已建社的基础上，充分发动群众，尊重农民意愿，稳扎稳打地扩展新社，在已有的 531 个基础上，年底前计划发展到 1031 个，至 1957 年达到 1814 个。要尽量发挥农业社的旗帜引领作用，团结带动社外农民，积极发展生产，为实现农业生产领域的计划目标而努力。关于工业问题，叶县地方工业除工农煤矿外，大部分系小型手工业形式。经过社会主义改造，已建成七个手工业生产合作社，在为农业生产服务方面起了很大的作用。但因计划性较差，部分产品不够适销对路，造成产、供、销不顺畅现象。必须深刻认识手工业对大工业的补充作用，加强领导，统筹兼顾，有计划地进行扶持和指导，强化其服务人民生活、农业生产和国家工业化的职能，为五年计划的顺利实施更好地发挥行业作用。关于商业问题，须加大对私营商业的社会主义改造力度，增加其零售业务，将批发业务逐步让位于国营及合作性企业，形成国营、合营、私营及小商小贩等多种形式有机结合，有效竞争，相互促进，相互补充的初步社会主义性质的商品流通机制。这样，农业、手工业、商业多业并举，良性互动，就能充分发挥全县人民的积极性、创造性，为五年计划的实施共同奋斗。县委的报告强调：必须正确全面加强党的领导，深刻认识计划经济的重要性；必须充分发动、坚决依靠广大群众，自上而下地制定计划，自下而上地完成目标；必须正确执行党和国家一系列方针政策，按照党中央“我党现行政策是有利于巩固工农联盟的，但执行正确政策时，常常会发生错误和偏差，不注意工作检查是危险的”这一重要指示规范思想和行动，保持严格执行政策的自觉性；厉行节约，反对浪费，严明财经制度，强化财务监督，与一切铺张浪费，违背纪律的现象做斗争。只有这样全党重视，全民动员，团结奋斗，艰苦努力，才能使全县第一个五年计划的措施和目标能够全面落实，圆满完成。

叶县“一五”计划的指标主要内容为：从 1953 年到 1957 年，全县农业总产值年均递增 1.7%，1957 年达到 5432 万元；粮食总产量年均增长 2.4%，1957 年达到 12855 万千克；社会商品流通额 1957 年达到 1375 万元，比 1952 年增长 18.2%。叶县第一个五年计划颁布，以务实的方式为贯彻党的过渡时期总路线制定了经济和社会发展的工作目标，接着又按行业和区划逐级分解，不失时机地向基层落实。各系统、各区乡都明确了任务，制定了措施，形成了全县人民团结奋斗、共同努力，深入贯彻过渡时期总路线，坚决完成“一五”计划各项任务的工作新局面。

第六章　社会主义建设在探索中发展

（1956 年 9 月～ 1976 年）

从 1956 年社会主义基本制度建立到 1966 年“文化大革命”结束，党领导全国各族人民进行全面的大规模的社会主义建设，对适合中国国情的社会主义建设道路进行了艰苦探索，使社会主义建设在探索中曲折发展。

第一节　“大跃进”和人民公社化

“大跃进”运动，是在批评反冒进和酝酿制定社会主义建设总路线的过程中发动起来的。

一、“大跃进”运动兴起

党的八届三中全会结束后不久，党中央于 1957 年 10 月 25 日公布了全会通过的《1956 年到 1967 年全国农业发展纲要（修正草案）》。10 月 27 日，《人民日报》发表题为《建设社会主义农村的伟大纲领》的社论，要求“有关农业和农村各方面的工作在 12 年内都按照必要和可能实现一个巨大的跃进”。这是党中央提出“大跃进”的先声。

1957 年冬，各地区，各部门贯彻党的八届三中全会精神，并根据“农业 40 条”和 15 年赶超英国的要求，纷纷召开会议，批判右倾保守思想，组织农民日夜奋战，掀起了以兴修水利，养猪积肥和改良土壤为中心的农业生产高潮。这场农田水利建设高潮揭开了“大跃进”的序幕。

1958年1月1日，《人民日报》发表题为《乘风破浪》的社论，再次提出15年赶超英国的目标，同时还提出，准备再用20年到30年的时间在经济上赶上并且超过美国，把社会主义社会过渡到共产主义社会。此时“大跃进”运动在全国轰轰烈烈地开展起来。

二、人民公社化运动

1958年，县委在贯彻中央提出的“鼓足干劲，力争上游，多快好省地建设社会主义”的总路线中，主观上是想把叶县的经济搞上去，改变叶县的贫穷面貌，但由于受“左”的思想影响，主观意志脱离客观实际，不适当发动了“大跃进”和人民公社化运动。当时，县委首先提出“大办水利”，在山区大挖鱼鳞坑、大搞小流域治理、大建山区水库；在平原和洼地大挖水塘、大打机井、大搞作物水库、大搞引水灌溉，先后开淮河一渠、澧河二渠和沙河一渠、沙河二渠等。但由于当时存有急于求成、徒具形式和重建轻管思想，除少部分工程获得成功并发挥一定效益外，大部分都被废弃或损坏。同年9月，县委根据上级指示，提出“大办钢铁”，全县掀起找矿、报矿和土法炼铁的群众运动，出动干部、工人、学生和农民近6万人，到沙河、澧河淘铁沙，去辛店公社尚庙搞“小土群”炼铁，把群众家庭中的铁火炉、铁锅等收集起来作原料，大砍树木当燃料，结果造成经济上的得不偿失。与此同时，8月23日，县委将全县刚建立起来的87个高级社合并为10个人民公社，接着又成立叶县人民公社联社。全县实现了“公社化”，并不切实际地提出“大办农业”“大办工业”“大办食堂”等，实行所谓“生活集体化，行动军事化，生产、工作战斗化”。这些做法，虽然在破除迷信、解放思想和某些社会主义建设方面起过一定的积极作用，但却使得已经刮起来的共产风、浮夸风、强迫命令风、生产瞎指挥风和生活特殊化风的“五风”错误严重泛滥起来，给全县的经济建设和人民生活带来了不良后果。直到1961年春，贯彻中央《关于坚决纠正“五

1958 年城关人民公社旧址（县城一里桥）

风”问题的指示》和国民经济实行“调整、巩固、充实、提高”的“八字”方针以后，才逐步得到纠正。

三、纠正“左倾”错误，“大跃进”运动终止

1961 年 1 月，县委贯彻执行中共中央《关于农村人民公社当前政策问题的紧急指示信》和《关于坚决纠正“五风”问题的指示》。首先于元月派出大批干部，配合中央工作队，以辛店、旧县、夏李 3 个公社为重点，在全县开展反“五风”运动。批评和处理了一部分“五风”错误严重的干部。接着，县委总结了前段的经验教训，检讨了 1958 年以来的“五风”错误，对 1959 年上半年纠正“一平二调”不彻底的问题进行了认真的清算和退赔。4 月，县委又认真贯彻党的八届九中全会关于对国民经济实行“调整、巩固、充实、提高”的方针和中共中央制定的《农村人民公社工作条例（草案）》，制定并发出《关于进一步调整农村人民公社的组织规模管理体制和经营管理的规划意见》，将原 10 个大型人民公社、404 个生产大队，调整为 55 个中型人民公社、666 个生产大队、3104 个生产队，实行“三级所有，队为基础”的管理体制，把生产分配权下放到生产队。

同年 4 月 3 日，县农场南大桥公共食堂首先散伙，接着各地的公共食堂也相继解散，社员分户立灶。同时，叶县从当年 2 月开

始，全县精简职工干部 8734 人。1962 年县委为部分受错误批判和处分的党员、干部做了实事求是的甄别复议。同年 6 月 8 日，县委又根据中央指示精神发出《关于借地的紧急通知》，要求退还社员应有的自留地外，还将集体耕地借给每个社员 2 至 3 分自种自收。由于采取了上述措施，纠正了“五风”错误，不到二年时间，农村元气大大恢复，农民生活迅速改善，全县的国民经济和农业生产也得到比较顺利的恢复和发展。1962 年全县粮食总产比 1961 年增长 32%。

第二节　对国民经济和社会政治关系调整

1960 年 11 月，中央发出《关于农村人民公社当前政策问题的紧急指示信》，1961 年 1 月，党的八届九中全会正式决定对国民经济实行“调整、巩固、充实、提高”的方针。

一、整风整社运动

1957 年 10 月，县委根据中共中央《关于整风运动的指示》，成立了整风领导小组，先后在县直机关、学校开展党内整风，反对主观主义、官僚主义、宗派主义；同时，发动党外群众向党组织和广大党员提批评意见和合理化建议，帮助党组织整风。此时，有极少数右派分子乘机攻击党的领导和社会主义制度。县委根据中央反击资产阶级右派分子进攻的指示，12 月，由整风学习转入反右派斗争，先后在机关、学校和工商界上层人士中开展反右派斗争。1958 年 3 月，还在县直机关和乡直基层单位进行整风和社会主义教育，开展“反右倾”、拔“白旗”运动，直到 5 月结束；全县先后有 365 人被划为“右派分子”，有 440 人被定为“白旗”。这次反右派斗争是正确的和必要的，但是被严重扩大化了，把一批知识分子和党内干部错划为“右派分子”或“白旗”，造成了不幸的后果，同时，也使党内民主生活受到挫伤，堵塞了言路，助长了党内主观主义和“左”的思想的发展。

1963 年 5 月上旬，县委根据中央《关于目前农村工作中若干问题的决定（草案）》和中央《关于农村社会主义教育运动中一些具体政策问题的规定（草案）》，抽调 320 名干部组成工作队，以龚店、蒲楼、城关区和城关镇的 61 个公社、962 个生产队为重点，开展社会主义教育运动（简称“社教”）。1964 年冬，根据许昌地委通知，县委抽调大批干部和部分农村知识青年，到许昌县部分社队帮助搞以“清政治、清经济、清组织、清思想”为内容的“四清”运动（简称“大四清”）。1965 年 1 月，县委又在县城召开万余名国家及农村生产队长以上干部会议，集中进行清理账目、清理仓库、清理财务、清理工分的“小四清”。这次“社教”和“四清”运动，对于提高广大党员、干部群众的社会主义觉悟，解决基层干部作风和经济不清等问题起到了一定的积极作用，但由于过“左”地估计农村形势，把农村及干部队伍中存在的一些不同性质的问题都看作是阶级斗争或者是阶级斗争在党内的反映，不适当地进行批判和斗争，使一部分干部受到了不应有的打击。

二、调整农村政策和社会事业政策

从 1958 年开始，由于经济工作指导思想上的“左”倾错误和严重自然灾害，造成了我国国民经济长达三年的严重困难时期。其间，经济关系比例失调，基建规模过大，粮食短缺，通货膨胀，市场供应紧张，人民生活难以为继。为了解决这些问题，党中央全面调研、慎重研究，于 1960 年冬季提出对国民经济实行“调整、巩固、充实、提高”的八字方针，包括增长速度、产业结构、城乡关系、经济体制等进行全方位调整。按照上级部署，农业县贯彻“八字方针”的重点是调整农村生产关系，加强农业战线，恢复和发展农业生产。1961 年春，叶县县委遵循中央精神和省、地部署，及时理清思路，结合本县实际，冷静审慎地研究实施国民经济调整政策。

首先，根据中共中央《农村人民公社工作条例（草案）》（“农业六十条”）调整过于庞大的人民公社体制。为缩小公社规模，强化对基层农业生产的指导和管理，4月初，县委决定撤销全县原10个大型人民公社，相应建立10个区，区下设85个公社（中型）。同时，县人民委员会颁布《叶县粮油统购价格调整方案》，将小麦、玉米等主要农产品统购价格平均提高30%，以增加农民收益，提高种粮积极性，促进农业生产的恢复和发展。为调整农村生产关系，县里研究拟定了“三包一奖”（包产、包购、包积累、超额奖励）、“四固定”（固定土地、固定劳力、固定牲畜、固定农具）和实行公积金分配“三七开”（30%用于公共福利，70%发给社员）等农村工作制度，先在旧县公社的张思诚等大队试点，尔后在全县推广。经过深入调研和反复总结，县委于5月中旬召开扩大会议，专题研究农村工作。会议决定，要正视三年灾荒和“五风”（共产风、浮夸风、干部特殊风、强迫命令风、生产瞎指挥风）错误所带来的国民经济暂时困难及对人民群众思想情绪的影响，政策调整必须首先从各级干部，尤其是领导干部端正指导思想，强化作风建设做起。解决党内生活不正常、部分基层支部组织纪律涣散、管理制度混乱、干部思想情绪退坡等问题是贯彻调整方针，度过经济困难的关键所在，务必通过学习整顿尽快加以纠正。同时对加强农村工作，发展农业生产做了明确部署：粮食征购指标一包三年不变，使群众心中有数，有的放矢安排作物种植：大牲畜实行“分槽喂养，养用合一”的办法，必要时可包养到户，役畜增膘和母畜繁殖对饲养员给予现金奖励；对于集体食堂要采取南大桥大队的做法（城关公社南大桥大队在全县最早停办大食堂），当机立断停止运作，同时帮助解决群众分户立灶的具体问题。从思想情绪各个方面调动社员积极性，平稳度过暂时困难。

在大力加强农业的同时，县委、县人委结合本县实际，研究制定了缩小城乡差别、改善工农关系、精简职工和城镇常住人口、减轻农业负担、促进平衡发展等方面的政策措施。1961年2月，开始动员1956年1月以后参加工作且家居农村的职工及愿意从事农业生产的城镇居民家庭下乡落户，并给予表扬和照顾。当年共压缩城镇人口8734人，既加强了农业生产第一线，又减少了企事业费用开支和城镇粮食供应指标。在精简、效能的指导原则下，为健全企业制度，提高管理水平和社会效益，当年10月，县委成立城市整风领导小组并公布《关于工业、交通企业全面开展整风运动的方案》，明确提出“从总结工作、检查生产入手放手发动群众，以整顿管理为重点，深入整改，建立健全党委领导下的厂长负责制和职工代表大会制度等管理体制，改善运作机制，提高企业效益，工农携手，共度时艰，促进叶县经济尽快恢复和发展。”在理顺城乡关系，营造工农业生产协调发展的制度环境后，县委坚持突出以农业为基础的指导思想不动摇，把工作重点持续放在农村体制改革和挖潜增效上。1961年冬至1962年春，县委部署了一次全面整党整社工作，具体结合生产和救灾进程，将全县近600个大队分三批进行。通过整党整社，贯彻按劳分配加适当照顾的原则，解决队与队、人与人之间分配上的平均主义，充分发挥农村党支部的战斗堡垒和共产党员的先锋模范作用，加强生产队的领导，配备群众威信高、工作责任心强、精通农业技术、能够吃苦耐劳以身作则的骨干人员组成基层干部队伍。在大队层级建立健全社员代表大会、行政管理委员会、共青团、妇联会组织，开展农业劳动竞赛，推动农村经济逐步发展。

1962年夏，叶县第三届人民代表大会第二次会议学习讨论摆脱萧条局面，如何进一步贯彻中央精神，巩固农村集体经济，恢复发展叶县农业生产问题。会后，在全县农村开始实行“借地”，允许社员从集体耕地中每口人暂借0.2～0.3亩，借期5年，免交农业税，自种自收粮食、瓜果、蔬菜等农作物，自食之余可进行市场交易，调剂余缺，增加收入。对于无劳力、弱劳力军烈属、五保户等困难家庭，所在生产队给予适当多发一些口粮的照顾。

由于从思想和行动上多方位纠正过去工作中的“左”倾偏差，

大幅度减轻农民负担，充分发掘农村潜在生产力，农业生产得到较快恢复。春节刚过，县委、县人委就组织召开了田庄公社康台大队第四生产队等6个增产显著的生产队队长座谈会，总结实行农业集体生产责任制，调动社员群众生产积极性，提高粮食产量，扩大集体经济，增加农民收入的经验，并及时向全县推广。为了使经济调整方针取得持久成效，克服农村管理层次多、效率低、群众负担重等弊端，1963年3月，根据上级指示精神，再次调整农村管理体制，缩小公社规模，将全县85个中型公社解体组建为185个小型公社，原公社党委改建为党支部。新体制运行之初，县委就召开了1100余人参加的县、区、公社三级干部会议，贯彻中共中央《关于全国农村工作中若干问题的决定（草案）》即社教“前十条”，部署开展城乡社会主义教育即“四清”运动。

叶县县委在贯彻落实中央调整国民经济“八字方针”的过程中，对全面建设社会主义的一系列政策结合县情进行了具体实践和探索，基本达到了预期效果，工农业生产得到初步恢复和发展，市场供应较为充足，物价趋于平稳，人民生活有所改善，使全县人民的思想观念和生产生活方式基本摆脱了极“左”思潮的阴影，步入正常轨道。

三、工农业生产曲折发展

1966—1976年的十年，叶县工农业生产在曲折中发展。大多数党员、干部和工人、农民坚守岗位，坚持生产，全县工农业生产仍然取得了进展。水利建设方面，1965年冬至1966年底，全县出动5万多名劳力，完成48千米长的灰河治理工程；1966年春至1969年底，完成34.49千米长的白龟山水库南干渠叶县灌区的干、支、斗、农四级渠道的开挖和配套工程；1969年至1976年，分3次施工完成24.23千米长的昭平台水库南干渠叶县灌区的干、支、斗、农渠的修建和配套工程；1973年冬至1975年春，完成40.83千米长的孤石滩水库南干渠的开挖工程。1973年秋开挖疏浚湛河

8 公里。同时全县治理沟河 12 条，全长 122.27 公里，治涝面积 18.3 万亩。1975 年至 1976 年，县委贯彻中央有关整顿和全县第二次农业学大寨会议精神，全县掀起农田水利基本建设和深翻平整土地高潮，使大部分公社实现了沟、渠、路、林、电五配套的园田林网化，加上培育和推广优良品种，增施化学肥料，增加农用机械和电力等，使全县的粮食生产获得大幅度增长。1976 年全县粮食平均亩产 173.5 公斤，比 1966 年亩产 89.5 公斤净增 84 公斤；总产 2.4 亿公斤，比 1966 年总产 1.35 亿公斤净增 1.05 亿公斤。

工业生产也有明显发展。1969 年冬至 1971 年，建成了年产 3000 吨合成氨的县第一化肥厂。1970 年 5 月建成了年产 200 吨水泥的县水泥厂。1971 年建成了县城至常庄 35 千伏的高压输变电线路工程。1973 年建成了县磷肥厂。1974 年 9 月建成了日烤烟叶 3000 公斤的县烟叶复烤厂。1975 年至 1976 年建成了县第二化肥厂（后改为化工厂）等。1976 年，全县工业总产值 2051 万元，比 1966 年 157 万元增长 13 倍多。

第三节 “文化大革命”中的几件要事

从 1966 年 6 月开始，县委根据中央和省，地委指示，在全县开展“文化大革命”运动，到 1976 年，中央粉碎“四人帮”为止。在此期间，叶县和全国一样，发生了对社会影响较大的几件事。

一、开展了“农业学大寨”运动

1975 年，为响应中央，省、地委开展“农业学大寨”号召，加强对农业学大寨运动的领导，尽快建成大寨县。经县委常委研究，1975 年 11 月 28 日成立了中共叶县县委农业学大寨领导小组。由杨玉峰、李善允、孙怀然、张明发、杨文平、王全义、常源栋七人为农业学大寨领导小组成员。杨玉峰任组长，李善允任副组长。县委做出了“苦战一年，粮食翻番。苦战三年，把叶县建成大寨县”

的决定。从县委机关抽调 18 名干部由常委带队，每人一件行李，一把铁锨，到旧县公社的八个大队参加劳动。在昆阳古战场上，摆开了移岗填沟造平原的新战场。短短的 12 天搬运 30000 多土方，造大寨田 70 多亩。

1975 年县直干部深入旧县公社开展农业学大寨活动

第三次全国农业学大寨会议后，叶县县委制定了全县山、水、田、林、路，综合治理规划，重新安排叶县河山。廉村公社沙渡口大队，自力更生建起了一座机电双配的提灌站，修建了四条灌溉渠，一举实现了水利化，并把全大队 1200 亩土地建成 11 块方田，把五条老路修成了林荫道，1975 年亩产超千斤。坟台公社，两年实现了大地园林化。全公社 9 万亩土地建成 1063 块沟、渠、路、林四结合方格田。

在农业学大寨运动中，全县动员 26 万多人，接连打了五个战役。第一个战役，修复了 1975 年被洪水冲毁的全部工程；第二个战役，大规模地深翻平整土地；第三个战役，大搞方田建设，修通了全县的道路；第四个战役，开山引水，配套挖渠；第五个战役，大搞荒山荒滩绿化。这五个战役下来，全县共投工 4560 多万个，动土石方 3800 多万方，相当于前三年所做工程量的总和，超过了“文化大革命”前 17 年所干工程的总量。新建成了一个大型自流灌溉区，使 47 万亩世世代代缺水干旱的山岗地变成了水浇田。新开排灌溉渠 2801 条，总长 3148 华里。新修林荫道 1844 条，总长 660 公里，深翻平整土地 39 万亩；植树 675 万株，山区兴建大寨田 15000 亩；全县有大型水库一座，山区小水库 26 座，配套机井 1658 眼，大型排灌站 65 处。排灌沟渠总长达 13000 多华里，全县建成了四个 15 万亩大型灌区，其中三个自流灌区，一个井灌区，灌溉面积达到 80 万亩，实现了每人一亩多水浇地。全县田成方、渠成网、路畅通、林成行，初步实现了水利化和园林化。地处山区的辛店公社在实行山、田、林、路综合治理当中，采取群众运动和专业队相结合的办法，搞封山育林和植树造林，荒山覆盖面积达到 80%。并在山上种茶 2100 亩，养蚕 6000 亩，引种毛竹 65 亩，使昔日的荒山秃岭披上了绿装。

学大寨运动中，县委根据叶县的情况，在全县范围内进行了农田水利基本建设。

各公社相继成立了水利专业队，重点放在田间配套上。并在 1975 年冬和 1976 年春，集中搞好白龟山、昭平台，孤石滩三大灌区的配套工程。机井达 2500 眼，机电灌站达到 300 座，灌溉面积增加到 80 万亩。实现旱能浇，涝能排，路、林、沟、渠网格化。

由于大搞农田水利基本建设，1976 年，叶县在受到洪水灾害后，取得了大灾之年大丰收。粮食总产量比 1965 年增加 0.5 亿千克。全县 68 万亩夏粮作物，平均亩产 380 斤，每亩增产 90 斤，总产 2 亿 6000 多万斤，总产的增产幅度占许昌地区第一位。有九个公社增产三成半以上。其中旧县、龙泉、坟台、廉村、邓李，洛岗、城关七个公社总产比前年增加 500 万斤以上，有七个公社亩产 400 斤以上，洛岗、共大、城关镇、城关四个单位亩产超过 500 斤，其中洛岗公社达到 606 斤。

二、知识青年上山下乡

1968年12月21日，毛主席发出指示："知识青年到农村去，接受贫下中农再教育，很有必要。"于是全国范围内掀起了知识青年上山下乡的热潮。按照上级要求，1969年10月，叶县成立了知青工作机构，并于1974年改为"知青办公室"，由12人组成，黄润峰任主任。

叶县于1968年10月26日接收首批下乡知识青年（以下简称知青）24人，12月22日又接收漯河市来叶锻炼的知青827人。当年全县建立10个知青队（又称新建队），每个知青队拨给100～150亩耕地，平均每个知青两亩地；由所在大队、生产队负责建房，并配耕畜、农具，由老农帮助耕作。知青下乡后，每人发给400元的生活、生产补助费和半立方米木材。

1969年，全县新建队除保留岗马、习楼、古路湾3个以外，其余知青分散插队。

1969年7月从漯河市来叶594名下乡知青（后增加到1622人），大都分散插队。1970年春，插队知青又都恢复和重新组合成新建队。1975年8月平顶山市共有1356名知青来叶县。由于知青增加，叶县扩建、增建了知青场、队，总数达57处。知青下乡经费由原来的每人400元增加到580元，物资供应也有所增加。

1969年10月，知青工作机构称"安置办公室"。1974年秋改为"知青办公室"。1982年5月2日与劳动局合署办公。

1970年12月开始，国家在下乡知青中招收、录用人员，规定知青下乡锻炼2年后方有资格参加招工、考大学或参军。1975年到1978年叶县采取广开就业门路、大力促使知青就业的措施，把在乡下的1744名知青安置就业90%以上。1979年3月又对在乡已婚的老知青14人进行安置；留下的漯河、平顶山两市的知青150人经过协商，于同年秋全部迁回漯、平两市安置，至此叶县知青安置工作结束。

1980年以后，根据上级指示，叶县着手筹办知青农工商联合公司，并对知青场、队进行财产清理。1981年1月知青农工商联合公司正式建立，设有2个门市部和1个青年场，资金是原知青的经费。公司吸收待业青年参加，并聘请3名退休工人，配1名国家干部任经理；1982年，3名退休工人退离公司，保留职工9人。青年场设在坟台乡辛堂村，以农业为主要经济来源。场内有青年20名，老农8名，土地20亩。1982年又招收16名待业青年，1984年底场内保留30人。1985年5月，辛堂青年场撤销。

三、组织参加"三线"①工程建设

三线建设是20世纪60年代中期至70年初期在中共中央的战略决策下进行的一场以战备为中心的基础设施建设。国家投入几百万人力和大量财力，在三线地区和一、二线地区腹地建起了相当数量的国防工业、钢铁、煤矿、铁路、水电站、科研所等设施，有力地缩小了东南沿海工业先进发达的一线地区与经济贫困落后的大西北、大西南三线地区的差距，是新中国成立以来经济建设战略性壮举。

三线建设越到后来，战备的因素越加凸显。1968年至1973年，叶县革命委员会和叶县人民武装部为贯彻执行毛主席关于"深挖洞、广积粮、不称霸""备战、备荒、为人民"和"要准备打仗"的指示，组织民兵团、民兵营积极投入三线建设。主要项目有：8682工地会战（大型军用飞机场）、焦枝铁路会战和平舞铁路会战。

8682工地会战

1968年9月，按照河南省革命委员会和河南军区的紧急通知，县革委、人武部从全县14个公社选拔796名精干民兵，经过严格的政治审查，组成一个民兵营以送新兵的形式送往国防工程—8682

---

①"三线"是20世纪60年代中期中共中央为了加强战备而提出的个具有军事和经济地理含义的区域概念。三线地区，最初指西南和西北地区，包括湘西、鄂西、豫西，70年代扩大到甘肃省乌鞘岭以东、陕西省雁门关以南、京广铁路以西和广东韶关以北的广大地区。三线又有大小之分：大三线，即国家战略后方基地。小三线，即各省区的后方基地。

工地。工程位于鲁山县南部聂寨、袁寨村附近山区，是一个大型军用飞机场建设工地。因保密级别高，在开工之前，就将场区和附近村庄的“地、富、反、坏、右”及有各种历史问题的216户、1003人全部迁出（当时政治上仍提“阶级斗争为纲”）。同时在邮电通信方面严禁写真实地址，叶县营的通信地址写为：8682工地214信箱102分箱。这个工程是由毛主席亲自批准的，由中国人民解放军武汉空军一个团（2916部队）、林县民兵团、许昌民兵团（含鲁山县、叶县、宝丰、郏县、襄城县各一个民兵营）和河南省机械总队共同开展大会战。叶县民兵营编为第二营，由35名国家干部到营连任职。营长范静安（原县委委员、团县委书记）、教导员先后由白保安（县人武部政治部主任）、阴长恒（县人武部军事科科长）担任，另设特派员、副营长、文书等若干人。下属四个连，分别由区级干部邓二虎、范书有、石德、汤九贵等任连长、指导员。营连排班编制和施工任务同解放军一个样，被称为不穿军装的解放军。叶县营的主要任务：一是洞外作业—修建机场跑道；二是进洞作业—开挖山洞，建造跨度、高度各40～50米的军用飞机库；具体任务主要有：清核心（向外运石头）、搞回填（用石块将钢筋混凝土拱型顶、洞壁与山体的空隙部分填实），既是重体力劳动又是高危险作业。提出的口号是：向解放军学习，一不怕苦，二不怕死，为毛主席争光。为了高速度、高质量又安全地完成施工任务，营党委制定了六条政治纪律：一、努力学习毛主席著作，用毛泽东思想武装官兵头脑，不允许谈论“文化大革命”中你是哪一派，他是哪一派，排除派性干扰。二、全营35名国家干部大都是科局级干部，不能摆资格，吃老本，必须在毛主席批准的8682国防工程再立新功。三、对于“一打三反”运动，全体官兵和解放军一样，只搞正面教育，不具体开展，特别注意后方干扰，不经党委批准，干部、民兵一个也不能离开工地。四、认真贯彻执行“三大纪律、八项注意”，爱护工地和当地群众的一草一木，在工地拾到一个钉都要交公。五、自力更生，艰苦奋斗。以连为单位，利用工余时间在山坡上开荒种菜，养猪养羊，以改善生活。六、与当地群众搞好关系。“三夏”“三秋”大忙季节，以连为单位组织义务帮扶队，帮助群众搞好生产。逢年过节与当地群众搞好文艺娱乐活动，由营党委统一安排。此六条政治纪律，在营党委的带领下，全体官兵共同遵守，贯穿始终，对于造就一支政治觉悟高、特别能吃苦、特别能战斗的队伍起到至关重要的作用。全营四个连队，不管是洞外还是洞内作业，都是任劳任怨，冬战风雪严寒，夏战炎热酷暑。洞外作业，要从三十里地以外的大沙河拉沙子，每人一辆架子车（吨车），都是自装、自卸，多拉快跑，争先恐后，个个汗流浃背，顾不得休息，只有在首长下命令时才休息片刻。铺机场跑道路基，质量标准高，都是靠人力用双手一块一块搬石头大面朝下尖端朝上摆成的。手套磨烂了就光着手摆，流着血也照样干。接着是进洞作业—冒着塌方的危险，腰系绳索，悬空作业，钻眼放炮，开山劈石，清核心，搞回填，都高速度高质量又安全地完成了施工任务。叶县营的工作受到了河南省革命委员会8682工程指挥部的多次表扬，称赞叶县营是政治工作好、施工过得硬的先进模范营。辛店连的金振国同志被评为先进英模，出席中国人民解放军空军第二次积极分子代表大会，并穿上军装同解放军代表一道参加1970年国庆典礼，受到了毛主席等中央领导人的接见，为叶县人民争了光。

1971年冬，8682工程竣工，叶县民兵营返回。

焦枝铁路会战

焦枝铁路也称4053工程，北起河南焦作，南至湖北宜都枝城，纵穿两省，全长800公里。它的修建是大三线战略后方基地建设的重要组成部分，是以毛泽东同志为首的党中央的重大决策。1969年10月，由7000人组成的叶县民兵团奔赴鲁山县与南召县之间的指定地段，参加焦枝铁路筑路大会战。承担的工程路段全长2.11公里，内有12个山头、九条深沟，地形地势地质复杂，建筑种类繁多，隧道、涵洞、护坡工程样样俱全；有下挖18米的山头，有填充19米的深沟，特设路基长达1.5公里，要求在八个月以内完成。这对于生在平原，长在平原，一不懂技术，二没有经验的叶县民兵团来说，是一个极限性的挑战。

在毛主席“备战、备荒、为人民”的战略方针指引下，在“提高警惕、保卫祖国”“要准备打仗”的战斗号令下，全体官兵坚持自力更生、艰苦奋斗的方针，发扬“一不怕苦、二不怕死”的精神，苦干加巧干，革命加拼命，坚持依靠群众的智慧，依靠共产党员的先锋模范作用，大干四个月，比原计划提前120天，高速度、高质量地完成了一座隧道、八座涵洞、特设护坡和全部路基任务。总计完成土石方74万立方米，其中石方651000立方米；浆砌石料1630立方米，干砌片石750立方米，打混凝土1630立方米，特设喷浆1900平方米，植树1400株。每公里平均造价863273元，实现了高速度、高质量、低消耗。

“自力更生”“艰苦奋斗”的方针是当时历史条件下搞好三线建设的根本战略方针。叶县团就是靠“自力更生”“艰苦奋斗”的精神战胜重重困难，创造奇迹的。开始遇到的第一个困难就是无材料搭工棚的问题。当时有人认为焦枝铁路是毛主席、党中央批准的工程，又是战备路，要钱有钱，要物有物，我们只管组织民兵上就行了。团党委认为这是对战备的态度问题，不能向国家伸手要，决定工棚材料全部由自己解决。这个意见向县革委和人武部党委汇报后，得到了后方的大力支持。各公社各大队积极行动，人民群众争先恐后地为焦枝铁路作贡献。有的纺麻绳，有的织苫子，有的织箔，有的把自己准备盖新房的木料也献出来搭工棚。他们说：“国家是我们的国家，铁路是我们的铁路，我们要像抗美援朝一样支援焦枝会战。”三天之内就把1400多间工棚材料全部备齐。运送这些材料时，后方人民争着报名报车帮助民兵运送。叶鲁公路车水马龙，星夜不断。叶县团没用国家一颗钉、一根绳、一根木，没买一尺油毛毡，很快建成了千余间工棚。

在隧道、涵洞和路基护坡的施工过程中，遇到了缺少水泥和木料的问题。广大民兵干部一方面坚持土法上马，修改不合理的工程设计，减少浪费；一方面由团党委向县革委汇报，及时把后方仅有的 200 多吨水泥送到前方，保证了涵洞的正常施工。对木料不足的困难，民兵干部集思广益，把过去修水利工程时的土模代替木模的经验用到涵洞建设上来。八座涵洞全部用这种方法，节约木料 200 多立方米。开挖路基时，炸药用量很大，供不应求。为了加快速度，各营都垒起锅灶，用硝酸铵制成炸药 29 吨，保证了路基土石方任务的提前完成。

在完成原分配任务的同时，叶县团从整体出发，顾全大局，主动配合长葛团完成夜明石大桥的修建任务。接着又于 1970 年元月初接受了第三民兵师（由许昌、商丘两地区组成）的重点工程—王庄隧道的施工。叶县团全力以赴地投入了新的战斗，投工 66 万多个，保证了全师重点工程多快好省地完成。经焦枝铁路工程指挥部、河南省指挥部和第三民兵师质量检查小组鉴定，无论是原分配任务还是新接受的工程，全部达到国家级铁路的要求标准。

1970 年 7 月 1 日，焦枝铁路全线通车后，叶县民兵团返回。

平舞铁路会战

1970 年 10 月 25 日，平舞铁路（平顶山至舞钢）开始兴建。原焦枝铁路叶县民兵团由 7000 人扩编为 20000 人，会同国家冶金部等单位调来的工程队参加会战。叶县的工程任务是：先修建叶县沙河以南至叶舞边境地区的路基，接着在舞阳县南部地区（现舞钢区）开发铁矿，兴建特厚钢板厂。

该工程的总指挥是河南省军区司令员张树芝，参战民兵也为军事建制。叶县民兵团团长、政委分别是参加过焦枝会战的贾旺枝、郭秀平担任。团下民兵营营长、教导员分别由公社革委副主任或武装部长担任。施工开始后，叶县先是上土方，准备铺路石子。虽然施工条件很差，但民兵们干劲十分高涨。为准备铺路石料，开山取石，全是靠人力用铁锤钢钎打眼儿，放炮炸石。运输全靠人力车拉或肩扛棍抬，硬是将叶县北部的卧羊山夷为平地。到铁路铺轨阶段，叶县部分民兵又奉命开赴舞钢腹地建房修路，为特厚钢板厂干配套工程。除建厂房和预制构件用少量机械外，多为土法上马，但质量要求很严。只有工程的核心部位特厚钢板厂 800 平方米轧钢车间，才由六冶等单位去干。

1973 年秋，叶县团圆满完成施工任务，工程竣工，交付使用。2008 年北京奥运会主会场——鸟巢和后来建造大型航母用的钢材都出自舞钢，其中蕴藏着叶县民兵团参加会战的心血和汗水。

1968 年 9 月、1969 年 10 月、1970 年 10 月，叶县连续派出三批基干民兵队伍近三万人，参加党中央和河南省革命委员会、省军区部署的大、小三线建设，都高速、优质、按时完成了任务，顺利交付使用，向党和人民交上了满意的答卷。

叶县参加三线建设的广大干部、民兵和工程技术人员，在异常艰难困苦的环境中，排除动乱的干扰，战胜了种种难以想象的困难，做出了突出贡献，有力地支援了国家和河南的大小三线建设，缩小了东西部的经济差距，为改革开放初期实施优先开发东南沿海地区大战略提供了原材料、动力供应保障，为随之而来的西部大开发提供了安全保障和交通、物质条件。

四 、“75·8”抗洪救灾

1975 年 8 月，叶县发生了历史上罕见的水灾。洪水漫溢，沼泽遍地，给叶县人民造成了巨大的灾难。在党的领导下，叶县人民齐心协力，发扬了一不怕苦、二不怕死的革命精神，战胜了这场灾难，取得了抗洪救灾、生产自救的胜利。

雨情、水情及灾情

1975 年 8 月 5 日至 8 日，叶县连降特大暴雨。70 个小时内全县平均降雨量达到 645 毫米。甘江河上游关寨地区降雨量达到 910

毫米，澧河上游孤石滩地区降雨量达到 870 毫米，超过了以往年平均降雨量。这次暴雨来势猛，强度大，时间集中，使县内的沙河、澧河、灰河、湛河、甘江河五条主要河流出现了历史上罕见的特大洪峰。甘江河洪峰流量达到 15000 立方米／秒，超过了河道安全泄洪量（3300 立方米／秒）的四倍多。澧河洪峰流量达 5000 立方米／秒，是澧河安全泄洪量（2700 立方米／秒）的二倍。沙、湛、灰三条河流的洪峰流量也都大大超过了安全泄洪量，造成堤防多处漫溢，到处决口。全县 27 座大小水库，有 13 座漫坝，其中 4 座大坝冲决（200 万方刘建沟、80 万方牛角沟、150 万方蛮子营、50 万方杨安）。一时间河水、库水、洼地积水同时袭来。南起甘江河，北至湛河，除少数山岗丘陵外，洪水连天，一片汪洋。平舞、漯南铁路被冲垮，许南、叶舞公路被中断。大部分地区水深 1 米以上，有些地区水深超过 3 米。15 个公社 973 个村庄，40 多万群众被洪水围困。高粱只能看到穗，红薯、豆子均不见。抗洪抢险人员往来，必须乘筏或者凫水，当时的情况十分危急。特大洪水造成了极其严重的灾害。全县 17 个公社普遍受灾。其中特重灾区有辛店、龙泉、保安、坟台、邓李、水寨、洛岗 7 个公社，是属于毁灭性的灾害，受灾地区房屋大部分倒塌，庄稼全部淹死。廉村、龚店、城关、城关镇、田庄、旧县、夏李、任店 8 个公社遭受了重灾。虽然房屋倒塌不是很多，但作物受灾很严重。遵化、常村两个公社，也遭到了水灾袭击。全县 426 个大队有 404 个大队受灾，占 94.8%；3304 个生产队有 3051 个生产队受灾，占 92.3%；全县 62 万人，有 54 万人受灾，占 87.1%。淹没庄稼 83 万亩，占 85%。如洛岗公社早晚秋面积 39000 多亩，有 37000 亩全部淹没，已基本绝收，占 95%。倒塌损毁房屋 26 万多间，损失粮食 9800 多万斤，损失大牲畜 1200 多头，损失农业机械 16000 多部。冲走、淹死猪羊 14 万只。死亡 122 人，失踪 97 人。

由于叶县地处上游，临近山区，又是暴雨中心，因而洪峰高，来势猛，流速急，危害大。洪水不仅淹没庄稼，冲毁房屋，而且卷走了河两岸的大片良田，严重的地方，河改道，村变形。原来的村庄不见了，留下的是沙丘、河沟、乱石滩。辛店公社干江河沿岸有9个自然村，16个生产队，10000多亩好地，有的被冲走，有的被沙吞没；保安公社范庄村（4个生产队，210户，1050人，2500亩耕地），整个被洪水吞没，村址变成了河身，原来的河身成了沙岭、沙丘，坟台公社潘寨大队黄村（4个生产队，122户，835人，1600亩土地），洪水把土地全部刮走，过去平展的地成一米多深的大沟。洪水退后，一些村子的群众已认不出自己原来的村庄了。叶县的灾情十分严重。

紧急动员起来开展抗洪抢险斗争

汛情发生后，县委立即召开了紧急常委会议，进行了认真研究，提出了“以抗为主，以保证河堤、库坝安全为主，以救人为主”的原则，采取了如下措施：

1. 县委召开了公社紧急电话会和县直科局长紧急会议。号召全党全民紧急动员起来，下定决心，不怕牺牲，排除万难，战胜洪灾。要求各级党组织在抗洪抢险斗争中发挥战斗堡垒的作用。县委常委分赴险情最大、困难最多的地方，加强领导，指挥战斗。县级领导干部李善允、燕志信、王文秀、刘克慎、宋杰、赵世洪等奔赴甘江河、澧河、沙河及大中小型水库，参加和指挥抗洪救灾，鼓舞广大群众抗洪抢险斗志，把灾情尽可能降到最低。

2. 实行人员、车辆、物资三集中使用。县委在很短时间内抽调了1200名干部、职工组成16个抗洪抢险工作队，集中了30多辆汽车及大批的抗洪抢险物资，做到要人有人，要车有车，要物有物，一声令下，立即投入战斗。同时，责令有关公社组织抗洪抢险突击队，加固河道堤防、加深水库溢洪道、加固大坝，并检查维修好交通、电信设施，保证畅通无阻。

3. 发动群众，以抗为主，以救人为主，千方百计抢救被水包围的群众。各公社、生产队自制竹、木筏2000多个，各行各业一齐行动，以最快的速度运送了大批物资和食品。灾区各公社党委和大队党支部充分发挥战斗堡垒作用，在抗洪抢险中涌现了大批的英雄模范八物。洛岗公社炼石店大队，被沙、汝、湛三河的洪水夹攻，水大流急，危在旦夕，年逾60的党支部书记镇定自若，团结战斗，全大队人员分兵把关，加固护村堤，水涨一尺，堤增二尺，终于战胜了洪水的多次进攻，保全了村庄。龙泉公社赵庄大队在被干江、澧河洪水包围的情况下，党支部坚持集中统一、紧张而有秩序地迅速转移群众、牲畜，保证了全大队的人畜安全。在保卫孤石滩水库的日日夜夜，邮电局职工冒着生命危险保证通信畅通。水库发电机组缺乏柴油，常村公社立即组织50名基干民兵，身带柴油，手挽手泅水过河，保证了水库及时开闸放水。同时，县公安局、水利局和常村公社的1000多名干部、民兵日夜守护在大坝上，形成了保护大坝的钢铁长城，使这个新修的水库，在蓄水量大大超过设计能力的情况下，渡过了险关，谱写了一曲抗洪抢险保水库的壮丽凯歌！

4. 人民解放军和兄弟单位的大力支援，保证了叶县抗洪抢险斗争的胜利。汛情发生后，毛主席、党中央、省、地委迅速致电慰问，极大地鼓舞了灾区人民。同时，还及时派出人民子弟兵前来援助，派飞机空投救生物资和食品。叶县人武部和驻叶部队全体指战员立即投入抢险战斗。33610、33614、34661、33598、80404、80413、102干校、军分区等部队的首长及战士和叶县人民一起与洪水搏斗。路经叶县的内乡驻军87452部队汽车司机李桂田等同志，看到叶县发了水灾，马上掉转车头，投入抗洪抢险战斗。四机部、七机部、农林部在叶县的干校以及四〇五七工厂、东风塑料厂等单位也及时抽调人员、汽车和物资全力支援。郑州、开封、平顶山以及鲁山、许昌、宝丰、郏县、临颍、郾城、襄城等市县纷纷发来慰问电、信，并源源不断地运送抗洪抢险物资和大批食品，有力地支援了叶县的抗洪抢险斗争。同时，叶县县委还组织轻灾区从人力、物力、财力上全力支援重灾区。

迅速开展群众性的生产自救

洪水退后，灾情突出显现，摆在县委及全县人民面前的紧迫问题是：几十万灾民的吃饭、住房、穿衣、就医等问题。部分干部群众思想比较混乱，有的在灾害面前产生了畏难情绪，有的伸手向上“等、靠、要”。面对这些问题，县委立即召开了常委紧急扩大会议和公社书记、科局长紧急会议，动员全县人民，自力更生，艰苦奋斗，恢复生产，重建家园。

为了及时总结抗洪抢险斗争经验，表彰先进，号召全县人民振作精神，立即行动起来开展生产救灾运动，中共叶县县委于1975年8月22日在县城召开了总结抗洪抢险、开展生产救灾动员大会。省委慰问团负责同志、地委常委，地委组织部部长，地区妇联会主任以及北京、开封等地区医疗队的负责同志应邀出席了大会。参加这次会议的有县委常委、县、社国家干部、大队党支部书记和在抗洪抢险斗争中涌现出来的先进集体和英雄模范人物共2000余人。

经县委研究决定，在全县开展生产自救工作。具体措施是;

1. 充分发动群众，稳定群众情绪，树立战胜灾害的信心。首先对党员、干部和群众，广泛开展思想政治教育，大力宣传中央慰问电，大讲毛主席、党中央对灾区人民的无比关怀，大讲社会主义制度的无比优越，大讲全国、全省和我县的大好形势，大讲自力更生、艰苦奋斗的大寨精神，大讲兄弟单位的大力支援。使大家认识到，困难只是暂时的，有党中央和毛主席的英明领导，有人民子弟兵和全国人民的大力支援，凭着一颗红心两只手，完全能够迅速战胜灾害。

2. 全力以赴，做好灾民安置工作。对于灾区群众的吃、住、穿、疾病等要十分重视。一个大队一个大队地检查、落实，要派出得力干部，组织人员，采取有力指施，突击搭草棚、垒锅灶。大部分受灾户都盖起了临时庵棚。对于疾病问题，县卫生局、县医院组织了38个医疗队分赴灾区巡诊，有关单位积极配合，采购急需药物；本县和外地捐赠的衣物、炊具等物资很快发给灾区群众，不足部分，有关部门统筹解决。

3. 关于生产问题。全县特重灾区的七个公社，重灾区八个公社，轻灾区两个公社，分情况制定措施。特重灾区在安置基本就绪后，迅速开展生产自救运动，早晚秋能抢救的尽量抢救（扶直、培土等），不能抢救的，要不误农时，立即改种荞麦和蔬菜；重灾区，要力争多抢救一些庄稼，多收一些粮食；轻灾区一方面要支援好重灾区和特重灾区，另一方面要抓紧时机，抢收早秋，管好晚秋，力争多丰收，多贡献。全县的生产自救运动普遍展开，特重灾区的辛店公社已收春玉米1766亩，给红薯培土1100亩，改种作物1600亩，扩大和播种蔬菜2500亩。

4. 加强对生产救灾工作的领导。为做好生产救灾工作，县委成立生产救灾指挥部。县委书记任指挥长、副书记任副指挥长，下设办公室。各公社也成立了相应的组织。县、社组织救灾工作组分赴各受灾社、队。县、社领导也都分包了重灾队，加强对生产救灾工作的领导。全县上下一条心，在省、地委的正确领导下，在各兄弟单位的支援下，自力更生，艰苦奋斗，恢复生产，重建家园，把灾害带来的损失降到最低。

第七章　改革开放和小康社会建设

（1976 年 11 月～ 2012 年 10 月）

党的十一届三中全会实现伟大历史转折，开启改革开放和社会主义建设新时期。1982 年 9 月，党的十二大明确提出了建设有中国特色的社会主义的重大命题和“小康”战略目标，通过了《中共中央关于经济体制改革的决定》。1987 年 10 月召开的党的十三大确立了党在社会主义初级阶段的基本路线和中国实现社会主义现代化的“三步走”发展战略。1992 年 10 月，邓小平南方巡视讲话和党的十四大确立了社会主义市场经济体制，促进改革全面推进。党的十五大制定跨世纪发展战略，提出到本世纪末人民生活总体实现小康目标。党的十六大制定全面实现小康社会纲领，党的十七大提出深化改革和全面建设小康社会。中国特色社会主义成功实践，改变了国家、人民的面貌，发展了经济和各项社会事业。中共叶县县委，紧跟党中央的部署，带领全县人民认真学习和落实党的各项方针、政策，把工作重心转移到经济建设上来，为经济建设和各项社会事业的发展做了大量的工作，取得了很大的成绩。

第一节　实现伟大的历史转折

一、贯彻党的十一届三中全会精神

党的十一届三中全会给全党、全国人民指明了前进的方向，揭开了改革开放的序幕。叶县县委于 1979 年 2 月 8 日召开了 7000 多人参加的四级干部会议，着重学习了十一届三中全会公报，传达了

《段君毅同志在省委常委会议上的讲话》，县委书记在会议上做了《解放思想、鼓足干劲，加速把工作重点转移到社会主义现代化建设上来》的讲话。2 月 20 日，县委宣传部发出《关于认真学习党的十一届三中全会公报和有关文件的通知》，强调要把学习十一届三中全会精神当作各级党组织和全县人民的头等大事贯彻落实。同时，县委根据《中共中央关于加强农业发展若干问题的决定（草案）》精神和河南省委、许昌地委的要求，结合叶县实际制定了《关于农村经济政策若干问题的试行意见》（共 13 条），于 2 月 22 日正式下发。3 月 18 日至 20 日，叶县县委召开会议，传达学习中央理论工作务虚会精神，开展“关于实践是检验真理的唯一标准”的大讨论，恢复党的实事求是思想路线和工作作风。1980 年 5 月 29 日，又对全县 15023 名党员进行了培训。

十一届三中全会是我党历史上一次十分重要的会议，叶县县委带领全县人民通过多种形式，反复认真学习，明确了方向，坚定了信心，同心同德，把精力和着重点放在搞好社会主义现代化建设上来。在全县进行了农村经济体制改革，逐步实行承包责任制和建立社会化服务组织，调动了广大农民种田的积极性，使农业在 1980 年、1981 年两年遭受连续自然灾害的情况下，仍有较好的收成，改革开放在叶县这片土地上初见成效。

二、农村改革率先突破

在不断学习、提高认识的同时，县委根据农业方面改革步伐，按照河南省委、许昌地委的部署，认真回顾和讨论了叶县农业发展的现状和广大农民关心的问题，用新的理念，重新认识叶县这个农业大县。县委《关于农村经济政策若干问题的试行意见》明确指出：“在农村要建立健全生产责任制和奖励制度，生产队应在‘三不变’[①]‘四统一’[②]的前提下，根据实际情况，加大生产队的自

①三不变：所有制不变，核算单位不变，统一分配不变。

②四统一：统一计划，统一投资，统一耕种，统一收获。

主权，鼓励社员经营家庭副业，允许社员个人经营自留地”；“集体不使用的小片荒地可以采取上交定额计酬的方法，固定给作业组或劳动者种植”，“允许社员个人养猪、羊、兔、鸡、鸭、鹅和一至两头大牲畜；允许社员从事编织刺绣、渔猎、养蚕、养蜂等副业生产；集体养猪养羊可以实行大包干等”。县委制定的这些意见对建立和实行各种形式的生产责任制，调动全县农民的生产积极性起到了极大的推动作用。农村实行各种形式的生产责任制后，社员搞家庭副业，开放集市贸易，商品购销两旺，城乡市场活跃，广大社员群众的积极性提高了，粮食增产了，群众收入增加了，生活改善了，农村出现了新气象。同年 6 月，县委召集各公社负责人对贯彻十一届三中全会精神和实施农业经济政策（十三条）进行专题研究，总结批判极“左”思想、落实政策的好做法，对农村实行各种形式生产责任制给予了充分的肯定。

1980 年 9 月，中共中央印发 75 号文件《进一步加强和完善农业生产责任制的几个问题的通知》。叶县县委于 12 月 12 日至 18 日召开三级干部会议，传达了中发 75 号文件和河南省委、许昌地委会议精神。会议号召各级政府和全县人民要大张旗鼓地、反复深入地宣传、贯彻中央 75 号文件，把贯彻落实中央 75 号文件、搞好农业生产责任制作为农村的一项重要工作，领导带头，深入实际，研究新情况，解决新问题，总结好经验，推动农业生产责任制不断完善和提高。县委制定了《关于进一步完善农业生产责任制的意见》（以下简称《意见》）。《意见》对实行生产责任制的指导思想和原则，土地承包的具体办法，牲畜的管理使用，农业机械的管理，农田基本建设，林、牧、副、工商各行业的承包等 12 个问题做了具体的规定。至 1981 年 5 月下旬，全县 18 个公社的所有生产队普遍实行了多种形式的联产承包责任制。土地承包以后，叶县县委、县政府制定了“按照承包年限，增人不增地，减人不减地”“社员承包地段一定三年或五年不变”等政策，对农民的承包积极性给予保护，对稳定家庭联产承包责任制奠定了坚实的基础。农村改革取得实质性突破，极大地解放了农村生产力，农民生活达到温饱有余，改革举措率先在农村取得突破。

第二节 改革开放全方位开展

一、农村改革继续推进

农村改革取得阶段性成效。1982 年，中央 1 号文件《全国农村工作会议纪要》（以下简称《纪要》）印发，《纪要》要求各级党组织认真贯彻党的十二大精神，“毫不松懈地做好生产责任制的完善工作”“把完善生产责任制的工作和促进农业生产全面发展目标密切联系起来”。叶县县委多次召开常委会议，组织学习讨论，研究实施方案，于 11 月召开全县农业生产工作会议，县委书记王守文做了《发扬成绩再接再厉，为全面开创我县农业现代化建设新局面而努力奋斗》的讲话，强调：进一步贯彻落实党的各项农业政策，继续稳定和完善农业生产责任制。1983 年，中央一号文件《当前农村经济政策的若干问题》印发，强调“联产承包责任制采取了统一经营和分散经营相结合的原则，使集体优越性和个人积极性同时得到发挥；这一制度的统一完善，必将使农业社会主义合作化的具体道路更加符合我国的实际”。号召“党和政府的各个部门，各级领导干部，都应力求做到：思想更解放一点，改革更大胆一点，工作更扎实一点，满腔热情地、积极主动地为人民服务，为基层服务，为生产服务”。为了贯彻中共中央 (1983)1 号文件精神，调动各方面的积极性，中共叶县县委召开全体会议并做出了《大力发展专业户、重点户和科技户的决定》、要求各级政府要从政治上、经济上关心支持专业户、重点户、科技户，保护他们的利益。

1984 年，中央再次下发 1 号文件，指出“农业生产责任制的普遍实行带来了生产力的解放和商品生产的发展”。为了稳定这种大好局面，要延长土地承包期，鼓励农户增加投资，培养地力，实行集约经营，要求“土地承包期一般应在15年以上”。叶县广大农民备受鼓舞，承包土地和种粮的积极性再掀高潮。1986年，叶县农村普遍实行家庭承包责任制，土地归集体所有，农户按人按户承包土地，自主经营，自负盈亏，上缴农业税费和乡统筹、村提留；但土地不允许买卖、典当或作宅基地使用。1990年8月，叶县在承包经营责任制基础上，实行“两田制”（口粮田和承包田）或“三田制”（口粮田、承包田和经济田），口粮田人均一份，承包田可平均承包，也可不承包或多承包，多为平均承包。县政府规定，凡人均耕地1.5亩左右的行政村，一般适宜实行“两田制”；人均耕地2亩以上的行政村一般适宜实行“三田制”；人均耕地一亩以下的行政村维持原承包不变。截至1990年底，全县166个行政村实行了“三田制”，247个行政村实行了“两田制”。1996年，叶县以5月1日起的农业人口为准，对土地承包进行调整，延长土地承包期30年不变，承包期内“增人不增地、减人不减地”。到1999年底全县延长承包的551个行政村中有40个村民组不宜延包；20个行政村、122个村民组暂缓延包。叶县向546个行政村，3450个村民组，17.65万个农户发放了《土地承包合同书》和《土地承包经营权书》。

二、乡镇企业迅猛发展

随着家庭联产承包责任制的普遍推行和农业生产效率的不断提高，广大农民的眼光已不局限于单一的农业生产，一部分农户利用剩余劳动力和资金发展多种经营，涌现出了一大批专业户、重点户，叶县农村出现了乡镇企业和一些新经济联合体，商品化、社会化生产成为新的社会风尚。

1983年，根据中央(1983)1号文件精神，1月27日叶县县委做出决定，大力发展专业户、重点户、科技户，并要求各级政府要关怀他们、扶持他们、保护他们的利益。2月，县委又召开县、公社、大队三级干部会议，传达贯彻中共中央（1983）1 号、2 号文件精神和省三级干部会议精神。会后从县、公社两级抽调 700 余名干部组成工作组，分赴各大队、生产队宣传中央文件精神。广大农民群众通过学习丢掉了怕政策变的思想，提高了勤劳致富的积极性。

1983 年春季之后，叶县农村家庭养殖的规模不断扩大，出现了一批养殖专业户，千头猪场、万只鸡场应运而生；马庄回族乡（1985 年之前归田庄乡）的几户群众，也重操旧业“宰牛卖肉”，贩卖皮革；城关乡潘寨村的几户群众，又垒起灶台磨豆腐，购买了豆芽缸生豆芽。1984 年 4 月初，为了推动专业户、重点户的发展，县委、县政府召开“两户一体”（专业户、重点户、新经济联合体）代表座谈会。座谈会上，县委书记王长山、县长吴宝璋、常务副县长符大贵等认真听取了与会代表的意见。4 月 29 日，县委、县政府做出大力支持和发展农村专业户的决定，要求各级党政领导，要进一步“解放思想、放宽政策”，切实保证专业户的发展，开创叶县农村商品生产的新局面。在县委、政府的大力支持下，叶县以养殖业为代表的乡镇企业迅速发展，邓李的鱼塘，龙泉的种兔场，任店的养鸡场，马庄的皮革厂和冷库、骨粉厂、骨工艺厂，田庄乡的砖场和养殖场，城关镇南关塑料制线厂，北关的编织袋厂，城关乡的保温帽口厂，夏李、常村乡的白云岩厂，龚店乡的造纸厂，邓李乡面粉厂都先后建起来。1985 年 12 月 1 日，叶县农村经济工作会议在县城召开，县乡各级领导干部和专业户、联合体代表 1200 多人参加了大会。会上交流和总结了如何调整农村产业结构、发展乡镇企业的做法和经验，坚定了广大干部群众发展乡镇企业的信心。乡镇企业发展促进了农业生产的全面发展和产业结构调整，全县的工农业生产和财政收入均创历史最高水平。1985 年，工农业生产总值完成 33959.7 万元，为年计划的 112.4%。财政收入达 2622.6 万元，创历史最高水平，比 1980 年翻了一番；农民人均纯收入达 359 元，是 1980 年 5.8 倍[①]。

① 1980 年农民人均纯收入 62 元。

1986年，县委、县政府出台以乡镇企业为突破口，振兴叶县经济，发展乡镇企业的十条决定。当年全县乡镇企业有乡办、村办、组办、联办、个体办五级，分农业、工业、建筑业、交通运输业、商业、饮食业、服务业7种行业，共19833家，从业人员63762人，完成总产值13645万元，上缴税金452万元。其中，总产值超千万元的乡5个，超百万元的村23个。1987年3月28日，为了落实乡镇企业会议精神，县委召开四大班子领导会议，研究部署1987年乡镇企业工作，制定了1987年叶县乡镇企业总产值2.4亿的奋斗目标，同时也把乡镇企业发展情况作为对乡镇的主要考核目标，4月县委、县经联社领导又分别率领各乡镇党委书记、经联社主任和县直有关单位负责人赶赴江苏省江阴、无锡等地参观考察，学习发展乡镇企业的先进经验。

叶县县委和政府对乡镇企业的高度重视和学习各地的先进经验，有力地促进了县乡镇企业的发展，全县出现了空前的大好局面，仅马庄乡就有多种形式的乡镇企业46个。冷库发展带来了软包装牛肉加工，马庄清真牛肉、迪可牛肉、金牛足、叶公皮鞋厂、永威皮鞋厂先后建成投产，乡镇企业让人们看到了发展经济的希望。

1988年4月，叶县召开1987年乡镇企业表彰大会，会上对270个先进单位和个人进行了表彰。7月，县委、县政府做出《关于加强乡镇村工业工作的决定》，要求把发展乡（镇）村工业作为农村经济工作的重点来抓。同月，县委、县政府又做出《关于进一步放宽政策，大力发展乡镇企业的规定》，要求：1. 动员选派一大批科技管理人员下乡，下厂；2. 允许机关抽调富余人员自办集体工业企业；3. 鼓励引进资金、技术、人才，推进横向联合；4. 各个部门都对乡镇企业放宽政策，搞好服务。

1988年，全县乡镇企业总数28804家，从业人员95732人，总产值43933万元。当年河南省乡镇企业名优特新产品展销会上，叶县有27种产品获奖，马庄回族乡九龙皮革厂的兰湿皮及昆阳皮革厂黄牛全粒面革制品得到客商高度称赞并获大奖。

1989 年由于国家紧缩银根、市场疲软等原因乡镇企业一度滑坡。叶县县委、县政府为鼓励全县城乡发展乡镇企业的积极性和经济发展的势头，于 2 月 16 日至 18 日，召开叶县农村经济工作会议。会议在总结 1988 年工作的基础上，表彰了 40 名农民企业家、6 个乡镇企业先进乡。会议上充分肯定了乡镇企业在农村经济工作中的地位和作用。

1990 年后，乡镇企业中个体户由遍地开花向联营、股份制方向发展，集体企业通过深化改革，转换经营机制搞活企业。1995 年，全县乡镇企业发展到 15688 家，上缴税金 3203 万元。1997 年，统计口径变化（只统计农村集体和私营两部分），叶县当年有乡镇企业 638 家，上缴税金 986 万元。2002 年，统计口径又变（只统计私营企业和其他企业），当年乡镇企业共 9593 家，从业人员 59876 人，总产值 580431 万元，按可比口径是 1986 年的 40 倍；上缴税金 2822 万元，是 1986 年的 6 倍。

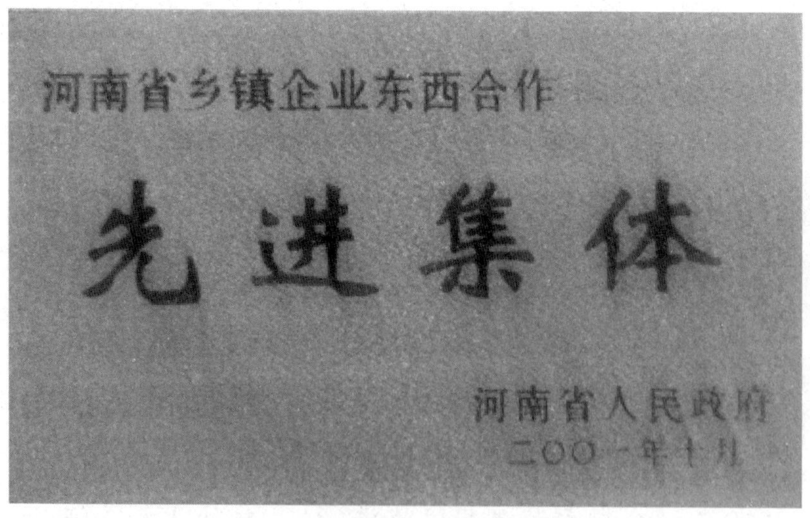

2001 年叶县荣获乡镇企业先进集体

三、农村劳动力有效转移

随着农村家庭联产承包责任制的普遍推行和乡镇企业的发展，广大农民的商品意识逐步增强。有一部分人养鸡、喂猪、办工厂，也有一部分人跑运输、搞工程、组织施工队；还有人从上海、广州、温州购回衣服、玩具、五金电料做起了买卖。他们被称为“能人”，胆子大、有头脑，成为发家致富的带头人，为叶县的经济发展做出了贡献。

还有一部分人，就是走出叶县南征北战的农民工队伍。叶县是一个农业大县、人口大县，劳动力资源十分丰富。改革开放初期，一部分“胆子大”的人就开始自发地走出去经商务工，但人数较少，且具有盲目性。1987 年，县政府设立劳动就业局，专门负责此项工作，外出打工人员逐渐增多。1988 年，县劳动就业局与北京市劳动局社会劳力管理处签订向北京输送 1000 名家庭服务员合同，1990 年，县政府为加强劳务输出工作，成立农村劳动力进城统筹管理委员会，下设办公室（简称“劳务办”），由常务副县长担任主任，劳动部门开始有组织地进行劳务输出，虽然规模不大，但起到了引导带动作用，使更多的富裕劳动力走出家门，外出创业。1993 年，叶县被省劳动厅定为劳务输出基地县，1994 年，全县组织输出富裕劳动力 1.2 万人，1995 年，县政府批转县劳动局《关于大力组织劳务输出工作的报告》，对全县劳务输出工作进行安排部署，对各乡镇劳务输出任务进行分解，由于劳动部门积极宣传、组织、引导，部分先期外出人员的示范带头，使更多的人认识到外出务工是发家致富的好途径，外出务工人员逐年增加，2000 年外出务工人员已突破 5 万人。至 2002 年 12 月，全县外出务工人员达到 7.2 万人，较为集中的地区有上海、天津、广州、苏州、新疆、福建、深圳、宁波、温州、杭州、郑州等地。

叶县十分重视开辟稳定可靠的劳务输出地，努力稳定省外转移就业规模。昆山是江苏省新建城市，也是江苏省工商业比较发达的地方，距离上海近，用工量非常大。叶县通过亲朋好友介绍和民间人力资源公司组织介绍在昆山市周边务工人员达3万余人，仅常村镇在昆山市周边务工人数达8000余人。昆山华美园小区因常村人在那里落户多而被称为“小常村”。为了充分发挥叶县在华美园的务工优势，保护务工人员利益，2005年常村镇党委和人社部门联合，在华美园成立流动党支部。目前，流动党支部有党员57人。为方便务工人员，开通每天昆山到常村的往返班车，使叶县农村劳动力来回由无序循环变为有序循环。

农村劳动力的有效转移和流动，增加了农民的就业机会和致富途径，也使一部分人通过外出打工学会了一定的专业技术和管理经验，他们学成后带着技术，带着劳动换来的资金回乡创业，又带动了一部分人就业。

四、对外开放，招商引资

党的十一届三中全会以后，叶县县委、县政府按照党中央“深化改革、扩大开放”的方针，对内搞活、对外开放、“走出去”“请进来”，切实有效地做好招商引资工作。

1993年7月31日，经县委、县政府研究并经县编委批准设立叶县人民政府建设项目办公室（副科级事业单位），专门负责全县建设项目的前期（考察研究）工作和对外招商工作。项目办成立后，根据叶县实际，经过考察论证，筛选出一批项目，编制招商指南，制定招商引资优惠政策，在县内外发布，积极营造优良的投资环境，吸引一批我国港台人士和国内大型企业到叶县投资办厂，推动叶县的经济发展。先后在郑州、厦门、北京、上海组织项目发布会，推荐叶县盐业、农业、旅游等方面的优势，吸引外商来叶投资。河南省保险公司投资兴建的天河盐厂、河南煤田地质四队投资兴建的神鹰盐厂、河南省科委投资兴建的保健盐厂、中国香港银辉发展有限公司投资兴建的银辉纯碱厂在叶县的经济建设中都发挥了重要的作用。

1992年，经县委、县政府研究并经平顶山市政府同意，决定在县城南部、昆水路以北建立总面积5平方公里，首期开发面积2.7平方公里的盐业开发区，并设立开发区管理委员会，由县政府常务副县长任主任，县四大班子有关领导任副主任。内设办公室、项目开发部、资金融通部、规划建设部、工农关系协调部，从县直单位抽调30多名工作人员参加开发区建设。1994年8月，开发区管委会更名为河南叶县盐化工综合开发区管理委员会，作为县政府的派出机构正式定编，纳入政府序列。

开发区设立后，为改善投资环境，在财政不拿一分钱的情况下，利用优惠政策和资源优势筹措资金，先后建设了日产2.5万吨的自来水厂和11万伏变电站，修筑了昆水路、盐城路，使开发区形成纵横交错、四通八达的交通网络，建立了邮电、金融、饮食服务等机构和盐城商场，使整个开发区实现路通、水通、电通，具备了投资建设的良好条件。在改善投资硬环境的同时，开发区借鉴外地经验，先后出台《叶县盐业开发区暂行规定》《招商引资优惠办法》等，使投资方在项目选择、投资形式、资金引进、土地出让、税收、资源开发、引进高科技人才、劳动用工等方面享受优惠政策，增加投资开发的吸引力。开发区管委会积极与大专院校、科研单位挂钩，请来专家对盐化工发展前景进行论证和筛选，储备一批适合发展的大、中、小型盐化工项目，供投资方选择。为了提高开发区的知名度，先后在中国香港、北京、深圳、福建、厦门、郑州等地举办招商洽谈会和新闻发布会，宣传叶县，争取外来投资。至1995年，开发区共引进各类项目63个，到位资金5.2亿元，建成勘探合一的生产盐井36口，现代化精制盐厂4座，年产精制盐20万吨。

2000年8月12日，县政府成立叶县招商局，与县政府建设项目办公室合署办公，承担招商引资的组织联络和指导工作，参加对外经济洽谈活动，协调解决招商引资工作中出现的问题，管理项目库，对引进资金的使用进行监督，受理外商投诉，为外商提供项目咨询和全程服务。为促进招商引资工作，县委、县政府修订下发《叶县招商引资优惠办法》。2000 年 10 月，县政府巧搭“叶公文化”平台，唱响经贸洽谈戏，成功举办首届世界叶氏宗亲联谊会，到会叶氏后裔 300 多人，共签订合同（协议）项目 22 个，签约金额 1.46 亿元。2001 年，县政府相继组团参加兰州产品展销会、黑龙江牡丹江乡镇企业经贸洽谈会、厦门经贸洽谈会、深圳高交会、驻马店全国乡镇企业东西部合作经贸洽谈会等，均取得明显成效。当年，全县共上 10 万元以上招商引资项目 110 个，引进区外资金 1.29 亿元。如福建客商与叶县商户合资 180 万元兴建的汇通石化有限公司、福建客商投资 800 万元兴建的岳皇石油城、浙江客商投资 230 万元兴建的遵化店镇蔬菜批发市场、郑州客商投资 180 万元兴建的绿源复合肥厂、广东华裕股份有限公司兴建的奥兴娱乐中心、山东泰安石化投资 180 万元兴建的 816 联农养殖场等项目均已建成投产。2002 年，县政府组团参加平顶山市举办的中国汝瓷特种邮票首发式暨经贸洽谈会，参加市级签约项目 2 个，合同利用外资 450 万元；组团参加中国河南经贸洽谈会，与客商签订合同（协议）18 个，签约金额 9.27 亿元；组团参加平顶山市赴中国香港招商会，与客商签订协议 1 个，签约金额 5500 万港元。全县共上 10 万元以上招商引资项目 101 个。如湖北武汉凯迪电力股份有限公司投资 12 亿元兴建的河南蓝光环保发电厂，于 2000 年 11 月动工，征用城关乡曹庄、沟李土地 258 亩，一期规划 2×135 兆瓦发电机组，年发电量 6.4 亿千瓦时；许昌客商投资 300 万元兴建好爱家购物中心；鲁山客商投资 2350 万元兴建喜临门生活广场；许昌客商投资 300 万元兴建昆阳家私广场；温州客商投资 60 万元兴建太平洋服饰超市等。

叶县在招商引资工作中认真盘点叶县的人文历史，资源、交通区位等各种优势，加大对外宣传力度，充分利用世叶会、华合论坛、世界华人华侨中原合作论坛等各种大型会议，主动邀请外商让他们了解叶县，感知叶县。叶县还在北京、郑州、上海、深圳、西安、昆山等地先后成立了叶县商会，以此为立足点，适时开展一些招商推介活动，深入宣传叶县，广招新老客商，寻求投资合作。

叶县招商引资工作中还结合主导产业发展实际，提出“化工产业拉链条、机车产业抓配套”的产业发展思路，充分发挥盐岩优势和机动摩托车制造优势，引导现有企业瞄准其上下游配套企业，主动上门，洽谈合作。平煤集团尼龙化工入驻叶县，隆鑫公司、力帆树民的摩托车能够成为立足叶县的骨干企业并打出国门，完全得益于招商引资，扩大开放。招商引资始终是叶县经济发展的重要措施。

第三节　经济体制改革

党的十一届三中全会以后，叶县县委、县政府按照中央“深化改革、扩大开放”的方针，初步完成了计划经济体制向社会主义市场经济体制的平稳过渡。在经济体制改革方面：稳定和完善了家庭承包经营责任制，加强农村服务体系建设，建立新型水利经营机制，扩大农民生产自主权，促进了农村经济的发展；国有企业、集体企业通过改组、改制，走出了发展工业新路子；同时，大力推动非公有制经济发展，加强市场建设，开拓营销渠道，工业企业、商业流通企业效益不断提高。

一、计划经济向市场经济的转变

1978 年之前，叶县和全国一样实行的是计划经济，各种商品和物资靠计划调节和控制，钢材、水泥、木材、石油等重要物资，实行的是计划管理。叶县的工业主要是化肥厂、水泥厂等十大国营企业；另有砖厂、白灰厂、木工厂等十大集体企业。农民工社实行“公社、大队、生产队”三级所有、以生产队为基础的经营模式。党的十一届三中全会以后，随着农村实行家庭联产承包责任制，叶县逐步从价格、税收、信贷和农副产品收购方面调整了农业政策，适当放宽了对自留地、家庭副业和集市贸易的限制，广大农民逐步摆脱计划经济体制的僵硬控制，广大农村的生产潜力得以发挥出来。

1982年，全国实行“计划经济为主，市场调节为辅”的经济体制改革，逐步缩小指令性计划，相应扩大指导性计划，农业生产计划由指令性计划改为指导性计划，只对粮、棉、油的收购计划做指令性考核。工业生产方面，由过去单一的指令性计划改为计划指导下的市场调节模式。1984年，叶县根据《中共中央关于经济体制改革的决定》进一步削减工业产品的指令性计划，扩大市场调节的范围，对部分工业产品（化肥、水泥等）不列计划，由有关部门和生产企业订立产销合同，产品由农资部门收购。

1985年，取消粮食、棉花、油料和生猪、水产品等农副产品的计划供应，实行合同订购、市场调节。

1987年，中共十三大的报告进一步提出，“国家调节市场，市场引导企业”。只要计划经济少一些，市场调节多一些，经济就会以较快的速度增长，人民的生活水平也就会有较大幅度的提高。全县市场调节的范围更加广泛。

1992年10月召开的中共十四大，第一次把社会主义市场经济确立为中国经济体制改革的目标。1993年中共十四届三中全会通过的《关于建立社会主义市场经济体制的决定》，对于如何按照社会主义市场经济体制的目标来进行改革做了全面的战略部署，提出了八个方面的改革内容，即企业改革、市场体系建设、宏观调控体系建设、收入分配和社会保障改革、农村改革、对外开放和科技体制改革等。全县进一步确立市场经济地位。

1995年中共十四届五中全会通过了《中共中央关于制定国民经济和社会发展“九五”计划和2010年远景目标的建议》，提出：实现奋斗目标的关键之一是经济体制从传统的计划经济体制向社会主义市场经济体制转变。国家用宏观调控的手段对市场经济进行调节。叶县根据中央的精神制定了“九五”计划和2010年远景规划。

2002年10月中共十六届三中全会《关于完善社会主义市场经

济体制若干问题的决定》，指出了下一步如何进一步深化改革，使中国的社会主义市场经济体制逐步完善和定型，叶县的市场经济体制也在改革中不断完善。

二、农村经济体制改革

叶县农村经济体制改革，除了土地承包经营之外，根据党中央的决策部署，结合叶县实际还进行了其他几项改革：

农村宅基地有偿使用

1990年，县政府成立农村宅基地有偿使用领导小组，印发《叶县农村宅基地有偿使用工作方案》，在邓李、龙泉、田庄、旧县、夏李、城关6个乡镇的38个行政村试点的基础上，在全县农村开展宅基地有偿使用工作。至1992年，全县累计收取农村宅基地有偿使用费250多万元，收回旧宅基地8000多处，计2900多亩；收回各种荒、废地9780亩，收回坑塘2380亩。农村宅基地有偿使用制度的推行，不同程度地制止了乱划、多划宅基地现象。1993年，根据国务院《关于涉及农民负担项目审核处理意见的通知》精神，叶县取消农村宅基地有偿使用收费。

农村服务体系建设

随着农村家庭承包经营责任制的逐步稳定和发展，原有专业化服务体系也进行相应的改革，逐步完善了“七所八站”①的综合服务功能；在农村建立各种类型的服务性“公司”“协会”，初步形成以县级专业化服务实体为主体，以乡村综合服务性组织为基础，以专业户和农户相互联合服务为补充的三级社会化服务网络。建立新型水利经营体制，随着家庭承包经营责任制的逐步完善和发展，原有的水利设施和建设模式，已越来越不适应市场经济的需要。1996年初，县委、县政府决定改革和完善农田水利建设投入、管理机制，以拍卖机井为突破口，以发展平原井灌为重点，建立起一

①派出所、邮电所、土地所、司法所、民政所、工商所、税务所；广播站、文化站、农机站、农技站、林业工作站、畜牧兽医站、水利站、计划生育指导站。

个责、权、利相统一，投入、经营、管理三位一体的水利经营新体制。改革的内容主要包括投入体制、管理体制和经营体制三个方面。在投入体制改革上，建设以经营者为主体，国家、集体、社会、个人合作办水利的多元化、多层次、多渠道的投入机制；在管理体制改革上，打破计划经济体制下形成的由国家、集体的管理模式，以经营者为管理主体实行业主制，明确责、权、利，改变“大锅”弊端；在经营体制改革上，将水利工程紧密结合起来，注重经济核算，把水作为商品推向市场，变无偿使用为有偿使用，走“以水养水，自我积累，滚动发展”的路子。这些改革主要通过责任承包和拍卖两种形式来实现。责任承包形式，实行井长负责制，由村组同承包人签订承包合同，以明确双方的责、权、利，由乡镇水利站监督机井的管理使用情况。拍卖形式，对宜拍卖的机井，结合延长土地承包期工作，在坚持“公正、公开、公平”原则的前提下，拍卖到户。至1996年10月，全县已拍卖机井5341眼，责任承包机井610眼。通过拍卖、承包，水利工程的完好率比以前有较大的提高，机井的利用率由过去的30%提高到80%，为农田水利建设的快速发展注入新的活力。

“四荒”拍卖

叶县的“四荒”[①]拍卖工作始于1994年。全县“四荒”总面积有19万亩，其中常村、辛店、保安、夏李4个山区乡镇“四荒”面积9.75万亩。县政府成立叶县拍卖“四荒”土地使用权领导小组，在“思想上要解放、政策上要宽松、工作上要细致”这一原则指导下，借鉴外地拍卖国有土地使用权的经验，制定出《叶县人民政府关于拍卖“四荒”土地使用权，加快荒山绿化，发展畜牧业生产的意见》和《叶县拍卖“四荒”土地使用权实施细则》及《拍卖合同》《竞投须知》等，明确规定：参与拍卖的标的是集体“四荒”土地

① “四荒”：荒山、荒坡、荒沟、荒滩。

使用权，取得土地使用权的“四荒”用途为植树造林或发展畜牧业。

1995年3月，县政府在常村乡大娄庄村进行“四荒”拍卖工作试点，全县4个山区乡镇的乡、镇长和80多个山区村的村干部同大娄庄村的群众一起，参加了该村境内摩天岭的570亩荒山的土地使用权公开拍卖大会。大娄庄村4个村民组的60户村民中有56户参加竞买，最后，24户村民取得10～100亩不等的荒山土地使用权。之后，辛店乡、夏李乡、洪庄杨乡、保安镇等乡镇都试点成功，拍卖“四荒”工作在全县开展起来。

四荒拍卖现场

“四荒”拍卖工作政策性强，涉及千家万户，其拍卖过程严谨而有序。拍卖前，要由村组群众代表对拟拍卖区域明确权属、标定边界，并综合评定出拍卖底价，报经县政府批准后，发布拍卖公告，将拍卖时间、拍卖区域面积、位置、治理目标及竞价牌提前公告；主拍一般由村（组）委托乡镇政府工作人员担任，由县土地、林业部门监督，公证部门公证。拍卖成交后，竞得者要按规定缴纳拍卖价款，签订拍卖合同，明确双方的责任、权利和义务。同年5月，常村乡、辛店乡分别拍卖荒山约1万亩，夏李乡、保安镇也分别拍卖4000亩。全县拍卖“四荒”面积9.7万亩，直接经济收入415万元。

农村税费改革

2002年4月，叶县农村税费改革正式启动。改革以规范农村税费制度，理顺农村分配关系，从根本上治理对农民的各种乱收费行为，切实减轻农民负担，进一步巩固农村基层政权，调动和保护农民生产积极性，促进农村经济健康发展和农村社会长期稳定为指导思想，农村税费改革的主要内容和政策是：取消乡统筹和农村教育集资等专门面向农民征收的行政事业性收费和行政性基金、集资，取消屠宰税，逐步取消统一规定的劳动积累工和义务工，不得强行以资代劳。调整农业税政策，农业税税率为7%。调整农业特产税政策，对在农业税计税土地上产生的农业特产品，不再征收农业特产税。改革村提留征收使用办法，村内兴办其他集体生产、公益事业所需资金，不再向农民收取。采取“一事一议”的办法，由村民大会民主讨论决定，实行村务公开、村民监督和上级审计制度。原由乡村集体经济组织负担农业税、乡统筹和村提留的，农村税费改革后，按国家统一规定执行，任务落实到户、通知到户、结算到户。农业税及附加原则上征收代金，按亩以货币计税，一季完成全年任务。全县核定计税面积 92.6 万亩，农业税及附加 447 万元，人均负担 57 元，亩均负担 48 元，与改革前相比减负 49%。

国有土地使用制度改革

1986 年，国有土地使用属划拨制，基本上处于无偿、无限期状态。1995 年 4 月，叶县召开土地使用制度改革工作会议，拉开国有土地有偿使用制度改革的序幕。是年，县政府制定《叶县关于实行土地管理五统一的规定》《叶县城镇国有土地使用权出让和转让管理办法》和《叶县征用土地补偿安置暂行标准》，印发《关于加强叶廉路城区段两侧用地规划控制的通告》《关于清理整顿土地市场的通告》等文件，为土地使用制度改革提供了政策依据。7 月，已公开出让城镇国有土地 3 宗，计 43 亩。之后，叶县不断扩大国有土地使用权有偿使用范围，积极尝试推行公开竞价出让。10 月 28 日，县政府授权县土地管理局首次公开拍卖中心街东段 6 宗国有土地使用权，41.1 亩土地拍卖成交价 836 万元，平均每亩地价

20 万元。自 1999 年起，县委招待所临街楼宗地、县体委楼宗地、县浴池宗地、县土产楼宗地等相继通过拍卖、招标的办法，公开出让土地使用权。2002 年 7 月 1 日后经营性用地土地使用权全部实行招标、拍卖、挂牌的办法出让。

三、国有工业企业改革

厂长负责制

1986 年，县政府为了改变工业企业管得过死、企业缺少自主权、没有经济活力、经济效益下滑的局面，下放管理权力，生产经营由工厂领导班子做主。1987 年，县政府决定在全县工业企业推行厂长（经理）负责制，全县有 14 家国有和集体企业实行厂长（经理）负责制。1988 年，全县国有和集体工业企业进一步深化改革，实行厂长负责制、目标管理责任制、任期终结审计制的“三制配套制度”。在此基础上首先择优选聘厂长、经理。1990 年，有 5 家企业厂长实行竞争选聘上岗。1993 年，县管工业企业厂长全部实行聘任制。同时，推行“双保”机制，由厂长代表行管，工会代表职工，党组织进行监督，既保证完成工厂生产指标，又保证工人生活福利。当年，有 25 家县管工业企业签订“双保”合同。1994 年，对全县所有国有与集体工业企业，进一步理顺产权关系，确认企业法人组织形式，使一部分企业率先成为自主经营、自负盈亏、自我约束、自我发展的法人实体和市场竞争主体。

承包经营责任制

1987 年初，在对国有和集体工业企业“放权”的情况下，开始“让利”，推行企业承包经营责任制。重点是改革分配方式，打破“三铁”[①]，从经济上、制度上调动干部职工的积极性。基本原则是定死基数、确保上缴、欠收自补、超收多留。承包合同的主要内容是工业总产值、上缴利润、上缴税款、归还贷款。承包的方法有自荐、选

①三铁：铁交椅、铁饭碗、铁工资。

聘承包和会员风险抵押承包等。1987 年，县属工业企业有 15 家签订了经营承包合同。1988 年 2 月，县属 6 家工业企业实行承包经营。1989 年，对第一期承包合同即将到期的 20 家企业进行全面考核，进一步完善承包办法。1990 年，对 3 家国有企业、12 家县属集体企业实行滚动承包，全部签订第二期承包合同，保证了工业企业生产发展的连续性和稳定性。1994 年底，全县国有企业和集体企业实现产值 13.45 亿元，实现税利 5592 万元。

产权制度改革

1993 年，叶县从实际出发，大胆尝试，积极探索，从股份制改造入手，对全县国有工业企业产权制度进行改革。1994 年 4 月，县属工业企业股份制改造试点工作在县酒精厂启动。是年 12 月，酒精厂股份制改造结束，叶县第一家股份制企业平顶山生物化工总厂挂牌成立。1997 年夏，对全县所有国有与集体企业，进一步理顺产权关系，确认企业法人组织形式，转换机制，对尚有净资产的企业，先出售，后改制；对亏损严重、产品滞销、生产无门路的企业，实行兼并或拍卖；对设备落后扭亏无望的企业，依法破产；对无法出售、拍卖、破产的企业，实行一厂一策，重组、分块或租赁。生物化工总厂是叶县第一家把国有资产 344.23 万元剥离出来，以信贷形式让改制后的天泉生物化工有限公司使用，使原厂的国有企业身份转为混合所有制企业身份。2000 年，县政府提出县属工业企业全部退出国有领域的新思路。产权制度改革进入攻坚阶段，一批企业被兼并、出售或拍卖，一批企业依法破产或关闭。至 2002 年底，县属国有和集体企业改制为股份有限公司的 23 家，占 62.2%；被兼并的 2 家，占 5.4%；核销 2 家，占 5.4%；出售 1 家，占 2.7%；依法破产 9 家，占 24.3%。县管工业企业全部退出国有领域。

四、金融体制改革

银行业体制改革

1986 ～ 1992 年，中国人民银行叶县支行在金融经营机制方面进行积极的探索和改革，建立信贷资金管理新机制。在专业银行推行资产债务比例管理，健全同业拆借市场，建立证券市场，开办票据承兑、贴现和再贴现业务，改革信用方式，提高服务质量。在专业银行原有专业分工的基础上，实行业务适当交叉，开展竞争，允许企业选择银行，银行选择企业。1993 年，按照国务院金融体制改革的精神，开始探索转换中国人民银行职能，组建政策性银行，国有专业银行向商业银行转化等项改革。6 月，由财政局在 1992 年组建的叶县盐都城市信用合作社与财政局脱钩，交由县人行代管。1994 年 12 月，国有独资商业银行中国银行叶县支行成立。初步形成以中央银行为领导，以国有商业银行为主体，多种形式金融机构并存的社会主义金融体系。县人民银行的职能发生了根本性变化，不再直接发放企业专项贷款。由专业银行转贷的指定投向的贷款，不再对财政透支和借款，转向实施货币政策，主要维护货币稳定，加强金融监管和调查研究。1996 年 8 月，叶县农村信用社与农业银行叶县支行脱钩，业务直接受县人民银行监管。1998 年 1 月，县人行取消对国有商业银行贷款规模的限额控制，实行“计划指导、自求平衡、比例管理、间接调控”的信贷资金管理体制。同时，对全县金融机构网点进行撤并、调整：工商银行叶县支行网点由 8 个调整为 3 个；建设银行叶县支行在撤销部分网点的同时，把机关科室由 8 个调整为 4 部 1 室；城市信用社划归农村信用联社管辖。

保险业体制改革

1986 年，叶县保险业由中国人民保险公司叶县支公司独家经营，县人行进行业务监督。1996 年，中国保险公司叶县支公司一分为二，挂牌成立了中国人民财产保险有限责任公司叶县支公司和中国人寿保险有限责任公司叶县支公司，分别管理财产保险和人寿保险业务，同时实行商业化经营。2000 年 8 月，县人行把保险业务的监管权移交给保险监督管理委员会，2000 年后，太平洋保险公司、新华人寿保险公司也先后在叶县建立分支机构，使叶县保险市场更加活跃，保险业务迅速发展，保险服务更加周到。

五、流通领域体制改革

1986年以后，叶县商贸流通逐步由计划经济向市场经济转变。1990年流通体制开始改革，实行党政分设、政企分开。1991年，商业、供销合作社所属企业采取“包死基数、确保上缴、超利全留、欠利自补”的全员风险抵押承包，推行经营放开、物价放开、用工放开、分配放开的承包责任制，商业批发企业向零售延伸，由国家统管控制的粮油企业、外贸出口企业、物资经营企业也开始走向市场。1994年，商业、物资、供销、粮食等企业实行“国有民营”“公有民营”，即企业性质不变，资产所有权与经营权分离，个人经营、自负盈亏、包死基数、超利归己。商业、供销零售门店实行买断经营，“全额风险抵押承包”。县昆阳百货大楼、人民商场、商业大楼实行空壳出租，所有柜台由工商个体户承包。商贸系统同时推行品牌定位、特色促销；系列服务、便民促销；任务分解、全员促销；向外扩展、异地促销；批零结合、优价促销。1999年，国家对所有生产资料、所有用品全部放开经营，价格由市场自行调节，粮食企业自主经营，物资、医药企业实行租赁、承包。通过一系列改革，叶县商贸物流商品全面放开，逐步形成多渠道、多形式、多成分、多环节的商品经营格局，社会消费品零售总额迅速上升。2002年，全县社会消费品零售总额达85880万元，比1986增长75696万元。

第四节　社会保障制度改革

党的十一届三中全会以后，叶县在全面进行经济体制改革的同时，积极稳妥地进行政治体制改革和社会保障制度改革。在社会保障体制改革方面，形成以失业保险、养老保险、医疗保险等为主的社会保险制度，逐步建立以社会保障为核心，以社会救济、社会互助、社会福利为辅的多层次社会保障体系。

一、养老保险

企业养老保险

1986年10月，叶县被平顶山市确定为社会保险制度改革试点县。同年12月，县社会统筹领导组成立，社会保险事业局正式挂牌办公。1987年1月，制定《叶县国营企业退休金统筹试行办法》，当年，全县参加统筹的国有企业45家，参加保险职工6500人，其中离退休职工460人。统筹金征集比例为在职职工工资总额的18%，由企业逐月向社会保险事业局缴纳。1992年9月1日，全民企业的干部、固定工开始实行职工按个人标准工资的2%缴纳养老保险金，社会保险事业局为参保人员发放《职工养老保险手册》。1995年1月1日，社保局为每个参加基本养老保险的职工建立终身不变的基本养老个人账户，把个人所缴部分计入账户，其余由企业缴费划入。缴费基数，个人按上年度月均工资的3%，每年7月调整一次，每2年提高一个百分点，最高达到8%；单位按全部职工工资基数之和的比例缴纳。

1989年10月开始，集体企业职工离退休费纳入社会统筹，但大多数集体企业未执行，统筹覆盖范围较小。1996年8月开始，养老保险范围扩大到城镇企业、股份制企业、外商投资企业和个体经营组织，全县企业不分所有制性质，职工不分用工形式，基本养老保险实行统一征集、统一使用的一体化管理模式。参加养老保险人员的退休费按照本人在职期间的缴费年限、缴费工资水平计算。

1987年1月至1988年10月，由单位审批、单位代发离退休费。1988年11月至1999年12月，全县统筹统付，由县社会保险事业局直接向离退休职工支付。2000年1月，实行银行代发，就近领取，长期有病职工由社保局工作人员将离退休费送至家中，实行社会化发放。

2002年底，全县有168家国有和集体企业、13987名职工，45家个体企业、1751名职工，完善了基本养老保险个人账户，参加了社会统筹。

2006年，企业养老保险，实行市级统筹，参保人员实行垂直管理。

2009年，全县企业养老保险金征收3883万元，发放4626万元；2010年，企业养老保险金征收4615万元，发放5677万元。

2012年12月底，全县企业职工参加养老保险总人数26916人，征收养老金7828万元，发放11515万元。

行政事业单位养老保险

1986年，全县党政机关和事业单位劳动合同制工人参加养老保险。1993年，一些自收自支、企业化管理的事业单位职工也纳入养老保险统筹范围。机关、事业单位参保人员养老保险费缴纳比例参照企业标准执行。1997年1月机关事业单位养老保险开始试点，县社保局成立机关事业股，开始受理自收自支事业单位职工养老保险。职工退休后领取的养老金与在职期间缴费标准没有直接因果关系，但要求缴纳养老保险费的基数与养老金额发放基数基本一致。2002年底全县机关事业单位参加养老保险的320家，缴纳养老保险统筹金的合同制工人5338人，其中离退休人员的养老保险金实行社会化发放。2012年底全县机关事业单位参加养老保险职工7621人，征收养老保险金1829万元，发放1353万元，社会发放率100%。

城乡居民社会养老保险

2011年，叶县开始启动城乡居民社会养老保险。叶县人民政府根据《河南人民政府关于开展城乡居民社会养老保险试点工作的实施意见》，制定了《叶县城乡居民社会养老保险试点工作实施办法》，对于年满60岁未享受职工基本养老金待遇以及国家规定的其他养老待遇的城乡居民，无论男女均可享受养老保险待遇，每人每月可领取60元的养老金。对参保缴费的烈士遗属、领证的独生子女父母和农村计划生育双女父母，每人每月增发基础养老金20

元，从2011年10月开始发放。当年向全县60岁以上的城乡居民10.89万人发放养老金1960.32万元。2012年，全县参保人员达41.08万人，上缴养老基金605万元，待遇享受人员11.53万人，发放养老金8347.41万元。城乡居民养老保险制度的实施，改善了城乡居民老年基本生活，稳定了社会秩序。

二、医疗保险

职工医疗保险

1986～1999年，叶县行政事业单位退休干部的医疗费用由县公费医疗办公室负责解决，企业离退休人员的医疗费用由县社保局负责解决。1999年7月，叶县进行医疗保险制度改革，《叶县城镇职工基本医疗保险试行办法》出台，2000年9月，叶县人事劳动和社会保障局成立叶县社会医疗保险中心，负责全县行政、企事业单位干部、职工的医疗保险事务。

2002年1月，乡镇中小学教师开始参保，制定具体的参保办法，逐步接纳企业及行政事业单位离休人员232人，原来享受公费医疗的人员全部进入基本医疗保险范围，医保中心设立4个县级定点医院和药店，随着参保面的逐步扩大，增设田庄、龙泉、保安、常村、辛店、邓李、夏李、任店、仙台、龚店、廉村、旧县、马庄等13家乡镇定点医疗机构。至2002年12月，全县共接纳参保人员9678名，征缴医疗保险金550万元，支付医疗费347万元。

2012年，城镇职工基本医疗保险参保单位300个，参保人数28432人，其中在职人员19783人，退休人员8649人；征收基本医疗保险基金3141万元，支出医疗保险基金2834万元。

城乡居民医疗保险

2006年，叶县被河南省卫生厅、河南省财政厅确定为新型农村合作医疗试点县。叶县县委、县政府于2006年1月6日成立叶县新型农村合作医疗管理委员会，同时成立叶县新型农村合作医疗监督委员会，并印发《叶县新型农村合作医疗制度实施方案》。当年全县参保人员54.49万人，占75.24%。2007年，根据国务院关于进一步做好新型农村合作医疗试点指导意见和河南省人民政府关于建立新型农村合作医疗制度实施意见的通知精神，重新制定了叶县新型合作医疗制度实施方案；同时根据平顶山市人民政府关于建立全市城镇居民合作医疗制度的通知，成立了叶县城镇居民合作医疗工作领导小组并于2007年3月21日印发《叶县城镇居民合作医疗实施方案》，当年农村合作医疗参保人数和城镇居民参保人数分别为64.33万人和3.2万人，占比89.3%和85.4%。

2008年之后，叶县根据省、市的精神，不断调整城、乡居民合作医疗补偿方案，增加财政对参加合作医疗的补助标准和报销比例。到2012年，参加新型农村合作医疗的农民住院报销比例最高可达85%（乡级医院），在县级医院住院治疗也可达75%。2012年农村合作医疗参保人数达70.24万人，占全县应参保人数的97.5%，城镇居民基本医疗参保人数4.2万人，基金收入1050.4万元；支出居民医保基金803.9万元。城乡居民合作医疗的开展有力保障了人民健康。

三、失业保险

参加失业保险的范围为国家机关、人民团体单位中的合同制工人，企事业单位、股份制、私营企业中的全部职工。2002年底，全县参加失业保险的单位161个，职工1.8万人，保险金征缴比例为国家机关、人民团体、企事业单位，按工人工资总额的1%征缴，职工个人每月按1元征缴。1999年6月，征缴比例改为企业按职工工资总额的2%、个人按工资总额的1%征缴。

失业保险费主要用于支付破产企业、停产半停产企业失业职工的基本生活费。1986年10月至2002年，县失业保险金共征收981.81万元，支付885.07万元。1999—2001年12月，进入再就业服务中心下岗职工386人，从失业金中支出基本生活保障补助金15.88万元。自2001年7月至2002年接收失业职工2550人，支付失业金750万元。

2009年，全县失业保险人数达1.82万人，征收保险金5508万元，发放5454万元。

2012年，叶县失业保险参保人数达20760人，征收失业保险金390万元，支付失业保险金18.5万元，失业人员失业生活费的社会化发放率达100%。

四、最低生活保障

1998年7月28日，县政府颁发《叶县城镇居民最低生活保障暂行办法》，自1998年10月1日起建立城市居民最低生活保障制度。当年保障标准为每人每月80元，保障对象共45户119人，发放保障金12516元。1999年7月起，城市居民最低生活保障标准提高到每人每月104元。2002年底，全县低保对象已达1906户、5004人，月补助金额每人每月52元，发放低保金21.8万元，全县累计发放低保金1996万元，保证了城市贫困人口的基本生活。

2010年，全县低保对象补助标准农村由每人每月52元提高到每人每月62元，城镇由每人每月180元提高到每人每月195元。叶县共为5795户8638名低保对象发放低保金1399万元，为33120名农村低保对象发放低保金2510万元。

2011年，农村低保对象补差由每人每月62元提高到每人每月73元，城镇由每人每月195元提高到每人每月220元，全县为34300低保对象发放低保金3250万元，为8638名低保对象发放低保金1679万元。2012年农村低保对象补差由每人每月73元提高到每人每月89元，全县为农村35798名低保对象发放4417万元，为城镇8654名低保对象发放低保金1861万元。

第五节　叶县盐田的开发历程

一、盐田开发概况

叶县地处中原腹地，物产丰富。1981 年 8 月叶县特大型盐田的发现不仅结束了河南不产盐的历史，也为叶县经济发展插上了腾飞的翅膀。

叶县盐田分布面积为 400 平方公里，地质储量为 3200 亿吨，是全国第二大内陆盐田，品位居全国井矿盐之首。国家和省市对叶县盐田开发高度重视，李长春在担任河南省省长、省委书记期间曾多次莅临叶县视察，并先后五次对叶县盐田的开发及销售等方面的问题做出指示。在上级党委政府及有关部门的关心支持下，叶县人民对盐田开发充满信心、积极努力，卓有成效地开展了一系列工作。叶县县委、政府把盐业开发作为全县经济发展的突破口，制定了叶县盐业开发的总体规划。广大干部群众从早期集资建起的第一座精制盐厂到后来招商引资，一步一步使叶县盐业开发走上良性发展的轨道。叶县盐业开发经历了从盐田的勘探立项到建井开采，平锅制盐到现代化真空制盐，单一品种制盐到盐业精深加工的发展历程。

叶县盐田是河南油田在叶县境内勘察石油、天然气和钾盐大队在叶县境内勘察钾盐时发现的。1981 年 8 月，河南石油勘探局（简称“河南油田”）在叶县境内布设探井，开展以石油、天然气为主的综合找矿工作，首次在舞参 2 井发现巨厚岩盐矿层。该井含盐段深度为 1154.6 ～ 1866.4 米，含盐段地层厚度为 711.8 米，共 41 个盐矿层，累计总厚度为 261.8 米，单层最大厚度 20 米，平均厚度 7.4 米，含矿率平均为 35.9%。

1985 年秋，国家化工部钾盐地质大队在叶县田庄乡吴庄施工钻探舞钾 1 井，该井终孔井深 1803.81 米（未穿透盐层），见盐深度 1206.6 米，发现盐层 57 层，总厚度 368.2 米，单层最厚 22.2 米。1987 年 3 月，在马庄回族乡李庄村施工钻探舞钾 2 井，终孔井深 1802.09 米（未穿透盐层），见盐深度 1337.85 米，发现盐层 59 层，总厚度 272 米（未穿透），单层最厚 26.09 米。岩芯采取率 99.4%，同时做大量盐样化验分析、岩矿鉴定、光谱分析等工作。综合河南油田盐井资料研究分析后，进一步证实地下蕴藏着丰富的优质岩盐矿层，初步圈定盐层展布面积达 400 平方公里，普查地质储量 2363 亿吨，其中四分之三分布在叶县境内。

这两个重要发现把沉睡在叶县的地下宝藏展现在叶县人民面前，叶县县委和政府十分重视，立即研究并采取了一系列切实有效的措施。

12 月 10 日，叶县人民政府从省化工厅借到一份介绍叶县盐矿的资料《舞阳盆地盐矿地质概况》及附图 12 张。由主管工业的副县长负责，带领经委、科委、财政局相关单位负责人从事开采前期的考察、立项工作。

县政府为了给盐矿开采提供必要的经济和技术论证依据，叶县人民政府与当时在马庄回族乡李庄村施工钻探舞钾 2 井的化工部钾盐地质大队协商，签订了用单井对流的生产工艺将舞钾 2 井改为探采结合井的施工委托合同。合同商定岩芯取出后由钾盐大队分析化验确定及其他元素的含量，完井后将钻孔扩大改造成生产用井，交叶县人民政府使用。1986 年 3 月 24 日，叶县人民政府成立了“叶县人民政府盐业开发指挥部”。3 月 27 日，为了切实抓好叶县盐矿开发的前期工作，县政府研究成立了“叶县盐矿开发筹备组”，抽调人员赴江苏淮阴市、山东淮安县考察、调研，编写了第一份《叶县盐矿试采可行性研究报告》。

1987 年 5 月 23 日，叶县人民政府以叶政〔1987〕20 号文向市计委、建委上报《关于叶县盐矿进行工业勘探的请示》。6 月 3 日叶县人民政府向上级有关部门报送《关于开发叶县盐田的报告》。

7月25日，叶县人民政府盐业开发指挥部与河南省煤田地质四队签订《对叶县盐矿进行工业勘探的合同》。9月23日，叶县人民政府与化工部钾盐大队签订了《盐矿地质资料转让合同》。10月21日，叶县人民政府盐业开发指挥部向河南省煤田地质四队正式发出对叶县盐矿进行工业勘探的委托书，对勘探的网络深度及钻孔质量等提出了明确的要求。10月26日，钾盐地质大队将舞钾2井正式移交叶县人民政府。该井试采卤水日产50立方米，卤水浓度高达24波美度。当日，在施工现场，隆重地举行了“中原盐田一号盐井竣工典礼”。10月30日，叶县用平锅在舞钾2井附近熬制出了第一批平锅盐，从此结束了河南不产盐的历史。

二、从平锅制盐到真空制盐

中原盐田一号盐井（舞钾2井）是叶县的第一口盐井。1989年，河南油田将舞3井移交叶县后，是叶县的第二口采卤井，也是叶县第一口商业用生产井。煤田地质四队打的马2井，是第三口出卤井。

叶县盐田探采结合第一井
（马庄乡李庄）

以上三口出卤井尽管所用技术套管与中心管的尺寸相差甚远，出卤量也不一样，但卤水浓度大体相同，所用采卤方法和生产工艺是一样的，输卤办法也一样。

叶县第一口卤水井出卤后，曾在舞钾2井附近用厚12毫米钢板焊一口长4米、宽4米、高0.5米的锅。开始生产的盐不白，色发红，几天后，盐白如雪，颗粒均匀，不涩不苦，口味纯正。送样到四川省自贡市全国井矿盐标准化质量检测中心鉴定，氯化钠含量达97.16%，达到粉碎洗涤盐一级品标准。

第一口平锅制盐的实践让人们学到了经验，这种投资少、见效快、技术要求较低的平锅制盐迅速发展。为了提高产量，平锅制盐设备的改造分两部分，一是改进平锅，增加受热面积。单口平锅长 2 ～ 6 米，宽 1.5 ～ 2.5 米，由二口或三口锅串联成组，一个预热，一个提温，一个产盐。二是加长火道烟道的长度，充分利用热量。改造之后 1 吨煤可以熬制盐产品 1 ～ 1.5 吨，平锅每平方米单位受热面积产盐量 8 ～ 12 公斤 / 小时。经过 6 年多的发展，全县平锅制盐由单口井供卤，年产量 3000 余吨，发展到 16 口井供卤。市、县、乡、村等共投资建平锅制盐厂 23 座。据 1992 年统计，全县投资 6501.08 万元，建平锅 1492 口，设计年产盐能力可达 35 万吨，从业人员 4223 人。实际年产平锅盐 141588 吨。

1996 年，国务院办公厅下发《关于 1996 年底以前全面禁止平锅盐生产的通知》，省经贸委、省计委、省轻工总会、省盐管局联合下发《关于彻底禁绝平锅制盐的通知》，叶县政府同时下发《叶县人民政府关于彻底禁绝平锅制盐的通知》，成立禁绝平锅制盐领导小组，对供应平锅制盐的井站采取停电、关阀、拔井管等措施，1997 年春，平锅制盐基本禁绝。

“叶县人民政府盐业开发指挥部”从成立起，就开始筹划精制盐厂的建设。县委书记邓堂、县委副书记谷来勋等一行 6 人曾前往四川自贡进行考察，进一步了解真空制盐和协商筹建叶县豫昆（5 万吨 / 年）精制盐厂的有关事宜。分别与设计院签订了《设计盐厂的协议》与轻工机械厂草签了《制盐设备加工协议》，成立“叶县豫昆精制盐厂筹建处”。

1990 年河南省计经委以豫计经设 (1990)34 号文对叶县豫昆（5 万吨 / 年）精制盐厂设计任务书做了正式批复。县委、县政府在县剧院召开有 1300 多名干部职工参加的“豫昆精制盐厂集资动员大会”，会上宣读了叶县县委、县政府《关于建设豫昆精制盐厂集资实施方案》，县四大班子领导当场捐款 10200 元。在整个集资过程中，全县广大干部职工积极踊跃，纷纷为盐厂建设分忧解难。据统计，为筹建盐厂，全县人民共捐资328.93万元，其中县直干部职工集资97.176万元，乡镇干部职工集资16.3205万元，群众集资210.1455万元，个体户集资5.288万元。

豫昆精制盐厂是河南省第一座真空制盐厂，设计生产能力为年产精制盐5万吨。1991年4月20日开工，1992年8月10日投产，生产出河南历史上第一批精制盐，开创了河南制盐史的新纪元。当年生产精制盐13657吨，盐产品质量符合国标优级品标准。1993年至2002年，豫昆精制盐厂产盐658680吨，累计创产值2.68亿元，年实现利润1300万元，年人均创利税2.5万元。紧接着，由中保人寿河南分公司投资3400万元新建的叶县天河盐厂也于1992年2月开工，1993年7月投产，当年产盐27136吨，1994年产盐7.2万吨；河南省煤田地质四队投资2000万元兴建的神鹰盐厂也于1994年3月开工，1995年4月投产，当年产盐1.32万吨；河南省科委星火公司新建的平顶山营养保健盐厂也于1995年建成投产。从1991年到1995年叶县建起四家盐厂，年生产精制盐突破16万吨。为了提高叶县盐矿知名度和四家盐厂的抗风险能力，1996年8月，经县政府批准，成立叶县盐矿制盐总公司。当年经国家盐业管理办公室检查验收后，给叶县盐矿制盐总公司发放食盐定点生产许可证书，从此叶县的四个真空制盐企业步入良性发展轨道。2000年12月，豫昆、天河两厂，被平顶山盐厂兼并后成为中盐皓龙公司天河分公司，设备潜能充分发挥，2001年，产盐17.3万吨，2002年产盐18.7万吨。

1997年3月18日，由河南油田太阳盐化厂投资3000万元兴建的5万吨/年高纯度工业盐项目开工建设，1998年建成投产，叶县的盐业生产步入了新的鼎盛时期。

三、盐产品开发与盐化工业

国家尚未放开盐业市场的情况下，叶县在盐业市场产大于销，为了充分利用资源优势发展叶县经济，十分重视盐产品的开发和盐化工的发展。

多品种盐和液体工业盐

豫昆盐厂投产伊始，就组织技术力量开发生产“昆井”牌精碘盐、调味盐（汤料）、锌强化营养盐、特种保健盐等4大类20多个品种。投放市场后，受到普遍欢迎，1993年获首届北京食品文化博览会最佳销售奖，1994年获河南省农村科技成果博览会金奖，1995年获首届中国西安食品消费者信誉金奖。

天河盐厂于1994年下半年开始调整产品结构，开发新产品，先后开发出平衡健身盐、金属钠盐、医用盐、强化锌盐、强化钙盐、强化硒盐、低钠盐、核黄素强化盐、调味品（汤料）等5个系列、20余个品种，填补了河南乃至全国的盐业市场空白。新产品的开发不仅提高了产品的附加值，给企业带来了良好的经济效益，而且丰富了盐业市场的供应，带动了河南多品种盐的发展。1996年8月，天河平衡健身盐获河南省科技成果二等奖。

保健盐厂在1996年开发出双汇肉联厂专用盐、莲花味精厂专用盐、南街村方便面专用盐、高纯度金属钠专用盐等，1998年又开发螺旋藻活性碘盐、锌强化盐、硒强化盐等，被中盐总公司审定为全国多品种盐定点生产企业。

神鹰盐厂在搞好盐化工的同时，研制出畜牧专用盐、海水晶及营养保健锌盐、钙盐等多个品牌。

盐化工业

叶县盐矿的岩盐中氯化钠含量高、杂质少，是制盐和开发盐化工业的理想原料，尤其是生产高纯度的烧碱、纯碱、金属钠及医用氯化钠、医用盐酸的优质原料。

叶县从开发盐矿之日起，盐化工业就与制盐几乎同时起步。1992年，中建七局职工用平锅盐与碳酸氢铵经复分解反应后生产碳酸氢钠和氯化铵，为发展盐化工做出了大胆的尝试。

最大的盐化工企业是年产2万吨纯碱的独资企业平顶山银辉化

工有限公司，该企业由中国香港商人郑智裕投资 2000 万元于 1994 年 11 月开工兴建，1997 年 11 月投产。

1998 年，神鹰盐厂兴建年产 2000 吨的纯碱厂，该厂用自产盐生产纯碱，用纯碱再生泡花碱，再合成洗衣粉，拉长产品链条，增加盐产品的附加值。2000—2002 年，销售收入 1265 万元，共上缴税金 75.9 万元。

这些尝试都为盐化工业发展探索了路子，摸索了经验。

四、中国岩盐之都

叶县盐田自 1987 年正式开发之后，历经 20 年，由起初的小规模，单一采卤、制盐，发展到大规模制盐、盐化工以及现代化的盐业配送等综合性开发，在实现自身由小变大，由弱变强的同时，还有力地拉动了相关产业的发展。叶县盐田的发现、发展也逐渐被社会和有关部门重视，中国盐业总公司、中国矿业联合会领导多次到叶县实地考察，科学论证，平顶山平煤神马集团、汇源化学公司等大型企业和省内的一些企业也纷纷来叶考察、开发办厂。叶县的优质大型盐田逐渐被世人瞩目。

2007 年 9 月 29 日，叶县正式被中国矿业联合会，命名为“中国岩盐之都”，并于 11 月 25 日在北京人民大会堂举行了授牌仪式，同时举办盐业发展高层论坛。全国人大常委会副委员长许嘉璐，全国政协副主席周铁农，国务院发展研究中心副主任、党组成员刘世锦，国家煤炭安全局局长赵铁锤，河南省人大常委会副主任张以祥、河南省副省长史济春、河南省政协副主席毛曾华，平顶山市市委书记邓永俭、市长赵顷霖等领导也参加授牌仪式。

在授牌仪式上，全国人大常委会副委员长许嘉璐在贺词中说：“今天叶县被授予‘中国盐岩之都’的称号，对叶县、平顶山及河南省来说，都是一个里程碑。”他希望平顶山市及叶县解放思想，坚持科学发展观，勇于创新，科学有序地保护好资源，最大限度地利用好资源；要进一步加大对岩盐资源开发的扶持力度，推动大型盐化工项目尽快实施，促进经济社会的持续、协调、又好又快的发展。

授牌仪式上，全国人大副委员长许嘉璐、中国矿业联合会常务副会长曾绍全向平顶山市市长赵顷霖、叶县人民政府县长闫廷瑞颁发了“中国盐岩之都”牌匾。

第八章　全面建设小康社会

（2012年11月～2018年12月）

2012年11月8日至14日，中国共产党第十八次全国代表大会在北京举行。大会选举产生了以习近平为总书记的新的中央委员会，确定了全面建成小康社会和全面深化改革开放的目标。叶县县委、县政府紧跟党中央的部署，为把叶县建成小康社会，团结和带领全县人民，牢固树立“四个意识”[①]，聚焦“44121”发展总思路[②]，以新发展理念为引领，以推进供给侧结构改革为主线，以脱贫攻坚统领经济社会发展全局，围绕产业集聚区、现代农业示范区、特色商业区、昆北新城“四大战略重点”，坚持稳中求进，奋力破解难题，合力统筹稳增长、调结构、打基础、利长远、防风险、惠民生各项工作，全县经济社会保持了稳中求进、稳中向好的发展态势。

第一节　聚焦四大战略重点

叶县是一个传统的农业县，全县工业产值在国民生产总值的比

①四个意识：政治意识、大局意识、核心意识、看齐意识。

②“44121”发展总思路：四大战略重点：产业集聚区、现代农业示范区、特色商业区、昆北新城；四项机制：四大班子碰头会、领导组抓工作、乡镇经济观摩、外出学习考察；一个发力点：国家园林县城、卫生县城、省级文明县城“三城联创”和农村人居环境集中整治；两个坚定不移：坚定不移维护和解决群众的正当利益和合理诉求，坚定不移打击堵门堵路堵工地、闹医闹访闹机关“三堵三闹”非法行为；一个引领：把加强党的建设作为推动经济发展和社会进步的总引领。

重较低，城市建设基础条件差，服务功能不适应迅速发展的社会要求；农业生产在1986年全面推行家庭联产承包责任制以后，调动了广大农民的生产积极性，但生产方式和经营模式仍不能适应经济社会的现状；商业服务业为适应市场经济也向人们提出了新的要求。面对叶县的实际，为了加速发展和振兴叶县经济，提高城市功能，叶县县委、县政府根据平顶山市委、市政府的要求采取了新的举措：

一、强力推进工业集聚区建设

2009年经河南省批准，叶县产业集聚区成立。集聚区位于叶县东环路以东，规划面积14.74平方公里，是河南省循环经济发展试点产业集聚区。集聚区批准后，兴建了集聚区办公楼（3600平方米），和其他一些三通一平工作。平煤神马30万吨氯碱厂、平煤联碱120万吨制盐、平煤30万吨PVC、25万吨烧碱、100万吨精制盐、隆鑫公司摩托车工业园（15万辆摩托车，10万辆电动车），先后建成投产，产业集聚区初具规模。

党的十八大之后，叶县县委、县政府进一步加快了集聚区建设步伐，为了提高集聚区的使用功能，还先后组织四大班子和有关部门负责人到武陟、开封、长葛、郏县参观学习；并根据岩盐生产开发和三轮摩托车制造两大主导产业对集聚区进行规划；同时利用走出去、请进来、对外项目发布以及联谊会等多种方式招商引资，广招省内外企业和有志之士来叶投资办厂。集聚区已具备入驻办厂条件的面积7.5平方公里，并先后完成了文化路东延（2.05公里）、隆鑫大道（2公里）、神鹰大道（2.1公里）、叶廉路段的拓宽改造、集聚区电网改造工程、产业集聚区标准化厂房等，一个四通八达、方便快捷，水、电、气供应充足的集聚区正在朝气蓬勃的发展中。

2013年之后在集聚区内又先后建成了神鹰化工5万吨氯二酸项目、平煤神马PVC外协配套项目、树民公司农机助力运送技术改造项目、法施达公司特种螺栓项目、昆山建水公司铝铸件工程、金晶科技大豆多糖项目、广达铝业年产8万吨高精度成型铝板材项目、天健日化含盐日化用品、河南精密电子7000万套高精密电子电器产品等项目。

经过几年的发展，截至2018年，叶县产业集聚区已入驻企业97家，其中上市公司三家，规模以上工业35家。上半年，叶县产业集聚区完成固定资产投资38.6亿元，主营业务收入33亿元，规

河南隆鑫机车有限公司车间一角

模以上工业增加值7.4亿元，从业人员达到2万人。南部以平煤神马、中盐皓龙等公司为龙头的制盐及盐化工产业集群为主，精制盐年产能力达到500万吨，盐化工及下游延伸产品产能突破100万吨；北部以河南隆鑫机车有限公司、河南力帆树民车业有限公司、河南望江树民机车有限公司为龙头的摩托车制造产业集群为主，摩托机车和电动车规模达90万辆。集聚区内与主导产业关联配套的项目占75%。集聚区水、电、路、气等与县城互通互联，产城互动进一步密切。

为充分发挥并保持平顶山在尼龙产业研发、生产方面在全国的龙头地位，把现有的原材料优势转化为原材料和终端产品双优势，提升国际、国内竞争力，实现由“煤炭产业”向“尼龙”产业的转型。2008年经省政府同意，平顶山市委、市政府决定在叶县龚店镇的沙河南岸兴建平顶山尼龙新材料产业集聚区。该项目规划面积11.46平方公里。集聚区建设是市委、市政府打造中国尼龙化工城

的重要决策部署，也是平叶一体化建设的重要举措，市、县共建共管，主导产业为尼龙化工及下游产品。叶县县委、县政府积极配合，切实做好前期工作。2010年之前完成集聚区总体规划环境影响评价报告书，修建了沙河七路（盐神大道）、竹园二路（神马大道南段）、沙河路（现沙河二路）等基础设施，基本具备了项目入驻条件。2010年之后，先后有中平能化集中供热工程、东方希望厚普盐化120万吨真空制盐项目、中平能化神马2万吨尼龙帘子布、奥斯达公司3万吨精萘项目、亿鑫达10万吨生物制油项目、中糖公司2万吨糠醛项目、平煤神马20万吨乙二酸、20万吨己内酰氨等项目先后入驻集聚区。

2012年之后，集聚区先后建成25公里的区内“七纵七横”网络状道路及标志性建筑、排水管网、天然气管网、自来水管网、110kV变电站、220kV变电站、科技研发中心、平顶山至集聚区快速通道、污水处理厂等。凯美威公司医疗中间体项目、平煤神马3万吨浸胶帘子布、1万吨帆布、平煤神马工程塑料公司年产4万吨尼龙六六切片项目、平煤神马三梭公司年产7万吨尼龙切片项目、安阳安旭新材料有限公司年产5000吨节能尼龙隔热项目、河南神马华威塑胶工程有限公司3万吨尼龙改性工程项目、平煤神马尼龙科技年产15万吨环2酮等一批项目又先后入驻。

2017年，结合中国尼龙城建设，市政府与中国平煤神马集团合作建立了三个研究室（尼龙高端注塑、高性能纤维和聚氨酯研究室）和四个中心（模具中心、检测中心、配色中心、维修中心），为企业提供多种必要的技术服务。

截至2018年底，园内已入驻企业36个，规模以上企业18个，其中包括东方希望集团、中国平煤神马集团等国内知名企业。已建成投运的尼龙骨干企业及其他高科技企业12家14个项目：其中尼龙骨干企业包括平煤神马尼龙科技公司（年产15万吨己二酸、10万吨己内酰胺）、神马帘子布发展公司（年产5万吨高档浸胶尼龙

66 帘子布）、神马三梭科技公司（年产 7 万吨尼龙 6 切片）、神马工程塑料科技公司（年产 4 万吨尼龙 66 切片）、神马化纤织造公司（年产 1 万吨高档尼龙 66 帆布）、神马华威公司（年产 1.5 万吨尼龙 66 改性工程塑料）等。还有其他高科技企业包括平顶山市冠博化工产品有限公司（年产 4.8 万吨硫酸镁）、河南万丰源橡胶工业有限公司（年产 10 万吨再生胶）、平顶山亿鑫达生物能源有限公司（年产 10 万吨生物柴油）、奥斯达化学助剂有限公司（年产 3 万吨精萘）、凯美威生物科技有限公司（年产 1.5 吨医药中间体）、河南久圣化工有限公司 1.5 万吨 / 年高沸点溶剂、河南恒润昌环保科技有限公司 5000 吨 / 年高档汽车涂料和 2 万吨 / 年金属表面处理剂一期、神马泉象公司（年产 1 万吨尼龙 66 扎带）等项目。正在建设的尼龙骨干企业及其他高科技企业 8 家 16 个项目：平煤神马尼龙科技公司二期（20 万吨已内酰胺年产 15 万吨已二酸 15 万吨环已酮）、神马锦纶民用丝公司（年产 10 万吨尼龙 6 民用丝）、神马帘子布发展公司三期（年产 4 万吨差异化尼龙 66 工业丝）、神马材料科技公司（年产 3 万吨尼龙 66 改性工程塑料）、河南三信公司（年产 1 万吨尼龙 66 粘扣带）、河南恒泰源聚氨酯公司（年产 5 万吨聚氨酯鞋底原液、5 万吨热塑性聚氨酯弹性体切片）、河南庆联织造公司（年产 1 亿米尼龙 6 服装面料）、河南华博润聚氨酯公司（年产 10 万吨热塑性聚氨酯弹性体切片）、河南奥峰聚氨酯公司（年产 5 万吨聚氨酯泡沫材料及黏合剂）、神马催化剂科技公司（年产 1000 吨铂、钯催化剂）及河南省贝特尔药业有限公司（年产 2 吨亚胺培南、年产 3 吨美罗培南、年产环酸 195 吨、年产 4-AA100 吨）等。总投资约 200 亿元三鼎控股集团（年产 60 万吨已内酰胺—聚合—锦纶产业一体化项目）正等待入驻。2018 年入驻企业中主营业务收入亿元以上企业 7 家，主营业务收入 10 亿元以上企业 3 家，实现税收 2 亿元。

平煤神马尼龙科技公司外景

为了加快中国尼龙城建设步伐，平顶山市政府与平煤神马集团公司共同制定了招商引资政策（平政〔2016〕58号），一批新的尼龙化工项目（4家）正在筹划之中，规划至2020年，集聚区尼龙原材料及制品总产能达200万吨，实现销售收入600亿元，至2025年，总产量达530万吨，销售收入跨进千亿元，利税90亿元。

二、农业示范园区建设

叶县在中华人民共和国成立初期耕地面积132万亩，由于区域调整和各种建设用地占用，至1985年，全县耕地面积减少为101万亩。土地减少人口增加给农村和农业经济，也给全县的经济社会发展带来了新的挑战。

党的十八大以后，县委、县政府按照《农田基本保护条例》精神，切实做好基本农田保护工作，同时，依托现代农业示范园区建设，合力发展现代生态循环农业，引导农村土地向专业大户、家庭农场、农民合作社和农业龙头企业等新型农业经营主体有序流转，走规模化、品牌化发展之路，发展不同形式、各具特色的农业示范园区，促进农业适度经营、健康发展。

为贯彻党中央和习近平总书记关于“三农”工作的一系列指示，

实施乡村振兴战略，推动农业供给侧结构性改革，全面建设小康社会，叶县以大农业为核心、以规模化种养为基础，以高效农业、生态农业为目标，运用现代农业先进技术，依据当地生产生活习惯及资源特点，打造规模化、品牌化、科技化、生态化、具有示范性、可持续性的农业综合示范园区，全力推动叶县农业产业全面振兴，推动农村一、二、三产业融合发展，带动农村全面进步，农业全面发展，走出一条中国特色社会主义乡村振兴之路。叶县把农业示范园区建设纳入各乡（镇、街道）年度考核目标，每年依据新建（扩建）现代农业示范园区以及带动本村及周边村民的情况进行考评。

叶县的农业示范园区建设包括农（业）、林（业）、牧（业）在全县 18 个乡（镇）、街道办事处全面展开。

现代化粮食生产区

立足现代粮食产业发展方向，种植“优质高筋小麦”，通过实施农业生产托管服务，发展土地适度规模经营，培育新型职业农民，提升耕地质量，促进农业增产增收，集中连片种植面积在 500 亩以上，打造粮食（小麦）现代化生产样板区。叶邑镇的万亩小麦生产基地，已让农民尝到了甜头，也为全县树立了样板。

果业类园区

包括以露地果业为重点的园区（葡萄、梨、桃及杂果），以设施果业为重点的园区两大类，这些园区能够广泛采用新品种、新技术、新材料、新工艺、园区主栽品种占比达到 90% 以上，优良品种覆盖率达到 100%。全县自 2012 年以来林果业发展比较迅速，林果业面积达 12 万亩。有几十亩的园区，也有一批百亩以上的园区。九龙街道沙河南岸的万亩桃园（韩奉、典庄、秦赵村），辛店镇的黑莓生产基地，邓李乡马湾、妆头的万亩桃园，河南叶公果业集团有限公司种植的优质油桃和大潘桃以及全县处处可见的桃园、葡萄园、草莓园，这些果园既让农民增加了收入，也成为人们旅游、踏青、采摘的胜地。

辛店镇刘文祥村黑莓生产基地

蔬菜类园区

随着城乡人民群众生活水平的提高，叶县人民政府对蔬菜园区建设十分重视，广大农民也把种植返季蔬菜当作脱贫致富的有效手段。日光温室、拱形大棚、钢架大棚、连栋温室等持续发展，田庄乡的春畦蔬菜基地、福旺农业合作社，任店镇的平顶山韭菜科技园等蔬菜基地先后建立。任店镇的平顶山韭菜科技园成为全国第一家集“韭菜育种、品种展示、韭菜栽培新技术研究”为一体的韭菜科技园区，有科技人员 32 人，园区面积达 200 亩。

中药材类园区

按照地区不同的特点，以种植一年生与多年生相结合、道地药材种植为主的原则，种植艾草、金银花、白芷等中药材。常村镇的艾草种植基地、廉村镇和洪庄杨镇的金银花种植基地带动了一部分村庄农民，使他们增加了收入。

休闲综合类农业园区

叶县因地制宜推进农业与文化、信息、教育、旅游、康养等产业深度融合、挖掘农业生态价值、休闲价值、文化价值，发展一批新产业、新业态、新模式，培育壮大乡土经济、乡村产业，达到一产优、二产强、三产旺，形成相互紧密关联、高度依存带动的完整产业链。

叶县龙泉乡大湾张村的绿瑞农业发展有限责任公司，以蔬菜种植、加工和销售为主要业务，是一家集瓜果蔬菜、花卉苗木、现代农作物的培育、农业技术领域内的技术开发等为一体的现代化农业综合体，主要以广东菜芯种植为主，面积 380 余亩，芥蓝、上海青、白芯 200 余亩。广东菜芯常年种植，每年可收获 7 ～ 8 季。

叶邑镇八里园村，紧邻 234 省道，他们利用得天独厚的地理优势，建设了“鸿城福海旅游产业园区”。该园区以休闲生态旅游和农林业生产为主线，双轴驱动，分期实施“一带四区多配套”：一带即南水北调生态观光带；四区分别是：果蔬农业采摘区、花卉种植观赏区、山水养生休闲区、旅游综合服务区。围绕“一带四区”，建设生态养殖基地和农林产品深加工配套设施。

畜牧园区建设

叶县是“生猪调出大县”，国家级畜牧业绿色发展示范县，畜牧业是促进农民增收和新农村建设的支柱产业。叶县十分重视生态循环畜牧业发展，着重推广“畜沼粮”、“畜沼林（果）”、“畜沼菜（藕）”等生态养殖模式，在建设发展畜牧园区的同时，完善相关设施，实现农牧业的有效循环，推动畜牧业的可持续发展。依托叶县双汇牧业保安育肥场、双汇夏李种猪场、伊源乳业、国润牧业、跃龙牧业五大畜牧养殖龙头企业，建设 5 个现代生态循环农业示范基地，推进省级生态循环农业示范基地建设。国润牧业千亩草莓园、河南春畦 5000 亩供港蔬菜基地、福旺合作社 3000 亩蔬菜标准园、福信林农公司 2000 亩国家农业标准化示范区、常村镇万亩核桃基地和辛店镇万亩布朗李种植基地等企业，利用养殖粪肥做肥料，发展有机种植业，已经成为闻名周边的农业龙头企业，并带动了休闲观光采摘产业的发展。截至 2018 年，全县已发展农牧龙头企业 63 家，标准化养殖小区 150 个，规模养殖户 2530 家，带动有机蔬菜园区20多个，规模林果基地近百个，农产品加工企业30多家。

叶县的农业示范园区建设促进了土地流转和规模化农业发展，截至2018年，叶县土地流转面积已达27万亩，这些流转土地适合规模化经营，一些种植大户和经营者利用先进的农业现代技术搞种植业、养殖业，有力地促进了生态农业发展，为乡村振兴做出了贡献。

三、特色商业区建设

叶县是河南省十大古城之一，文化底蕴十分丰富。在党的改革开放政策指引下，为了加快商业服务业发展，叶县县委、县政府充分利用叶县文化资源优势，不断推进商务中心区和特色商业区建设。

2012年2月4日，河南省人民政府下发《关于促进中心商务功能和特色商业区发展的指导意见》，向全省人民提出了建设特色商业区的新要求。同月23日，叶县人民政府召开专门会议，建立了叶县特色商业区建设工作联席会议制度并印发《关于建立叶县特色商业区建设工作联席会议制度的通知》。县发改委会同郑州大学城市规划设计研究院完成了《叶县特色商业区发展规划（2013～2020）》的编制工作。2013年9月25日，平顶山市发改委转发《河南省发展和改革委员会关于平顶山市叶县特色商业区规划（2013～2020年）》的批复。2014年4月29日，叶县人民政府常务会议研究成立叶县特色商业区管理领导小组，副县长李宏民任组长，成员单位有发改委、商务局、工商局、文化局、九龙街道等。2015年3月，县政府聘请河南省城乡规划设计院结合叶县实际和《叶县特色商业区发展规划（2013～2020）》做出《叶县特色商业区空间规划（2013～2020）》和《叶县特色商业区控制性详细规划》。叶县特色商业区建设正式拉开序幕。

叶县特色商业区规划范围：以昆阳大道为轴心，东至人民路（广安路），西至沿河路，南至前进街，北至九龙路，规划面积1.61平方公里。

叶县人民政府认真贯彻省、市的决策部署，切实按照《叶县特色商业区发展规划（2013～2020）》，紧紧围绕“以文化旅游为特色，以商业服务为主导，打造商务、生活、休闲、娱乐于一体的区域性商业和文化娱乐中心”的战略功能定位，以明代县衙和金代文庙为依托，发挥古城文化旅游优势，推动商业服务与文化旅游联动发展，积极引入先进业态，完善综合服务功能，配套发展商务、餐饮、娱乐、居住等服务业。

2013 年之后，特色商业区内九龙、云宫、汇通、恒基、宏祥、中心国际等六家商、住、娱乐综合体先后建成营运（总投资 6.96 亿元）、18 家企业、6824 家个体经营户先后入驻。2015 年特色商业区规上企业主营业务收入 4.6 亿元，社会消费品零售额达 1.45 亿元，完成税收 570 万元。

2016 年之后，叶县县委、县政府为改善城市面貌，提高居民生活质量，不断加大特色商业区基础设施建设力度，先后完成了西城河升级改造工程并引澧河水入城；文化路中段、健康路、九龙路、人民路、前进街升级改造和店面升级；新建和改造了十六处高标准水冲式公厕和九处垃圾中转站；投资 750 万元将 6680 ㎡的中心农贸市场升级改造并更名为“聚鑫源农贸市场”；投资 2900 万元将原商业街升级改造、美化、亮化后建成拥有“瘸子烩面”等一批老字号特色小吃、古色古香的叶公古街，以崭新的面貌迎接来叶县旅游观光的八方客人。

在特色商业区内，充分挖掘古城文化优势，县衙、文庙重新修葺、美化、亮化，并组织开展“读书活动”和“旗袍秀活动”让文化旅游和商业服务融合发展，提升县城城市品位和服务业水平。

在特色商业区内，叶县政府以楼宇经济为切入点，坚持优化规划布局，提高商业档次，提升服务功能，通过招商引资等形式，引导大项目、大企业、大产业向规划的功能区集中布局。中心国际、新恒基地产、奥德置业、昆基地产等一大批项目先后完成；叶公古街、聚鑫源农贸市场、新大新生活广场先后投入使用。建业、乐易

叶公古街商业区

购、广美、世纪风、喜临门、亿丰、银杏、好爱家、万都服饰等大中型超市生意兴隆，不断发展；昆阳商城、九龙商贸城、万泉河商场、绿地步行街、中心国际城步行街、汇通国际步行街、九龙国际等商业街区繁荣发展；特色商业区内县委招待所、叶县宾馆、电力宾馆、烟草宾馆、宏润宾馆、百纳酒店、圆山饭店、学府客栈也整容一新，以新的姿态迎接顾客。

特色商业区内这些大型商业服务业的发展，方便了广大群众和游客，也带动了全县城乡商业物资流通，全县农村货物齐全的大、小超市到处可见，县城内门类齐全、各具特色的门面店铺应运而生。

叶县特色商业区的建设和发展带动了电子商务的发展，叶县的一批农产品（汇集合美浴盐、金牛足、迪可食品、永威皮鞋、张老大调料、燕山鸭蛋等）通过网上销往全国各地。截至 2018 年，叶县已有电商企业和个体网店 373 个，电商备案企业 20 家，电商物流企业 18 家，年电子商务交易额 1.63 亿元。

截至 2018 年，叶县特色商业区，经过整修、亮化的县衙、文庙吸引了更多的游客；东西城河绿树成荫、清水流淌是人们散步健身的好地方；南北绿地广场文化长廊，健身器材可供人们购物之余休闲娱乐、品味文化。特色商业区内农商银行、农业银行、建设银行、邮政银行、中原银行、平顶山银行网点合理、服务周到。特色商业区的建设和发展，有力地助推房地产业发展，祥和世纪、健康花园、西湖花园、河滨公寓、御花园、上城公馆、叶城公馆、福地明珠等高档生活小区先后建成也是人们生活居住的好地方。区内又有一小、二小、三小、四小、五小、实验学校、昆阳中学、县幼儿园等。现在的叶县特色商业区不仅是人们“吃、住、购物、旅游、娱乐”的好地方，也是居家生活、学习的最佳选择。

叶县特色商业区在建设中不断发展，已入驻中心国际、新大新等大型商业企业（包括综合体企业）32 家，个体经营户 8652 家，年主营业务收入 11.5 亿元，规上服务业增加值 6.8 亿元，完成税收 6500 万元。

为了进一步发挥叶县特色商业区给社会带来的服务功能和社会效益，壮大商贸圈，繁荣古城游，把昆阳古城打造成集观光、旅游、餐饮为一体的旅游商业区，逐步形成豫中南服务业发展的新高地，从 2017 年开始，叶县人民政府对叶县特色商业区的范围重新调整。新的规划范围：东至东环路、西至西环路、南至化工路、北至北环路，现已初具规模的亿联电子建材商贸城也将成为叶县特色商业区的一个骨干企业。新的叶县特色商业区展布面积将达到 9.8 平方公里，叶县工业集聚区、昆北新城（一、二期）将和特色商业区融为一体。

四、建设中的昆北新城

昆北新城建设是叶县经济社会发展的重要组成部分。2014 年，县政府聘请河南省豫建设计院，依据叶县县城总体规划（2007 ～ 2020），叶县西城区控制性详细规划编制。昆北新城范围北起沙河，南至玄武大道，西起平叶快速通道，东至叶公大道，展布面积 15.9 平方公里。昆北新城一期规划区位叶县县城北部，紧临洛宁高速叶县北出入口，东临规划叶县产业集聚区，西临规划新城区，南部为老城区和行政中心，基地东至叶公大道，南至玄武大道（叶鲁路），西至昆阳大道（迎宾路），基地边界呈三角形，东西长约两公里，南北长约 2.2 公里，规划范围内用地 330.6 公顷（3.3 平方公里）。

昆北新城一期 2014 年 9 月经县人大常委会审查批准后于 2015 年正式实施，经过几年的建设，2018 年底之前先后完成了德化街北延昆北一路（迎宾大道至叶公大道）竣工通车，玄武大道、叶公大道升级改造相继完工。广安路北段已做好水稳路基，亿联大道中段路沿石已安装完成，东西雨、污水管网也已铺设完成。新城区内，亿联建材家居五金城、河南天健日化、叶县德福顺贸易盐业物流配送中心先后开业；德亿电缆、金博瑞模具、保洁飞摩配、台湾叶强、圣美源、恒奕晟、法施达等项目相继开工建设。县第二幼儿园、县第二实验学校已于 2018 年 8 月投入使用，开始招生。亿联游乐城主体竣工，城雕公园也已开始施工。随着昆北新城基础设施的不断完善，叶县行政服务中心、县教体局、县医保中心先后入驻办公，一个新型的、功能完善、环境优美的叶县县城副中心初步形成。

昆北新城一期基本落地之后，2017 年，叶县人民政府又聘请深圳市蕾奥规划设计咨询股份有限公司，编制叶县昆北新城（二期）控制性详细规划。昆北新城二期位于叶县县城西北部，东至昆阳大道，南至玄武大道（叶鲁路），西至平叶快速通道，北至沙河，规划近期控制面积 12.58 平方公里，远景控制区域 15.87 平方公里（平叶快速通道西延）。昆北新城二期建设是根据平顶山市市委、市政府平叶一体化的发展思路结合叶县实际提出的市级发展战略，为推进平顶山高新区、湛南新城、昆北新城功能互补、产业融合发展打下基础。昆北新城二期与一期相连，远景规划建设面积达到了 19.2 平方公里，它不仅使新老县城相连，而且与叶县产业集聚区和平顶山尼龙新材料产业集聚区相通、相连，总面积达到 55.4 平方公里。

亿联电子商贸城

昆北新城建设指挥部认真统筹一、二期工程建设，一期未完工程继续推进，二期新的规划开工，2019 年 3 月 15 日，昆北新城二期规划的一批项目正式开工奠基，承建“一湖、两路、二馆、一园两项目”①的天福集团正式启动陆续进入工地。

随着平顶山城区往东与中国尼龙城对接，往南与昆北新城对接，以及沙河复航，叶县城市建设将迎来重大发展机遇，发展前景十分广阔，叶县与平顶山中心城区一体化发展将在不久的将来成为现实。

①一湖，叶公湖；二路：西环路、盐湖路；两馆：体育馆、文化艺术馆；一园两项目：盐湖度假村和美好生活家园。

第二节　建设小康社会新举措

一、选派大学生村干部

叶县选派大学生村干部（也叫“村官”）是从2003年开始的。2003年10月，市委下发了《关于选拔大专以上学历优秀青年到农村任职的意见》，文件对大学生村官的选拔条件、招聘程序做了明确要求。叶县在当年10月第一批招聘90人（其中在职人员47人）到农村工作；2004年10月，第二批招聘399人入村任职（其中在职人员248人）；2006年，第三批招聘108名（其中有乡镇机构分流人员47人）。这三批大学生村干部到农村后，根据市委组织部规定是中共正式党员的，一般安排任村党支部副书记职务；中共预备党员或非中共党员的，一般安排任村委会主任助理职务。这几批大学生村官充实了农村基层干部队伍，也提高了基层农村干部的文化层次和文化素质，对发展农村经济起到了一定作用。2009年10月，市委组织部下发了《关于印发（平顶山市2009年公开选聘大学生村干部工作方案）的通知》，选派了138名全日制本科生来到了叶县农村任职。

从2003年到2009年，叶县总共选派735名大专以上学历的“村官”到农村任职。这一举措，对于解决农村基层干部队伍年龄老化、文化偏低、观念陈旧、缺乏带领群众致富能力是一个有效措施，对于建设一支高素质的农村干部队伍，加快全面建设小康社会步伐起到了一定的作用，也锻炼了一批知识型基层干部。

2015年6月，中组部对大学生村干部提出在十九大召开前任满两个聘期以上的大学生村干部，按照“有编入编，无编待编，择优先转，最后兜底”16字方针转岗，大学生村干部转岗工作拉开序幕。2016年6月，叶县对在岗的大学生村官通过笔试、面试、考核的方式招录25名乡镇事业编制人员。同年12月，剩余的139

名大学生村干部通过笔试，考核全部转岗到乡镇农业服务中心工作。

二、为贫困村选派党支部第一书记

为了加强贫困村基层组织建设，确保农村经济和各项事业的健康快速发展，加快贫困村脱贫摘帽奔小康步伐，叶县从 2011 年开始选派县直各单位优秀青年骨干到村上担任第一书记，截至 2018 年，先后选派五批第一书记入村开展工作。

第一批选派时间为 2011 年 3 月，按照《中共叶县县委关于选派县直机关优秀年轻干部驻村任职的通知》要求，选派人员到派驻村任职，时间为三年，主要任务是：1. 加强组织培训，培养骨干力量；2. 监理服务体系，发挥人员作用；3. 完善基础设施，优化人居环境；4. 科学合理规划，促进经济发展；5. 拓宽致富渠道，增加农民收入；6. 完善村务公开，推进民主管理；7. 推进精神文明，树立文明新风。

第二批选派时间为 2012 年 4 月，按照县委组织部《关于选派党员干部驻新型农村社区任职工作的意见》要求，县选派 131 名，市选派 34 名党员干部到全县规划确定的 165 个新型农村社区任职，任期三年，主要任务是：1. 坚持第一要务，发展农村经济；2. 落实新村规划，建设新型社区；3. 完善基层组织，提供坚强保障；4. 推进党务公开，规范村级管理；5. 繁荣农村文化，树立文明新风。

第三批选派时间为 2015 年 9 月，按照县委组织部《关于切实做好选派第三批机关优秀干部到村任第一书记工作的通知》要求，对 55 个党组织软弱涣散村、120 个建档立卡贫困村和已建成党员群众综合服务中心的村全部派驻第一书记（其中省派 2 名，市派 41 名，县派 137 名），任期 3 年。主要任务是：1. 加强基层组织；2. 推动精准扶贫；3. 落实基础制度；4. 办好惠民实事；5. 培育文明新风。

第四批选派时间为 2017 年 10 月，按照县委组织部、县委农办、县扶贫办《关于做好驻村第一书记轮换工作的通知》要求，叶县选派 147 名优秀机关干部到贫困村、软弱涣散村及贫困发生率 10% 以上的村任第一书记；同时，省、市选派了 44 名优秀干部到叶县贫困村任第一书记，任期为 2 ～ 3 年。

第五批选派时间为 2018 年 5 月，按照县委组织部《关于选派驻村第一书记到有贫困户的非贫困村开展工作的通知》要求，在贫困村、软弱涣散村及贫困发生率 10% 以上的 191 个村任第一书记（其中省派 2 名、市派 42 名、县派 147 名），同时又选派 349 名优秀机关干部到有贫困户的 540 个行政村任职。

三、选派驻村工作队

为进一步加强驻村工作力量，全力助推脱贫攻坚，2018 年 4 月，平顶山市委又在市派第一书记的派出单位增派驻村工作队员 78 名到 39 个村驻村；5 月，叶县又分两批新增派驻工作队员 490 人（其中市派 120 人），实现了 313 个贫困村，软弱涣散村和贫困发生率 20% 以上的非贫困村，贫困户 20 户以上的非贫困村，贫困户 10 户以上的村“两委”换届重点难点村驻村工作队全覆盖。

按照县委组织部，县扶贫办《关于充实驻村工作队的通知》要求，选派了 88 名干部为驻村工作队员，到 44 个党组织软弱涣散村驻村。市委组织部增派 40 支驻村工作队，共 120 人到叶县驻村；叶县按照县委组织部《关于进一步增派驻村工作队的通知》要求，新增派 290 名干部驻村。到 10 月，叶县选派的驻村工作队共 130 支，843 人，加上驻村第一书记，共计选派驻村工作人员 1383 人。

根据省、市相关要求，结合叶县脱贫攻坚工作实际需要，叶县成立了驻村工作领导小组，由县委两位常委任组长、副组长，由县纪委、县组织部、县扶贫办相关人员组成领导班子和工作班子。把第一书记和驻村工作队统一纳入驻村工作领导小组管理。

为了确保近 1400 人的驻村工作队伍切实发挥作用，成为脱贫攻坚的骨干力量和排头兵，叶县以“五抓五强五提升”[①]为抓手，对派驻的第一书记和驻村工作队在资金、项目、人才、技术、信息、生活等方面，大力支持。不脱贫不脱钩，督促驻村干部充分发挥自身及单位特长和资源优势，为贫困村谋发展，办实事，为老百姓解民忧，谋幸福。

2018 年以来，叶县驻村干部积极发挥作用，共协调、落实资金 7940 余万元，引进致富项目 194 个，培育支柱产业 132 个，创办合作社 209 个，筹资整修道路 360 多公里，新打机井 748 眼，新建桥梁 85 座，安装路灯 5100 多盏，帮助群众办理大病救助 615 起，结对帮扶贫困家庭学生 944 名，派驻村发展后劲持续增强，群众满意度明显提高。

四、兜底的社会政策

兜底的社会政策主要由民政局、医保局、残联组织实施，涉及农村低保、医疗救助、临时救助、特困人员救助供养、困难残疾人生活补贴和重度残疾人护理补贴、重度残疾人生活救助六个方面。

农村低保的适用范围为共同生活的家庭成员人均收入低于全县最低生活保障标准，且家庭财产状况符合市政府规定条件的具有叶县常住户口的农村居民。主要内容是对丧失和部分丧失劳动能力，无法依靠产业扶持和就业帮助脱贫的家庭，纳入最低生活保障范围。

2018 年农村居民最低生活保障标准为年人均 3450 元。低于此标准的农户为低保对象，低保户最低生活保障补助水平为每人每月不低于 154 元。根据低保对象的年龄、健康状况、劳动能力、家庭收入和自救能力等情况，将低保对象分为 A、B、C 三类，结合实际确定补助数额。A 类属长期保障对象，是指无劳动能力，无经济来

---

①一是抓机制、强督查、提升管理水平；二是抓服务、强保障、提升工作动力；三是抓培训、强教育、提升工作能力；四是抓示范、强引领、提升工作激情；五是抓责任、强落实、提升工作成效。

源，无法定抚、扶养（赡养）人的“三无”人员，接近“三无”的老弱病残对象等；B类属中长期保障对象，主要包括有大病、重病患者的低保家庭，有重度（一、二度）残疾人的低保家庭，子女正在上大学的低保家庭，子女未成年的单亲低保家庭，一户多残（多病）或老残一体的低保家庭，其他原因造成短期内生活状况难以有较大转变的低保家庭；C类除A.B类以外的其他低保对象。

医疗救助的适用范围为：1. 建档立卡农村贫困户；2. 特困救助供养对象；3. 农村最低生活保障对象。主要内容是对患病且无能力支付医疗费用的农村低保对象、特困救助供养人员、建档立卡贫困户实施医疗救助。

2017年，叶县共为84665人次实施医疗救助发放资金2.94亿元；2018年为103883人次实施医疗救助，发展放补偿金4.01亿元。

临时救助的适用范围为农村居民家庭。主要内容是对遭遇突发事件、意外伤害、重大疾病或其他特殊原因导致基本生活陷入困境，其他社会救助制度暂时无法覆盖或救助之后基本生活暂时仍有严重困难的家庭给予的应急性、过渡性的救助。2012年至2018年底共为207926名农村低保对象发放低保金32261.11万元，共为43504名城镇低保对象发放低保金11269.93万元。

特困人员救助供养的适用范围为无劳动能力、无生活来源、无法定赡养、抚养、扶养义务人或者其法定义务人无履行义务能力的，具有常住户口的农村老年人、残疾人以及未满16周岁的未成年人。2012年至2018年底，共为37202名特困供养对象发放特困供养金11402.85万元；为15337人发放医疗救助金4261.11万元；为5188人发放临时救助金575.9万元。

困难残疾人生活补贴和重度残疾人护理补贴的适用范围为叶县户籍，持有第二代国家残疾人证的最低生活保障家庭中的残疾人；重度残疾人护理补贴对象为叶县户籍，持有第二代国家残疾人证，残疾等级为一级、二级且需长期照护的重度残疾人。主要内容是解决残疾人因残疾产生的额外生活支出和长期照护支出困难。

重度残疾人生活救助的适用范围为由父母或兄弟姐妹抚养（扶养）的重度残疾人。主要内容是将由父母或兄弟姐妹抚养（扶养）的重度残疾人纳入最低生活保障救助范围，按照当地农村低保最高补差给予救助。自 2016 年实施残疾人两项补贴政策，全县享受困难残疾人生活补贴的 8057 人，享受重度护理补贴的 9596 人，发放资金 3672.3 万元。十八大以后共为全县有康复需求的各类残疾人发放轮椅 2700 辆，助行器、掖拐、四角拐、盲杖、助听器等辅助器具 2860 件，达到建档立卡贫困残疾人全覆盖，建档立卡、贫困残疾人家庭医生签约率 100%。

第三节　精准扶贫建设小康家园

叶县是省定贫困县，全县有 11 个乡（镇），123 个行政村为重点贫困村，建档立卡贫困户 21409 户，77607 人。2001 年成立扶贫开发办公室，负责全县的扶贫工作。国家有计划地实施扶贫开发工程后，叶县县委、县政府把扶贫攻坚工作当作压倒一切的中心任务，在上级扶贫部门和社会各界的帮助扶持下，组织党政机关企事业单位先后实施了“万人对口帮扶脱贫工程”“企业对口帮扶脱贫工程”“整村推进工程”以及产业扶贫、科技扶贫、教育扶贫、文化扶贫、健康扶贫等，不断加强贫困乡村基础设施建设，着力解决人民群众生产生活方面的困难，农民收入不断增加，贫困人口大量减少。

党的十八大以后，县委、县政府认真学习、贯彻习近平总书记关于扶贫工作的系列重要讲话精神，全面落实“六个精准”[①]和“五

①六个精准：扶持对象精准、项目安排精准、资金使用精准、措施到户精准、因村派人精准、脱贫成效精准。

个一批”[①]要求，把贫困群众脱贫作为头等大事来抓，先后实施了“百日攻坚”“百日提升”工程，动员和调动社会各方面的积极性，汇聚各种资源和力量，推动全县精准扶贫开发工作不断取得新的成绩。

一、产业扶贫

按照平顶山市委、市政府脱贫攻坚工作的总体部署，叶县把产业扶贫作为精准推进扶贫工作开展，落实因户施策措施，按照“县有支柱产业、乡有主导产业、村有特色产业、户有致富项目”的发展思路，统筹谋划、扶持引导、组织实施、强力推进，激发了贫困户发展产业的内生动力，促进了贫困户脱贫致富。

发展“六大产业”，增强造血功能

叶县依托两个省定产业集聚区优势，结合实际，确定了畜牧养殖、特色种植、乡村旅游、电商流通、光伏产业和特色加工六大支柱产业，让贫困户可以根据自身条件，自主发展，实现脱贫增收。

叶县利用国家级畜牧业绿色发展示范县、“生猪调出大县”优势，发挥国润牧业和生猪养殖“千头线”[②]的龙头带动作用，通过基地模式、分红模式、代养模式、政融保模式，着力发展肉牛、生猪养殖、带动贫困户增收致富。

发展特色种植，促进贫困群众增收脱贫。现已建成以核桃、白桃、葡萄、石榴、板栗为主的经济林园区 44 个，林业专业合作社 21 家，新增林果栽植面积 21600 多亩。常村镇中草药种植、廉村镇辣椒、洪庄杨镇金银花、草莓，任店镇韭菜、瓜蒌等一批特色种植基地也初步建成。

把贫困地区资源优势转化为经济优势，投资 7.7 亿元的南部山区旅游扶贫线路已开工建设，并通过“银线串珠”将沿线燕山、孤石滩多个景点串成一体。通过举办桃花节拉动乡村旅游，举办采摘

①五个一批：发展生产脱贫一批、易地搬迁脱贫一批、生态补偿脱贫一批、发展教育脱贫一批、社会保障兜底一批。

②千头线：“百亩千头生产方”，就是年出栏 1000 头猪，配套 100 亩消纳粪污，以达到循环农业生产的目的。

节，促进农产品销售，助推5000多名贫困人口脱贫。

全县123个贫困村全部建有电商综合服务网店，电商物流企业通过“电商+合作社（企业）+基地+农户”模式，吸纳747人务工。电商物流增加了贫困群众收入，架起了贫困户农产品推向市场的金桥。

县委、县政府投资近3亿元，在全县120个建档立卡贫困村各建设一座300千瓦或500千瓦的村级扶贫光伏电站，建设总规模42.9兆瓦，年发电量5200万度，收益约4000万元，覆盖贫困户6767户。

投资9000多万元建设村标准化厂房148个，吸引劳动密集型项目入驻，带动周边贫困群众实现家门口就业。全县复核认定扶贫基地点130个，带动2845人脱贫。

聚焦“六大模式”拓宽增收渠道

叶县坚持从实际出发，因地制宜，分类指导，探索创新六大产业扶贫模式。

引导有创业愿望、有条件的贫困户进行创业。如在电商扶贫方面，开展“县长喊你回家做电商”活动，2018年以来培训电商人员410名，自主创业开办了网店。

引导有劳动能力的贫困户进厂打工，中蔼万佳服装加工项目在全县布局一个中心基地和25个卫星工厂，目前已入驻12个，带起贫困户175户；中原农险宣传员1200名，每人每年收入1513元；90名转移就业服务管理员，每人每月1300元；100名护林员，每年收入5000元。

采取政府+金融+担保模式，引进龙头企业带动主导产业，政府负责政策引导和融资增信，金融机构提供资金，担保机构提供融资风险担保，以自然灾害保险成本和市场价格指数保险最低收入来保障群众受益。与河南广安生物科技股份有限公司合作，实施万头生猪代养扶贫项目。该公司为全县建档立卡贫困户每户代养一头生猪，五个月为一期，合作期限五年，贫困户每年可收益 1000 元。

建设 148 个村标准化厂房，每个厂房年租金 3 万至 5 万元，作为村集体经济收入，可直接用于救助贫困户。120 个贫困村建设的村级扶贫光伏电站，可使贫困村集体经济收益 5 万至 6 万元。

叶县作为全国互助资金试点县，建立了 171 个社区资金互助社，已持续健康运行 11 年，主要为农户尤其是贫困户发展种植、养殖、加工等产业提供资金支持。目前，互助社资金总规模达到 6079 万元，已累计发放借款 66420 笔，扶持农户 103403 人次，总额 3.18 亿元，其中贫困户 44930 户次，60852 人次，金额达 2.03 亿元。

河南国润牧业在辛店镇岗王村建设万头肉牛项目，每年直接资助贫困户 1000 户，每户 3500 元；叶邑镇，万头肉牛基地建成后又可每年直接资助贫困户 1000 户，每户 3500 元。任店镇春晓生态循环农业产业扶贫基地救助贫困户 66 户，每户每年 1200 元。

建立“六大”机制，保障脱贫实效

1. 组织保障。叶县专门成立了产业扶贫指挥部，由县委副书记担任指挥长，县发改委、县农办、县财政局等单位为成员，建立了产业扶贫周例会制度，安排部署产业扶贫工作，围绕六大支柱产业，还分别成立了电商扶贫、旅游扶贫、光伏扶贫等专项指挥部。

2. 资金保障。统筹整合涉农资金 2.77 亿元，其中 1.49 亿元用于产业扶贫，占整合资金的 53.8%，同时，出台《叶县扶贫资金管理办法》《进一步规范扶贫资金拨付流程的通知》等文件，确保资金及时支付、优先保证。

3. 政策保障。出台《叶县农业种植结构调整引导扶持办法》，县财政连续三年每年拿出 3000 万元，重点对优质小麦、优质花生、优质蔬菜、中草药种植进行扶持。印发《叶县产业扶贫基地站点创建实施方案》，企业每吸纳一名贫困人口就业且年收入 3500 元以上，奖补 1000 元；每救助一户贫困户且年收入达到 1200 元，奖补 50 元。出台《叶县扶持村级集体经济发展指导意见》，县财政连续三年，每年拿出2000万元，奖补村集体经济项目，增强村级集体经济发展持久动力。

4. 科技服务。充分发挥科技人才助力脱贫攻坚作用，成立林果、养殖、种植和园艺4个特色服务团和11个乡镇分团，58名各类专家团员，分包123个贫困村，帮助贫困村修订扶贫规划、发展主导产业。

5. 领导负责。每名县级干部分包重点扶贫项目，每周协调解决项目推进中的问题，每月汇报项目进展情况。优先支持扶贫项目实施，在办理项目审批手续时尽最大限度简化审批流程，并对一些审批要件实行“容缺办理”，边实施边办理。

6. 考核奖惩。明确优先从脱贫攻坚一线提拔和使用干部，6名全市人民满意公务员、9名全市优秀党员、16名市级劳动模范、100名县级“扶贫标兵”全部从脱贫一线推荐产生。对全县脱贫攻坚工作中不作为、慢作为、乱作为等违法违纪行为，坚决从严从重处理。

二、健康扶贫

2016年以来，叶县县委、县政府高度重视健康扶贫工作。成立了以主管县长为组长的县健康扶贫领导小组，下设健康扶贫办公室，围绕“少生疾病、看得上病、看得起病、看得好病”的工作目标任务，认真开展工作，确保了国家和省、市脱贫攻坚、健康扶贫政策落实。

*加强基础设施建设。*一是县级医院建设。2015年政府贴息1.1亿元贷款建设县人民医院病房大楼，目前建成并投入使用。2014年县中医院已完成新址搬迁；2017年利用国债资金，投资3.2亿元县中医院改扩建项目正在实施。二是乡镇卫生院建设。完成17个乡（镇）卫生院的门诊楼或病房楼新建任务，5个乡镇卫生院创建成为群众满意卫生院。2018年规划建设的12个乡镇卫生院中医馆项目已经全部建成，现已实现中医馆乡镇卫生院全覆盖。三是村

卫生室建设。按照“五统一”[①]要求，县政府投资近4000万元实施标准化村卫生室建设，所有村已全部建成并投入使用。全县554个行政村，有村医1159人，其中执业医师47人，助理医师97人，乡村医生1013人，达到了每村至少一名合格村医的标准。同时，投资50万元为每个贫困村统一购置医疗配套设备。

全面推行贫困人口大病集中救治和家庭医生签约服务。通过摸底筛查、入户走访，截至2018年12月，全县符合贫困人口大病集中救治的72名患者已全部实行了集中救治，并依托17个乡镇卫生院和55个村卫生室的乡村医生，组建了101个家庭医生签约服务团队，对全部贫困人口实施了“一对一”签约服务。即：每月村医随访服务一次、每季度签约服务团队上门健康指导服务一次、每年对签约对象体检服务一次。目前，全县签约贫困户7257户、19422人，实现了贫困人口签约服务全覆盖。

认真落实妇幼民生工程。河南省关于预防出生缺陷户产前筛查和新生儿疾病筛查（简称“两筛”）和预防35周岁到64周岁农村适龄妇女、纳入城市低保适龄妇女宫颈癌、乳腺癌筛查（简称“两癌”）工作要求，2018年叶县全县“两癌”筛查9075人，发现疑似病例：宫颈癌233例，乳腺癌45例，以上人员均已指导到上级医院进一步检查。“两筛”工作，血清学筛查2888人，筛查率48.13%，NT筛查：2653人，筛查率44.2%，新生儿“两病”筛查4253人，筛查率92.83%，新生儿听力筛查4390人，筛查率95.83%。

加强服务能力建设。在不断推进市级医院对口支援县乡级医院的同时，施行县乡医生等额对调，落实县级医院帮扶乡镇医院健康扶贫工作。全县抽调12名医师到6个乡镇卫生院工作，帮助乡镇卫生院建立专科，提升诊疗水平，乡镇卫生院选派12名医生到县

①五统一：统一规划布局、统一建设标准、统一功能设置、统一补助标准、统一外观标识。

级医院培训学习，此项工作争取三年内 17 家乡镇卫生院全覆盖。

实施 10261 健康扶贫工程和一站式结算制度。即：城乡居民基本医疗保险、大病保险、河南省困难群众大病补充医疗保险、平顶山市贫困人口医疗补充救助保险、叶县贫困人口扶贫小额保险、民政医疗救助六道保障线进行整合和串联，建立“一站式”即时结算制度。对于县域内住院患者出院时即可在住院单位办理报销手续，对于县域外住院患者，在县行政审批中心专门成立了健康扶贫“一站式”结算窗口，为其办理报销手续，为参保对象提供更加方便快捷的就医服务。

2018 年每个贫困人口获得 626 元资助，即：城乡居民基本医疗保险（每人 180 元 / 年）、城乡居民大病保险（每人 50 元 / 年）、困难群众大病补充医疗保险（每人 90 元 / 年）、贫困人口医疗补充救助保险（每人 180 元 / 年）、贫困人口扶贫小额保险（每人 126 元 / 年）全部免缴。全县共 4.7 万人获得资助，相对减少支出 5884 万元。贫困人口在参保期内住院费用，经城乡居民基本医疗、大病保险补偿及其他政府项目补偿后自付的合规费用实现了 100% 报销。

优化资源配置，开创健康扶贫新模式。2018 年县政府为乡镇卫生院配备了 16 台多功能体检车，体检车上配置了生化分析仪、B 超、心电图机、血常规、尿分析仪等基本医疗设备，每天进村开展体检诊疗服务，让群众不出村就能享受到优质的诊疗服务，打通服务群众“最后一公里”。

叶县还借鉴外地经验为贫困人员开通“慢性病鉴定绿色通道”，随时申请，随时办理，贫困户只需提供近三年的住院病历，不用重复体检。对长期卧床不起的疑似慢性病患者，成立了慢性病鉴定专家服务队，为 183 名贫困户长期卧床的慢性病患者上门办理了慢性病手册，为 2549 名慢性病患者集中办理了慢性病特诊卡。

三、教育扶贫

叶县教育扶贫分为贫困学生资助，贫困乡镇改善办学条件，贫困乡镇乡村教师支持计划，建档立卡贫困户职业教育培训和开展特色教育等工作。

资助贫困学生。从2016年开始对建档立卡贫困家庭学生实施资助政策。叶县教体局对接县扶贫开发部门，结合全县贫困人口信息平台，对各阶段建档立卡、贫困家庭就学人员进行及时摸底调查，根据相应阶段资助政策，实行精准资助，确保从2016年秋季学期起使资助政策覆盖所有建档立卡贫困家庭学生。

学前教育：共为8367名建档立卡贫困家庭幼儿发放补助资金418.35万元。义务教育：共为18116名建档立卡贫困小学和初中生发放补助资金990.5875万元；为24716名建档立卡贫困家庭学生发放营养改善资金988.64万元。普通高中：共为2586名建档立卡贫困家庭学生资助学费、住宿费资金615.632万元。中等职业教育：为236名建档立卡贫困家庭学生发放国家助学金23.6万元。高等教育：对考入省内外高校的建档立卡贫困家庭学生，优先办理生源地信用助学贷款。2016年，为336名建档立卡贫困家庭大学生（本专科学生307名、研究生29名）发放生源地信用助学贷款260.99万元。2017年，为276名建档立卡贫困家庭大学生发放生源地信用助学贷款。2018年为贫困家庭学生3850人办理生源地助学贷款，其中建档贫困家庭学生204人贷款金额146.89万元。

改善办学条件。2001年以来，县委、县政府采取切实有效的措施，多渠道筹措资金，对全县教育基础建设项目加大投资力度，陆续实施了校舍维修改造工程、食堂改造工程、周转房建设工程、全面改薄工程①，累计投入资金约7亿元，改扩建校舍面积约36万平方米。2018年实施的均衡创建校舍建设项目，全县投资约2.2

①全面改薄工程：指全面改善薄弱地区办学条件。

亿元（11 个重点贫困乡镇 9502.68 万元）新建改扩建 180 个学校项目，建成一批高标准的教学楼、综合楼、学生宿舍、学生餐厅等。随着各类资金的不断投入，叶县各个学校环境得到明显改善。

乡村教师支持计划。全方位实施乡村教师支持计划。进一步完善教师补充机制，2012 年以来，先后公开招聘教师 2690 人，有力缓解了乡村教师不足的现象。以“国培”“省培”“市培”和“县培”为抓手，组织在职教师开展培训，提升专业素养，2018 年教体局先后培训教师 5824 名。其中国培 3151 人，省培、市培 367 人，县培 2360 人。

建档立卡贫困户职业技能培训工作。叶县中等专业学校 2017 年已培训 136 名建档立卡贫困户学生，其中包括贫困户家中的“两后生”[①]，共进行了种植、养殖、电商技能培训。2018 年培训 100 名，帮助他们掌握技能，增强本领，实现“培训一人、就业一人、脱贫一户”的目标。

开展特色活动。扶贫先扶智，教育扶贫是阻断贫困代代传递的治本之策。叶县在扎实做好省、市教育行业扶贫任务的基础上，因地制宜，勇于创新，大胆探索。2017 年 9 月份启动了教育脱贫攻坚“五个一”活动[②]。各学校按照“本乡（镇、街道）教师帮本乡（镇、街道）贫困学生、本校教师帮本校贫困学生”的原则，扎实做好教师与贫困学生的对接工作，全县有 4000 余名教师帮扶 12000 余名建档立卡贫困学生。帮扶教师利用双休日和节假日走村入户，深入到贫困学生家中宣讲政策、疏导心理、励志引导、辅导学业等。截至 2018 年已到贫困学生家中家访 35000 余人次，开展政策宣讲 25000 余人次，为贫困生家庭办实事 2 万余件，有针对性地辅导贫

①两后生：初中、高中毕业未能继续升学的学生。

②“五个一”活动，即：每名教师至少帮扶一名建档立卡贫困家庭学生，帮扶教师每学期至少对贫困学生进行一次国家资助政策宣讲、至少为贫困学生家庭办一件实事，每季度至少到学生家中进行一次家访，帮助贫困学生至少提高一门学科成绩。

困学生学业，激发了贫困学生的成才志向、促其全面健康成长，提升了贫困群众的政策知晓率和满意度，得到了社会各界的普遍赞誉，充分发挥了教育在脱贫攻坚中的基础性、先导性作用。

四、科技扶贫

叶县科技扶贫攻坚任务主要是建立科技服务平台。2016 年 10 月，叶县选聘 60 名扶贫科技特派员派驻 120 个贫困村；2017 年 7 月，叶县组建了 58 名各类专家人才组成的叶县农业科技服务团，派驻 120 个贫困村；2018 年 6 月，叶县派往贫困村的省、市、县三级科技特派员队伍整合组成了科技特派员服务队。叶县科技特派员服务队（农业科技服务团）有各类专家人才 72 名，分为 4 个特色服务团，派驻 11 个乡镇的 123 个贫困村和 13 个经济组织。服务团深入基层扎实开展科技服务工作，调研贫困村主导产业发展及贫困户脱贫项目情况，摸清乡村产业现状和存在的技术难题，找出技术帮困的思路和方法。通过组建特色服务团队，集中解决产业发展的技术问题，培训一批掌握技能的致富带头人，帮助贫困村培养示范基地和示范户，激发贫困户自我发展能力，寻找贫困原因，修订发展规划，同时开展送资料、图书等科技入户活动，帮助群众掌握实用技术。

2016 年 10 月叶县科技特派员服务队又组建了“叶县特派员之家”微信平台，把“农业科技服务团”团员全部纳入平台。各团员可以及时上传服务情况，县人才办、科技局和乡镇及时掌握服务动态，发布工作信息，解答团员问题，开展跟踪督导，提高了信息上传下达效率和服务质量。2018 年又建立了叶县电商信息服务微信群和乡镇扶贫攻坚微信群，通过微信平台征求技术信息、购销信息，交流经验 7500 条，解决科技难题 20 多个。

叶县“农业科技服务团”在派驻贫困村现场技术指导，帮助群众及时解决技术难题。2017 年服务团成员陪同廉村镇领导三次到湖南省农科院考察辣椒新品种，签订收购合同，从技术和销售都保证了辣椒种植，从而使辣椒产业成为廉村镇主导产业。2018 年发展种植面积 3000 亩，一部分贫困户到合作社务工，不出家门人均年增加收入 4500 元。贫困村群众一遇到技术难题，服务团成员组团到现场指导，帮助农户解决问题。2018 年 5 月 27 日，平顶山市农业科学院副院长，叶县“科技服务团”园艺特色服务团团员多人组团到辛店镇刘文祥村千亩果园开展黑李病害诊疗科技服务活动，到果园、田间现场查看询问，针对个别果园出现的病虫害进行会诊，提出了综合防治措施，并对种植户提出的问题进行一一解答，整理系统材料印发农户。

2018 年上半年，科技服务团共开展农业科技会诊 180 多人次；农技推广咨询服务 2700 多人次；培训帮扶 1300 多人次；传授艾草、辣椒、葡萄、石榴、梨、桃等新技术 30 多项，处置猪瘟、流感等动物疫情三次；创建科技人才服务基地 12 个。通过组团服务，现场指导，解决了一批制约贫困村产业发展的技术难题，发展和壮大了贫困村主导产业，推动农村主导产业集聚和产业链增值，提升了全县农村主导产业科技支撑能力和创新水平。

五、文化扶贫

党的十八大以来，叶县在推进文化扶贫中，牢牢抓住村级综合性文化服务中心建设这一关键环节，着力做好文化“为民、惠民、乐民、育民、富民”五篇文章，助力脱贫攻坚。

乡镇文化站的建设。前些年由于乡级财政困难，大多有站舍，有设施，但都不能正常开展文化活动。行政村大都没有文化活动场地设施，远远不能满足群众精神文化需求。2016 年以来，由于国家、省、市加大了农村文化建设力度，各乡镇党委政府都把农村文化建设纳入了议事日程。采取向上争取资金和筹措资金的办法，建设文化广场和活动中心。

2016 年以来，叶县县委、县政府把加快村级综合性文化服务中心建设作为文化扶贫的重要任务，纳入政府十件民生实事， 纳入脱贫考核分值。在实施过程中坚持“五个统一”（统一建设标准，统一公共服务，统一标识设置，统一组织管理，统一经费保障），在县财政十分紧张的情况下，整合扶贫资金 1500 万元；2017 年安排 3500 万元，用于乡村文化站、文化广场建设。截至 2018 年底，已完成 455 个行政村的建设任务。其中贫困村 123 个，非贫困村 331 个。

叶县在不断完善公共文化服务功能的基础上，还注重开展“送文化”“种文化”“强文化”活动，对 123 个贫困村安排重点巡回服务。2018 年以来，已放映电影 5548 场，送戏下乡 127 场，送图书 3000 余册。办好“文化课堂”，加强贫困乡镇、贫困村文化人才培养，累计举办培训班 68 期，培训农村文艺骨干 3200 余人次，受益群众达 23000 余人次。120 个贫困村中已拥有登记在册的剧团 5 个，广场舞、秧歌队、腰鼓队等文艺表演队 146 支，群众参加人员 2800 余人（其中贫困户参加 541 人），每年开展演出 1600 余场，成为一支“不走”的扶贫队伍。

建立“强文化”工作机制。充分发挥村级综合性文化服务中心的桥梁纽带作用，将村级综合性文化服务中心建成文化固定服务点。完善县、乡、村三级公共文化服务网络和文化活动、图书借阅、资源共享、广播播出、志愿服务、岗位职责等管理制度，让贫困群众有书看、有报读、有广播听、有电视看、有戏有电影看，进一步丰富公共文化产品供给，提升公共文化服务能力水平。

文化扶贫是益智工程，需要让群众寓教于乐，从喜闻乐见中得到精神愉悦，满足群众精神文化需求。叶县在开展“深入生活，扎根人民”主题实践活动中组织文艺工作者深入脱贫攻坚一线蹲点采风，创作演出了一批说身边人，讲叶县事的小品、小剧、小戏。围绕脱贫攻坚中心工作将脱贫政策、脱贫故事融入舞蹈、歌曲、小品之中。2016 年 5 月至 7 月，围绕脱贫攻坚一线模范人物群体，县豫剧团创作排演了六幕现代豫剧《槐花湾》，先后为贫困乡村演出，2017 年 3 月，《槐花湾》入选“中原文化大舞台”剧目，相继在平顶山市、鲁山县、宝丰县等地巡演 127 场，让群众在欢笑中受到启迪，凝聚了脱贫攻坚的正能量。

夏李乡孙庵村文化广场

文化扶贫是塑魂工程，叶县在文化扶贫中坚持把践行社会主义核心价值观，弘扬文明新风，典型示范活动贯穿始终。依托村级综合文化服务中心，开展政策宣传道德讲堂、科技讲堂、法制讲堂、健康讲堂等，打造传授新知识，培育新农民的学习平台。在村文化广场周边和主干道两侧墙体，以漫画图解等形式，生动诠释核心价值观和优秀传统美德，使文化氛围明显提升。

开展移风易俗，文明节俭操办红白事，各村均成立红白理事会，负责宣传移风易俗，监督红白事的具体操作，引导“喜事新办、丧事简办、小事不办”，减轻农民支出负担，预防并遏制因办红白事返贫致贫现象。以“大美叶县”系列先进典型评选活动为载体，广泛开展星级文明户、脱贫致富能手、好媳妇、好婆婆、好家庭等评选活动，用典型事、典型人感化教育村民，使他们学有榜样，干有目标。在2016年举办“我们一起奔小康”脱贫攻坚先进事迹报告会的基础上，2017年又筛选七名扶贫先进典型，在10月17日“扶贫日”隆重推出扶贫楷模先进事迹报告会，在全县掀起学榜样、赶先进、战贫困的热潮。

文化扶贫是系统工程，更需要有产业支撑。针对贫困群众对党的扶贫政策知晓不透的问题，叶县于 2018 年 9 月组建百人脱贫攻

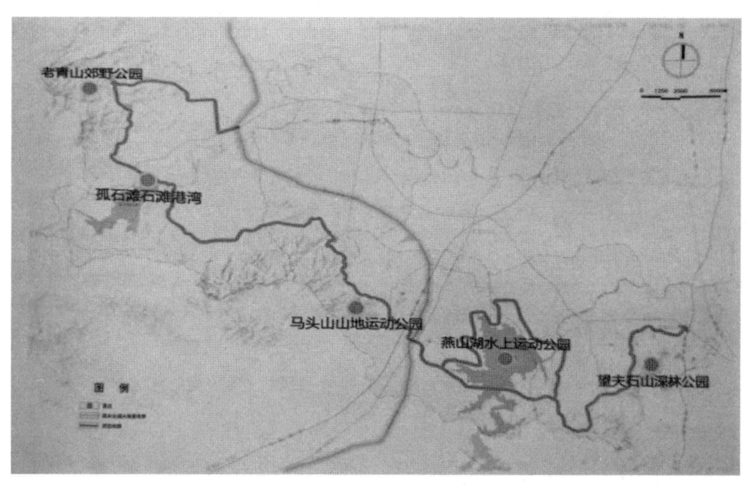

叶县南部山区旅游规划图

坚政策宣讲团，走村入户宣讲 200 多场，帮助贫困群众找准思想上的“穷根”，提振自力更生、艰苦奋斗的精气神，激发贫困群众脱贫致富的信心和勇气。为了帮助贫困群众寻找致富门路，叶县依托南部山区优势，编制了《叶县南部乡村旅游发展规划》《叶县文化产业三年行动计划》，依托贯穿南部山区四个乡镇的百里旅游扶贫线路，实施银线串珠，开发燕山湖、楚长城、闯王寨、叶邑古城等人文自然景观，发展休闲观光、生态农业、乡村旅游和农家乐，举办油菜花节、桃花节、采摘节等活动，带动贫困户就地就近增收。

第四节　老促会助力老区脱贫

一、老促会成立与重点老区乡（镇）、村的确认

1990 年 7 月，中国老区建设促进会成立。1993 年 4 月 6 日，平顶山市老促会成立。同年，河南省人民政府将鲁山、叶县、郏县、汝州划为革命老区县（市），并报国务院、中国老促会备案。1994

年4月21日，经叶县县委批准，成立“叶县老区建设促进会”，符大贵任会长，贺宪帮、樊金录、张锡彤、赵庆海任副会长。2009年9月16日，根据人事变动和工作需要，叶县县委调整充实了叶县老区建设促进会，调整后，贺金榜任会长，赵庆海、韩俊卿、甘少根、赵耀卿任副会长，不久，增董木林任副会长。

叶县老促会成立后，根据国务院划定革命老区的标准，经过认真的调研、走访、审查，确定了一批重点革命老区乡（镇）、村，由叶县政府申报，经平顶山政府转呈河南省人民政府。河南省人民政府2008年3月认定公布叶县为革命老区县，全县18个乡（镇、街道）其中10个认定为重点老区乡（镇），辖348个行政村，人口626173人，占全县总人口的77%以上，并确定24个村为重点老区村。重点老区乡（镇）和村是：叶邑镇的樊庄村、段庄村、邪店村、老鸦张村、丁庄村；廉村镇的姚王村、谷东村、谷西村、廉村村、后崔村、牛王庙村；龙泉乡的龙泉村；田庄乡的邵桥村、武楼村；仙台镇的盐东村、盐西村、西马庄村、韩庄寺村；常村镇的常村村、刘东华村；任店镇的古路湾村；遵化店镇的黄柏山村；九龙街道的北关；盐都街道的卫庄村。

二、采取有效措施加快老区脱贫

为了加快老区发展，尽快改变老区面貌，改善老区人民生活，促进叶县经济社会发展，推进社会主义新农村建设，2008年10月29日中共叶县县委、县政府以叶发（2008）14号文向全县印发《中共叶县县委、叶县人民政府关于加快老区发展的意见》，提出了叶县加快老区发展的总体要求和重要目标，并制定了强化和落实加快老区经济社会发展的11条措施。这些措施为老区乡、村发展提供了政策性保障。2015年，为了深入贯彻落实党的十八大精神，进一步推动叶县革命老区建设，实现到2020年与全县人民同步全面建成小康社会的目标，叶县县委、叶县人民政府于2015年4月7日以叶发（2015）1号文提出《关于加快革命老区发展全面建设小康社会的意见》，县委、县政府对叶县革命老区的发展提出了更高的要求，明确指出：到2020年，叶县老区新型工业化、信息化、城镇化和农业现代化水平明显提高；新型城镇化水平大幅度提升，生产生活条件显著改善；生态环境持续优化，可持续发展能力进一步提升；老区群众生活水平和质量大幅度提升，人均纯收入年均增幅高于全县平均水平，2020年与全县人民一道实现全面建成小康社会目标。2015年10月，县委、县政府研究决定每年从县财政拿出100万元，作为重点老区村发展专项基金，由老促会考察论证确定项目。同时在安排扶贫项目和其他建设项目时，向重点老区乡（镇）倾斜，让老区贫困人口尽快脱贫。2016年10月，为了切实贯彻落实党和国家关于扶持发展老区建设的一系列方针政策，县委组织部下发通知，任命10个重点老区乡（镇、街道）的党委副书记兼任乡（镇、街道）老促会会长。县委、县政府加快革命老区发展、全面建设小康社会的意见，以及一系列政策措施有力地促进了叶县革命老区的发展。叶县老促会不忘初心，以老区脱贫致富为己任，围绕脱贫攻坚，认真开展调研，细心审定项目，切实为老区经济社会发展出力。1. 由县财政筹措的457万元老区发展专项资金，落实项目14个，13个已于2018年底完成。2. 报市老促会2013年至2018年老区扶贫专项资金116万元，落实项目6个。3. 协调县扶贫办为重点老区村争取修路项目投入资金783万元，2018年全部竣工。4. 协调县教体局为常村镇刘东华村学校危房改造项目投入资金71万元，建筑面积548平方米，2018年秋已投入使用。这些项目的实施有力地促进了老区乡（镇、街道）、村的基础设施建设，加快了脱贫致富步伐。

三、切实为老区人民办实事，助推老区脱贫

叶县老促会1994年4月成立后，8月17日印发《关于公布叶县老区村的通知》，要求有关乡镇重视老区村的工作，关心老区村的生产生活和经济社会发展。老促会的会长、副会长牢记“调研、

宣传、办实事”宗旨，经常深入老区村进行调研，摸清底子，找出存在的问题，向县委县政府和有关职能部门汇报，通过协调、商议和争取，多方筹措资金帮助老区村解决吃水难、走路难、上学难、用电难以及生产生活上的具体问题，1997 年，叶县老促会配合中国老促会编写了《中国革命老区千县图志》（叶县篇），介绍宣传叶县概况、资源优势、脱贫与发展规划。关于中国工农红军第九军建军情况的调查引起了县委、县政府的高度重视，县财政投资 150 万元建成了红九军纪念碑，并派专人管理。叶县第一个农村党支部的情况调查，得到上级老促会等部门的支持，投资建成了段庄革命老区纪念馆。这些红色纪念地的建设为弘扬革命传统、搞好爱国主义教育搭建了平台，使红色资源的保护、开发、利用，收到了明显效果。叶县老促会成立 20 多年来，先后通过以工代赈解决项目 9 个，资金 243 万元；通过扶贫开发，解决项目 64 个，资金 2562 万元；通过省、市老促会解决项目 12 个，资金 256 万元；通过县教体局解决学校危房改造项目 18 个，资金 477 万元；通过水利部门解决人畜吃水项目 24 个，资金 758 万元；通过文化部门修建文化旅游设施项目 30 个，资金 298 万元；协调交通部门解决修路项目 7 个，资金 521 万元；协调县乡财政投入资金 956 万元，筹建红色纪念设施 2 处。通过县直帮扶单位为老区村办实事支持资金 62.8 万元；共 6835 万元，协调农行、信用联社解决小额贷款 780 万元。全县 24 个老区村，村村通了水泥路，12 个村建起了教学楼，7 个村人畜饮水问题得到解决。另外还争取社会资金用于老区村文化、卫生事业建设，在扶贫开发中起到一定作用。

围绕脱贫攻坚，为老区培训各种技术人才。2017 年至 2018 年协调有关部门共为老区培训各种实用技术人才 18374 人，其中建档立卡贫困人员 8153 人。使用上级扶贫资金 202 万元，培训农业种植、服装裁剪工作等技术人员 700 人，培训网络电脑、家政服务、电器维修、机动车驾驶等技术人才 240 人，培训林果栽培技术人员 3209 人，培训畜牧养殖人员 1020 人和劳动就业部门共同培训 5580 人。

开展捐资助学活动。自叶县老促会成立以来，积极开展捐资助学活动，帮助老区学生减免学费，其中，对考入省五所学校、市四所学校、山西老区医学院、郑州中原医学院、黄河医学院的 43 名大学生减免学费 50.68 万元；帮助考入平顶山市利民高中的 136 名学生减免学费 43 万元；帮助考入县一高、二高、三高的 68 名学生减免学费 5.7 万元。以上共帮助考入上述学校的 247 名学生减免学费 102.32 万元。2015 年至 2018 年，协调爱心企业捐助资金 177 万元，共资助老区贫困大学生 273 名。

开展春节送温暖活动。自叶县老促会成立以来，春节前都要组织和协调县直帮扶单位对重点老区村的特困户进行慰问，送去现金、棉衣、棉被和面粉、粉条、油等过节物品。据统计，20 多年来先后为 3000 户、12000 人次送去慰问品，折合人民币 120 万元。

叶县老促会从方方面面改善老区民生短板，解决老区人民的一个个具体问题，高质量助推老区脱贫工作。

第五节　脱贫攻坚成效显著

1989 年，全县人口 75.4 万人，农民人均纯收入 434 元。通过实施扶贫开发工程，2012 年，全县农民人均纯收入达到 6759 元，仍低于全国、全省平均水平，全县仍有贫困户 21409 户、77607 人。

2012 年脱贫攻坚战打响以来，围绕脱贫摘帽目标，按照“六个早”（早安排、早规划、早推进、早公示、早检测、早监管）原则，超前谋划、扎实推进，累计投入资金 12 亿元，在解决所有贫困村基础设施和公共服务设施的同时，对非贫困村饮水安全、党群服务中心、综合性文化服务中心、标准化村卫生室、道路等进行了重点改善。累计投资32238.15万元，新建改造10千伏线路501.03千米；新建改造配电台区958个，总容量154.91兆伏安；新建改造400伏线路932.76千米，农村电网线路日趋完善。在全面解决123个贫困村饮水问题的基础上，2018年，又筹措资金15524.3万元，对165个行政村饮水工程进行新建，对107个行政村饮水工程进行提升改造，全县共建设供水站413处，进一步提高了农户的饮水安全保证率，对全县贫困村的贫困户实行了“六改一增”[①]。贫困村的村容村貌和贫困群众的生活居住条件得到了极大改善，广大农民的获得感和幸福感不断增强。2014年底全县脱贫2813户、12570人；2015年脱贫2908户、13140人；2016年底脱贫2485户、10138人；2017年底脱贫4549户、17732人；2018年底脱贫4192户、13002人；贫困发生率0.99%。

一、农村发生的深刻变化

党的十八大以后，为了进一步改善贫困村村容村貌和贫困户户容户貌，叶县强力推进基础设施建设，改善贫困群众生活居住条件。在详细摸底调查的基础上，叶县对贫困乡镇的水、电、路、网等基础设施进行完善提升。确保一条通村公路实现硬化，通客运班车，通安全饮水，基本满足生产生活用电需求，实现通宽带，有综合性文化服务中心，有标准化卫生室，有体育健身器材，有合格乡村医生或执业医师。

截至2018年，叶县投放城乡公交车88台，农村客运公交车101台，并对全县城乡客运公交站牌进行了完善，实行“一乡一村一策”，采取调整延伸公交路线，开设预约等举措，实现了全县所有行政村班车通达百分之百的目标，解决了城镇到达村组问题。贫困村通动力电率和户户通电率均达到百分之百，所有行政村全部实现光纤通达。同时，文化广场建设提升工程，标准化村卫生室建

①六改一增：改厨、改厕、改水、改电、改院、改圈，适当增添必要生活设施，每户必须有电视或电扇。

设提升工程快速推进；贫困村文化广场全部建成使用，并配备健身器材；非贫困村文化广场已建成 331 个。贫困村和非贫困村标准化卫生室全部建成。

叶县抢抓“互联网”发展机遇，将电子商务进农村作为脱贫攻坚重要举措，积极探索电商精准脱贫之路。2018 年电商企业和个体网店达到 373 个，电商物流企业 18 家，年实现交易额 1.63 亿元。叶县紧盯住房安全，实施“危房清零”工程，对于“四类人员”[①]危房户实施安居工程，5981 户危房户开工 5971 户，竣工 5934 户；对于“一般危房户”按照“危房不住人、住人无危房”目标，实施危房改造；实施一般危房改造 1124 户，竣工 1098 户。

“小广播户户通，党的声音传万家”。为保证所有贫困群众都能及时听到广播节目，叶县广播电视局在全县 554 个行政村，1372 个自然村安装大喇叭 2744 只，县里还统一发放扶贫专用收音机 2 万余部，实现全县村庄全覆盖，确保党的声音及时传递到千家万户。常村镇柴巴村位于叶县西部，位置偏远、交通不便，村民从调频广播中听到政府对种植艾草有补贴，并且收入比种植粮食要高时，种植了艾草，每亩政府补贴500元，艾草一年三茬，每亩收益2000多元，不少村民种植艾草脱贫。

“时代发展政策好，农民夜校促文明。”叶县仙台镇大李庄村民，吃罢晚饭都要赶到村上新时代农民夜校上课。夜校不仅可以学知识，还有戏曲、歌曲、舞蹈、小品，增加了村民生活的多样性。

叶县在文化扶贫工作中，坚持“文化为民”“文化惠民”“文化乐民”，在建好文化广场的同时，引导村民开展丰富多彩的文化娱乐活动。叶县保安镇柳庄村文化广场，舞台、书屋、广播、网络、健身器材一应俱全。天一擦黑，路灯明亮，广场上跳舞、说笑热闹非凡，书屋里面看书、交流，人头涌动。如今在农村的街道

---

①四类人员：建档立卡贫困户、低保户、分散供养特困人员、贫困残疾人家庭。

上，保洁员打扫得干干净净，垃圾桶在一边摆放，村民们说："咱也过上和城里人一样的生活了。"

二、培育一批脱贫致富的带头人

叶县保安镇官庄村一个建档立卡的贫困户，在方城打工时，偶然吃到了那里的黄金梨，觉得口感很好，回村后就在自家地里种了两亩。经过两年的努力，承包整理了30多亩"乱石岗地"，2016年又申请到专项扶贫资金，打了深水井，建了拦河坝，解决了梨园的灌溉问题，同时采用新的生物方法防治病虫害，从临近养殖场引来沼液作为梨树的主要肥料，成熟的1万多斤黄金梨，没出梨园就被抢购一空。他还利用扶贫小额贴息贷款建起了冷库，成立了丰民农业合作社，带动了周边群众种植黄金梨，用农村合作社模式带富一方村民。

叶县夏李乡董湖村一家五口人，是村里建档立卡的贫困户。驻村第一书记多次到他家看望，为其申请了4000元的增收项目资金，又在他家安装了屋顶分布式光伏电站，当年收益3026元。2016年，户主以每亩1000元的租金承包了10亩土地，建了9个蔬菜大棚，种上了时令蔬菜，在他的辛勤培育下长势喜人，县城超市和周边客商争相订购，年收入达10万元以上，靠规模化科学种植脱贫致富。

各乡镇在扶贫工作中都培育出一些致富带头人，让山区、平原农村农民学有榜样，起到示范效应。

三、涌现整村脱贫的样板村

辛店镇刘文祥村地处叶县南部山区，是省级贫困村，全村235户，958人，耕地2900亩，该村拥有两座小水库及千余亩荒山，属浅山丘陵地带，阳光充足，土壤肥沃，发展林果业的条件得天独厚。2006年辛店镇鼓励该村依托丰富的荒山荒坡资源，大力发展林果业，并先后引进美国黑李、大红玫瑰李子和中油12油桃等品种。自2008年开始，叶县整合扶贫资金，在交通、安全饮水、住房改造、教育等方面向该村倾斜，由"大水漫灌"变"精准滴灌"发展扶贫产业，改善生产生活条件，推动贫困农民增收脱贫。2014 年，县扶贫办安排整村推进项目 67 万元，修通了 4.2 公里的山区公路。2015 年，叶县相关部门先后投入扶贫资金 600 多万元，安排 232 万元彩票公益金，逐步修建该村下水道、河道护坡、拦河坝、生产路、漫水桥等。2016 年又安排 60 万元整村推进项目资金，提升完善该村基础设施。另外，县水利局投资 40 万元，打深水井，解决了困扰该村几十年的吃水难题；县交通运输局修通另外一条 2.5 公里的入村公路。截至 2018 年该村林果种植面积已达 2000 亩以上，近 800 亩达到盛果期，亩产最高达 8000 公斤，每亩收入近万元，97% 的村民依靠种植果树走上脱贫之路。

为加快林果业提档升级步伐，辛店镇政府投资 30 余万元建了杨庄至大木厂的玉兰花带，与燕山水库、望夫石山等风景区形成休闲旅游线路，将林果采摘和乡村生态旅游业，培育成新的经济增长点。目前辛店镇已种植小杂果两万余亩，林果业发展势头强劲。辛店镇已打造以燕山水库、杨庄寨、刘文祥、大木厂、桐树庄、焦桐高速叶县南出口为主线的梨、桃、李子、核桃、杏、板栗为主的林果业种植长廊。林果业发展的同时带动了旅游业的发展，每到春暖花开和桃李成熟时节，平顶山、漯河、南阳等地众多游客纷纷前来观光赏景，采摘桃李。

常村镇西刘庄村，有 235 户，858 人，经过几年的脱贫工作，2018 年仍有贫困户 89 户，333 人。全村耕地面积 664 亩，山地面积 4000 余亩，是个典型的山区贫困村，农户主要经济来源靠外出务工和饲养牛羊，年人均收入不足 3000 元，是省级扶贫开发重点村。

2006 年，叶县承担国务院扶贫办、财政部互助资金项目，西刘庄村成了试点之一。互助资金的扶持，让西刘庄村养羊规模从原来的 30 只发展到 2000 多只，成为特色致富产业；同时还栽种美国黑李 750 亩，2017 年，果树达到盛果期，亩收入达到 5000 元，林果业的发展让西刘庄的大面积荒山变废为宝。

西刘庄村党支部将村民最关心的脱贫攻坚工作作为突破口，充分发挥党支部的引领作用和党员干部的实干精神，把党建和脱贫攻坚拧成一股绳，针对贫困户的具体困难，分户施策，先后为84户贫困户，实施了“六改一增”，为一些比较困难的贫困户，解决了公益性岗位。

要让村民和整个西刘庄村致富变美，必须有良好的集体经济作为支撑，贫困资金互助社通过十年来的运转，扩大本金15万元，累计发放互助金860余万元，村民运用互助金做靠山，使村民的养羊业快速发展起来，由原来的600多只发展到现在近3000只。西刘庄在巩固养羊业的同时，现在正在筹建一个综合性大型养猪厂，投资额在一千万元以上，年收入可达百万元以上。村集体又流转土地300余亩，全部栽种了艾草、白芍等中药材。

2017年西刘庄村又建了两个光伏电站，年收入在30万元以上。有了资金的支持，西刘庄脱贫攻坚，发展村集体经济，奠定了良好的基础。

今天的西刘庄村，硬化水泥路直通到每家每户，主路旁还装上了太阳能路灯。环境变美了，村里的风尚也变美了。更多人有了爱村护村建设美丽乡村的习惯，大家向能人看齐，探索致富新路子；也向“星级文明户”看齐，崇尚美德树新风，老百姓的精神面貌发生了巨大的变化。

龙泉乡大湾张村，有三个自然村（胡平李、大湾张、桃园），5个村民组，共有居民487户，1780人，耕地面积2300亩。

大湾张村是省级贫困村，2014年全村贫困人口135户，436人。经过脱贫攻坚的不懈努力，2015年脱贫82户，255人；2016年脱贫29户，95人；2017年脱贫14户，64人。

2014-2018年，大湾张村修主干道3600多米，排间道7060米，完成村内道路全硬化、全覆盖，实现通公交、邮政；于2018年6月完成电网改造；宽带、有线电视全覆盖；天然气免费开口到户。

安全饮水巩固提升工程已经完成，实现村内自来水自供自足。

如今的大湾张，路修好了，环境变美了，2层10间的党群中心、1200平方米的文化广场（配备健身器材）以及乡音大舞台全部投入使用；路边花池修建1500米；墙体罩白13000平方米；路灯95盏；种植绿化树木412棵；墙体画320平方米。并投入10万元建设了标准化卫生室，有村医2名，实现签约一站式服务，申请慢性病办理21人；叶县政府为贫困户统一发放了小药箱，实现便民服务；平顶山人民医院和县医院定期入村开展义诊。

近年来，大湾张村积极发展种植业。种植西蓝花210亩，带动贫困户5户；投资67万元，建立三个扶贫车间。与郑州汽车尾气处理公司达成协议；建立光伏发电，占地7.5亩，总投资200万元，发电300千瓦，年收益30万元。农村公益岗位带动贫困户13人，人均年收入1513元；并与平顶山润禾种植合作社协调土地流转500多亩，每亩租金800元，直接效益43万元。

经过脱贫攻坚大湾张村不断发展变化，逐步成为一个村强民富的脱贫示范村。

四、2018年如期实现脱贫摘帽

叶县2018年脱贫摘帽，是省委、省政府和市委、市政府下达的政治任务。为确保高质量脱贫“摘帽”，全面打好打赢脱贫攻坚战，叶县县委、县政府制定了具体详细的实施方案。

贫困户退出情况　对尚未脱贫的贫困户，建立拟脱贫贫困户台帐，并实行“四色管理”①，拟脱贫贫困户要有两项以上稳定增收的帮扶措施，确保从2017年第四季度到2018年前三季度，人均纯收入不低于4000元，2018年底，全县农村居民人均可支配收入增长9.3%，增速居全市第一，高出全省水平0.6个百分点。

①四色管理：将家庭人均纯收入预计超过8000元的贫困户标注为绿色；将5000—8000元之间的贫困户标注为蓝色；将3400—5000元之间的贫困户标注为红色；将需要政策兜底的贫困户标注为橙色。

在住房安全、医疗保障、教育保障、饮水安全方面也采取相应措施，对已脱贫户防止返贫，未脱贫户措施到位，避免出现因病返贫、致贫，确保每个适龄儿童、少年不能因贫失学、辍学；全县所有贫困户安全饮水达到百分之百。

贫困村退出情况　叶县共有 123 个贫困村，经过多年的扶贫工作有一部分村已经发生了很大变化，摆脱了贫困，也有一部分迈向了小康村。已退出的贫困村 119 个。尚未退出的贫困村截至 2018 年 9 月 30 日前已全部建立完善了村集体经济收入台账，待年底确保所有拟退出贫困村，村集体经济收入达标。

为了确保 2018 年底达标，县委、县政府要求各乡镇党委、驻村工作队紧盯产业发展，对通村公路硬化及通客运班车、广播电视户户通以及贫困村通宽带、综合性文化服务中心建设、标准化卫生室建设及合格乡村医生配备、生产生活用电保障等方面的工作并对重点人认真排查，继续做好医疗救助、临时救助、社会福利保障，完善救助工作，确保各项救助政策精准到位。实现 2018 年底 90% 以上的贫困村脱贫，全县 95% 以上的贫困村贫困发生率降至 1% 以下。

2018 年实现脱贫摘帽　叶县要摘掉贫困县的帽子，首先要保证全县 90% 以上的贫困村通过扶贫实现退出，农民人均可支配收入增长幅度高于全省平均水平，教育、文化、卫生、医疗等基本公共服务主要领域指标达到或接近全省平均水平。

为了如期实现脱贫摘帽目标，叶县于 2018 年 9 月 21 日召开《全县脱贫攻坚决战决胜“大干 100 天”誓师大会》，会议上县、乡（镇）、村各级领导干部，驻村工作队共同观看了非贫困村脱贫攻坚暗访纪实短片，副县长赵飞宣读了《叶县决战决胜脱贫“摘帽”“大干 100 天”实施方案》；县委副书记张成文总结了前段工作，对下段工作进行安排部署；县委书记古松讲话，提出了具体要求。要求全县各级领导干部以锲而不舍的耐心和毅力，以舍我其谁的气魄和担当，以战之必胜的决心和信心，以“决不让问题从自己眼前溜走”的责任担当，迎难而上，大干苦干 100 天，确保年底高质量有尊严脱贫摘帽，以实际行动向市委、市政府和全县 89 万父老乡亲交上一份满意答卷！

经过全县各级领导干部和驻村工作队的不懈努力，2018 年叶县实现了脱贫摘帽，正式退出贫困县。

第六节　经济社会发展远景展望

在中国特色社会主义进入新时代的关键时期，为实现中华民族伟大复兴和“两个一百年”的奋斗目标，当前和今后一个时期，叶县工作的总体指导思想是：以习近平新时代中国特色社会主义思想为指导，全面贯彻党的“十九大”精神，紧扣我国社会主要矛盾变化，协调推进“四个全面”战略布局，牢固树立创新、协调、绿色、开放、共享的发展理念，实施“生态建县、产业兴县、农业稳县、旅游富县、文化强县、以法治县”战略，突出“两个产业集聚区，南部山区（三镇一乡）[①]旅游开发、昆北新城建设、现代农业示范区、特色商业区”五大战略重点。

一、总体发展目标

叶县从 2019 年到 2020 年，全面建成小康社会；从 2020 年到 2035 年，基本实现社会主义现代化；从 2035 年到本世纪末，建成富强、民主、文明、和谐、美丽的社会主义现代化叶县。

2020 年，叶县经济社会发展主要指标达到全面实现小康社会的目标，生产总值将达到 267.34 亿元，年均增长 8% 左右，规模工业增加值达到 120 亿元，年均增长 10% 以上，社会消费品零售总额达到 105 亿元，年均增长 13%，一般公共预算收入达到 10 亿元，年均增长 8% 以上，固定资产投资达到 520 亿元，年均增长 13%，

①三镇一乡：辛店镇、叶邑镇、常村镇、夏李乡。

综合经济实力稳步上升，经济结构进一步优化，现代化产业体系基本形成。坚持稳固传统优势产业和培育发展战略性新兴产业相结合，促进一、二、三产业融合发展，形成竞争优势明显、特色鲜明、附加值高的现代化产业体系，产业向中高端迈进。打造装备制造业，制盐和盐化工，尼龙化工三个工业产值超百亿的产业集群。以建设全省文化旅游休闲基地和区域性物流中心为重点，推动服务业转变，提高现代化服务业发展水平，旅游业总收入达到6000万元，年入境人数达到90万人（次）。

城乡协调发展，建设美丽乡村，按照城乡一体、产城融合的思路，以科学规划为先导，以体制机制创新为动力，加快促进人口集中、土地集约、产业集聚发展，形成城乡互动、工农互补、功能完善、科学发展的城乡经济一体化新格局。到2020年，全县城镇化率达到43%左右。在推动农村人口向城镇转移的基础上，因时因地因势推进美丽乡村建设，打造农村居民幸福生活的美好家园。全面加强农村人居环境综合整治，优先在一批产业基础好、生态环境好、人口集聚规模较大的中心村，以及自然田园风貌、传统文化等条件较好的自然村开展美丽乡村创建示范。

坚持绿色发展理念，加强生态建设，强化环境保护，促进资源集约节约利用，构建健全绿色发展机制，努力打造天蓝、地绿、水清的绿色发展空间。以建设美丽叶县为总目标，加快园林卫生县城建设，实施重大生态修复和建设工程。构建出多层次、网络化、功能复合的生态系统，全面提升生态系统稳定性和柜台服务功能。

坚持民生优先、共建共享、完善就业、社会保障、医疗卫生、住房改善等民生的制度安排，加强基本公共服务体系建设，努力使发展成果惠及全体人民。构建现代教育体系，提高教育质量。到2020年，幼儿园入园率达到90%以上，小学入学率保持在100%，初中三年巩固率达到95%，高中阶段入学率达到90%。建立健全养老服务体制和医疗卫生体制，养老服务设施覆盖县城所有社区，

90% 以上的乡（镇）和 60% 以上的农村，建设社区综合服务设施和站点，每个家庭拥有一名合格的签约医生，每个居民有一份电子化的健康档案。到 2020 年，城镇居民人均可支配收入达到 23894 元，年均增长 3.7%，农民人均纯收入达到 10070 元，年均增长 1.6%，人民利益得到切实保障。

加强对社会治安综合管理，深入开展社会治安打防管控工作，始终保持对刑事犯罪的高压状态。全面推进依法行政，切实提高司法部门的公信力，加大法制宣传教育的力度，增强基层和社会各领域依法治理的能力，加强法治队伍建设，积极营造全社会办事依法、遇事找法、解决问题用法、化解矛盾靠法的法治环境。

二、建设生态宜居的新叶县

牢固树立“绿水青山就是金山银山”理念，坚持环境优先，合理利用自然恢复的基本方针，合理布局全县生产、生活、生态空间，围绕“产业建设生态化、生态建设产业化”的思路，建设绿色城镇、绿色产业园区、绿色旅游、绿色农业，全面提升工农业生产和生态建设水平。加快构建南部山区旅游线路及切实搞好燕山水库、孤石滩水库的生态建设，南水北调干渠和沙河、澧河生态水系走廊建设。以高速公路、国省干道为纽带，辐射叶县全境的绿色生态网络建设，进一步加大天然森林资源保护、生态廊道建设、退耕还林力度。到 2020 年使全县森林覆盖率达到 29% 以上，城镇建成绿地率达 40% 以上。

开发绿色产业，推行绿色生产方式，把自然形态的绿水青山变成产业形态的绿水青山，使农业科技由追求高产转向注重优质、安全、高效、生态，满足消费者高端化、个性化、多样化需求。扎实推进蓝天工程、碧水工程，打响“美丽盐都休闲胜地”品牌，把叶县建成生态宜居家园、美丽休闲乐园。深入开展乡村清洁、美化工作，以农村“整洁、美丽、和谐、宜居”为目标，大力推进农村生态文明建设和农村人居环境改善，净化、亮化、美化农村环境。继续坚持城乡垃圾清运一体化，市场化运作，发挥江苏阳光朗洁公司对村镇垃圾一体化清运、处理的作用，建立村收集、县运输、集中处理体系。要深入推进大气污染防治，水污染防治，土壤污染防治三大攻坚战，城镇污水处理率达90%以上。要加强农村四旁（村旁、宅旁、水旁、路旁）四地（荒地、闲地、宅基地、集体土地）整治绿化工作。要对农村河渠、坑塘全面治理，积极推进“厕所革命”，尽快补齐影响群众生活质量的短板。

加快新型农村社区建设，在农村社区建设中，要与小城镇建设、旅游开发、燕山水库库区及南水北调工程移民安置、危房改造、扶贫搬迁等相结合，统筹配套供水、供电、供气、通讯、道路、排水等公共设施，配套建设学校、幼儿园、卫生室、超市、文化广场等公共服务场所，打造功能完善的社会主义现代化新型农村社区和生态宜居的美丽乡村，让广大农民过上宜居安乐的幸福生活。

三、建设富裕文明新叶县

依托叶县产业集聚区和平顶山化工产业集聚区发展，叶县机械制造、制盐和盐化工、尼龙化工三大主导产业实施新一轮的产业革命，坚持质量提升与规模发展并重，培育骨干龙头企业，瞄准前沿产业和重点领域，推动产业集群发展，增加核心竞争力和财政收入。农村要采取集中光伏和分布式光伏相结合的方式，继续推进光伏电站建设，增加农民收入。同时继续实施“雨露计划”和“阳光工程”，并对贫困家庭劳动力进行全方位技术、技能培训，促进农村贫困人口就业，通过劳动力转移和就业创业服务，确保全县富裕劳动力全部转移就业。大力培养种植能手、致富带头人、农民技术员、农业合作社领头人。对贫困劳动力开展农业实用技术、乡村旅游、互助资金业务、专业合作组织管理、手工艺技能、转移就业创业技能等各类培训，做到“应训尽训”。促进劳务输出从“体力劳动”型向“专项技能”型转变，提高农民增收致富能力。对有劳动能力和经营能力的贫困人口，综合运用各类扶持政策，发展产业，稳定增加收入。

充分发挥南部山区旅游资源优势和林果业生产优势，推进旅游与服务业、现代农业、新型城镇化整合发展，实现旅游观光转型升级，以王府石山、燕山水库、孤石滩水库为依托，通过“穿针引线”建设以景区为依托的乡村旅游示范区。加强旅游景区和乡村旅游的联合互动发展，以“农家乐”为主体，打造一批特色旅游示范村。围绕旅游观光发展新型服务业，推进旅游与经济社会全方位大融合，推进“旅游 + 农业、旅游 + 文化、旅游 + 养生养老”，推动农村经济发展。

调整农业产业结构，培育新型经营主体，完善现代农业支撑体系。积极发展高效、安全、绿色的现代农业，实现农业增效和农民增收。继续发展和培育农业园区和畜牧园区建设，打造粮食产业集群、蔬菜产业集群和现代化养殖产业集群，引进一批以规模化、标准化、产业化、信息化、循环化为特征的大型养殖农产品加工企业。到 2020 年，全县粮食产量稳定在 60 万吨以上，大牲畜出栏 20 万头以上，生猪出栏量 80 万头以上，猪、牛、羊肉产量 100 万吨以上。

继续发展壮大文化事业和文化产业，满足广大人民群众不断增长的精神文化需求。以社会主义核心价值观为引领，深入挖掘优秀传统文化蕴含的思想观念、人文精神、道德规范、弘扬主旋律和社会正能量。在深入开展“五好家庭、五好党员”创业活动的同时，通过评选“道德模范”“美丽护士”“优秀教师”“好媳妇”活动，培育文明之风、良好家风、淳朴民风，不断改善农民的精神风貌，提高乡村文明程度，焕发农村文明新气象。

立足县域文化资源和现有文化产业基础，重点发展红色文化、墨子文化、佛教文化、寻根文化。以县文化中心、乡镇文化站、村文化大院为活动平台，以县、乡、村文化广场、集会文化载体开展各种形式的经常性的群众文化活动，丰富城乡人民的文化生活，不断满足人民群众多层次、多样化的精神文化需求。

四、建设平安幸福新叶县

坚持以人民为中心的发展理念，全面推进法治社会建设、社会保障体系建设、公共服务体系建设，使人民的安全感和幸福感大幅提升。

坚持依法治县、依法执政、依法行政，推进法治叶县、法治政府、法治社会建设。编制权力清单，向社会全面公开政府职能、法制依据、实施主体、职责权限、管理流程、监督方式等事项。完善执法程序、规范行政许可、行政处罚、行政强制、行政征收、行政检查等执法行为，全面推进政务公开。加快法治体系改革创新，发挥政府的主导作用，强化政府社会治理和公共服务职能。坚持公正司法，深入推进司法体制改革，确保依法独立行使审判权和检察权制度，行施办案质量终身负责制和错案责任制、倒查制，维护公平正义。

深入开展普法教育，在全县形成遵法、守法、用法的良好风尚。健全安全监管网络，建立隐患排查治理体系和防控体系，高标准建成叶县民情民意中心，完善 18 个乡（镇）、470 个村（社区）综治中心。强化对易燃易爆危险品和公共娱乐场所等重点区域的安全管理。加强道路安全管理、校车安全管理、消防管理、安全生产管理和人员密集场所管理，遏制重大安全事故发生。加大“天网”工程建设力度，主要街道路面、要害部位、复杂场所视频监控全覆盖。逐步形成覆盖城乡、全时监控、全面设防的现代安防体系。健全突发事件监测预警、信息报告、应急处置、社会动员、事故调查以及信息发布等工作机制。

全面推进社会保障体系建设。坚持“全覆盖、保基本、多层次、可持续”的方针，完善城镇职工基本养老保险和城乡居民基本养老保险制度。完善统一的城乡居民基本医疗保险制度和大病保险制度；完善失业、工伤保险制度，落实特困人员供养待遇，让改革发展成果和党的政策更多更公开地惠及全体人民。

全面推进公共服务体系建设。按照适度超前、布局合理、功能完善、保障有力的要求，加强与交通、电力通讯、供排水为重点的公共服务体系建设，不断提升基础设施支撑保障能力。调动企业和社会各方面的力量，促进多渠道就业，扩大就业规模。大力培育各类创业主体，鼓励大学生、外出务工人员回乡创业，以创业促就业。促进九年义务教育的均衡发展，逐步普及学前教育和高中阶段教育，大力发展职业教育和继续教育，不断提升教育教学水平。

2020 年以后，叶县人民将和全国人民一道在全面建成小康社会的基础上，继续努力奋斗，进一步把美丽中原盐都建设成一个在全国范围有一定影响的机械制造工业基地、制盐和盐业化工基地、尼龙工业基地，同时也是粮食生产、畜牧业、林果业生产重地，又是人们向往的旅游胜地。叶县人民将在全面社会主义现代化建设进程中分享幸福安康的美满生活，把叶县颂歌唱响中原大地。

附录一

著名英烈英模生平简介

在中国共产党近百年的恢宏历史中，叶县共产党人和老区人民为民族独立与解放，为社会主义与小康社会建设都作出了重要贡献。革命战争年代，有的血洒疆场，壮烈牺牲，有的以身许国，鞠躬尽瘁；和平建设年代，劳动模范、先进人物一批批涌现。在这些人身上凸显出的革命性、时代性、先进性，体现了中共叶县党组织的光荣传统，体现了老区人民的优秀品质。

为推进党的事业和民族发展进步的革命烈士、劳动模范和各条战线上的先进典型，理应载入史册，为后人效法。

一、部分民主革命时期烈士生平简介（以入党先后为序）

李亚仙

李亚仙（1902～1930）原名李振亚，叶县叶邑镇陈庄人，1925年参加中国共产党，中共叶县地方组织发起人之一。

李亚仙1919年在叶县高等小学堂上学，参加五四运动。1925年入党，毕业于开封甲种工业学校。1926年在蒲楼教书，和国民党左派筹建国民党县党部，遭北洋军逮捕，判刑6个月。1927年段语禅回叶县开展农民运动，李亚仙呼应国民革命军二次北伐，积极帮助工作，他首先在旧县一带发展国民党员并任国民党旧县区分部书记，后又在蒲楼从事革命活动，建立国民党蒲楼区分部。6月底，他和段语禅等联合国民党左派筹建了国民党叶县执行委员会（县党部）任监察委员，是创建中共叶县小组和中共叶县支部的发起人之一。

党的八七会议“取消跨党”，李亚仙放弃国民党党籍。不久，李被委派到中共开封市委工作。1928 年河南省委遭到破坏，段语禅到省委汇报工作时被逮捕，李亚仙捎信给艾峙生、董锡之，通报消息，让两人躲避追捕，信件被国民党叶县县长杨廷干截获，暗语破译，艾、董在叶县被捕，李在开封被捕。在狱中，李坚贞不屈，于 1930 年被国民党反动派杀害，年仅 28 岁。

李亚仙是叶县共产党员为党的事业捐躯的第一人，中华人民共和国成立后被追认为革命烈士。烈士墓位于陈庄村北，墓前立有叶县人民政府署名的墓碑。

娄葆青

娄葆青（1907 ～ 1942）又名娄和太，叶县任店镇古路湾村人，是中共叶县党组织创始人之一。

1919 年娄葆青在叶县高等小学堂上学期间参加五四运动，1922 年考入开封省立第一师范，1924 年与同校学生刘英、韩源波等发起成立开封青年学社。1925 年在王若飞、冯品毅领导下加入中共党组织，开展青年运动。中共河南省党史一卷收录其名字，就是因为他在省青年运动中有突出表现。1926 年暑期，娄葆青和李亚仙回叶县筹建叶县国民党组织，1927 年 6 月，娄葆青配合段语禅成立了国民党叶县执行委员会、中共叶县小组和中共叶县支部。

“八七”会议后，娄葆青放弃国民党籍，保留共产党籍转入地下工作。1937 年至 1942 年担任叶县一小校长，在学校秘密发展党员，宣传并参加抗日救亡运动。国民党汤恩伯部驻叶，白色恐怖笼罩下，他不顾个人安危，领导了叶县教师的罢课斗争。1942 年，娄葆青决定去延安，行至许昌被反动分子发现并押回豫西警备司令部。审讯中，他被折磨得遍体鳞伤，但始终坚贞不屈，被反动派杀害，年仅 35 岁。

段风和

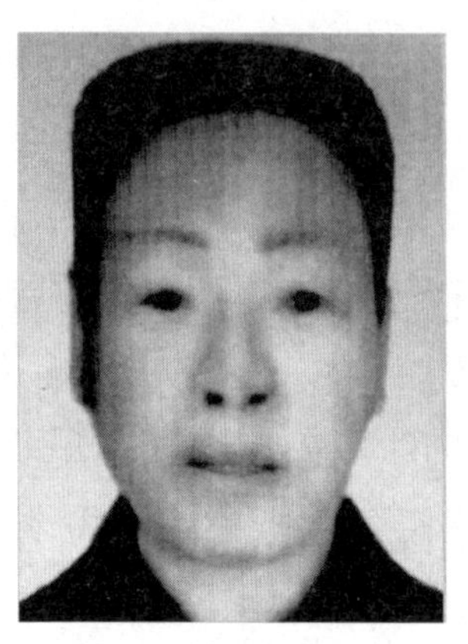

段风和（1902～1933），原名段云朝，出生于河南省叶县段庄村农民家庭，童年在本村读过一段私塾。段风和与段语禅系堂兄弟，自幼受爱国进步思想影响。1927年段语禅被北伐军总政治部派往叶县开辟工作期间，段风和积极协助进行革命活动，被发展为共产党员，成为叶县最早的农民党员之一。1928年3月，叶县第一个农村党支部——段庄党支部秘密成立，段风和任支部书记。他经常与本村及邻村的穷苦农民促膝谈心，培养发展党员，壮大革命力量。1929年在段庄支部的基础上，扩展为覆盖许南公路沿线多个村庄的汽路区委，领导当地党员、群众大力开展打击土豪劣绅和抗捐抗税的斗争。1930年，按照上级党组织"开展武装斗争"的指示，他身先士卒，只身前往国民党许昌学兵营智取步枪一支；还带领党员骨干先后从附近樊庄、燕庄等村地主家夺取一些枪支弹药，为开展武装斗争奠定了基础。1932年秋，段风和被上级党组织选送到上海，参加中共中央举办的白区党员训练班，较系统地学习了马列主义理论和白区工作方针，结业后被留任中央交通局交通员。1933年7月8日，段风和途经叶县，顺便到与段庄相邻的万渡口一亲戚家，被仇视共产党的劣绅万廷荣盯上，傍晚时分准备返回的段风和被万雇凶杀害，年仅31岁。新中国成立后追认为烈士。

段永胜

段永胜（1905～1938），叶县叶邑镇段庄村人，1927年加入中国共产党，是叶县最早的两个农民党员之一。

段永胜长期在家乡从事革命活动，曾任段庄村党支部书记，段

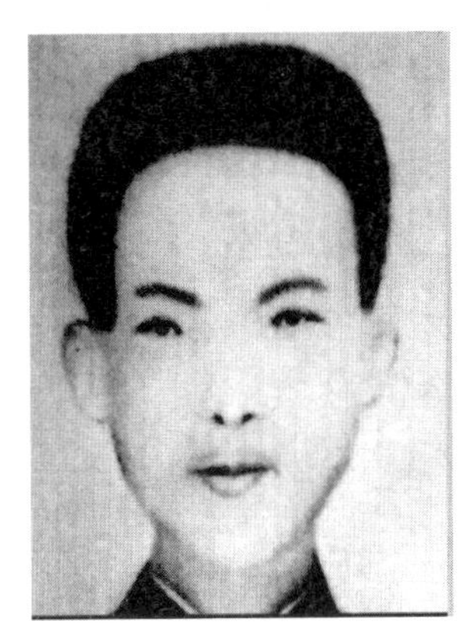

庄区委、县工委负责人。抗战开始，他同王泽民等坚持抗日民族统一战线，筹建“叶县青年抗战工作团”，宣传抗日救亡工作。由他领导的段庄党支部成绩突出，受到豫中地委书记张维桢的称赞。1938 年 3 月李子健代表豫南特委重新组建叶县县委时，段任县委委员。是年 6 月，一个月黑风高的夜晚，党内坏分子勾结土匪袭击段永胜的家庭，企图劫走他保管的枪支弹药。段奋不顾身英勇搏斗，因伤势过重牺牲，年仅 33 岁。

段永胜被害事件引起河南省委的高度重视，省委组织部长陈少敏曾几次派人调查了解、追查凶手，并在党内党外严肃处理有关人员。中华人民共和国成立后，段永胜被追认为革命烈士。

宋 延 年

宋延年（1909 ～ 1934），幼名昆祥、又名延寿，叶县田庄乡宋庄人，1928 年加入中国共产党，土地革命时期曾先后担任中共豫中中心县委常委、共青团豫中中心县委书记，中共河南省工委豫南特派员。

1927 年，宋延年在开封上学期间参加集会游行，声讨国民党新军阀的反动罪行。1928 年，宋延年加入中国共产党，1929 年，任开封第一师范党组织负责人，积极从事地下工作，国民党开封市当局以共产党嫌疑逮捕了他，因没确凿的证据，不久释放。1930 年秋，中共河南省委调宋任中共豫中中心县委常委、共青团豫中中心县委书记。1932 年秋，河南省委遭到破坏，10 月中共中央派吕文远、刘晋在许昌组建中共河南省工作委员会。省工委委任宋延年负责印刷党内资料和交通联络，1933 年又被省工委任命为豫南特派员，领导南阳、信阳党组织活动和配合鄂豫皖苏区的创建工作。

宋延年在豫南期间，化名刘子军，置个人生死于度外，住在信阳南关城关湾的菜园庵中，饿了，吃几口凉饭团，渴了啃几口生萝卜，就这样坚持革命斗争。这年初冬，宋延年长期隐蔽的住处被敌人发觉，被逮捕关押信阳监狱。地方党组织闻讯，一方面通过党的各种关系积极营救，另一方面通过宋延年的家庭设法疏通。

宋延年入狱后，宁死不屈，表现了共产党员的铮铮铁骨。信阳保安团长对营救他的弟弟宋鹤年说："宋延年态度死硬，遍体鳞伤也无口供，案情重大，开封绥靖公署指名要人，已押解上路。"家庭营救无果。

1934 年春，宋延年的爱人在郑州被捕，也押到开封。放风期间夫妻二人在狱中相遇，尽管他们二人有许多话想说，但党的利益高于一切，均严守组织原则，假装不认识，偶尔相互投去意味深长的一瞥。

1934 年 6 月宋延年在开封遇害，年仅 25 岁。中华人民共和国建立后追认为烈士。

石嘉云

石嘉云 (1907 ~ 1935)， 幼名铁蛋，祖籍河北省，出生于极贫困的农民家庭，因生活无着，年幼时随父母讨荒到叶县，落户任店镇高营村。父母相继去世，他成了无依无靠的孤儿，流浪四乡，乞讨度日。一天，他讨饭到黄柏山村时被恶狗追咬，恰遇黄柏山人祖庙住持胡智慧，胡驱狗救人，问明情况后将其收留。小铁蛋不知祖上姓啥，胡就指石为姓，还按道家辈分顺序为其取名嘉云。胡智慧对小嘉云关爱有加，供他到叶县乙种蚕桑学校学习，还为他定亲操办了婚事。求学过程中，石嘉云与进步人士交往，接受新思想，逐步成为有志的革命青年。1929 年，党组织根据他的迫切愿望吸收为共产党员，被任命为黄柏山党支部书记。1930 年中共叶县第一届县委成立，石嘉云任委员。为开展武装斗争，他与一名进步农民黄运设法从驻襄县国民党军队里搞到一支步枪，为缩小目标，他们星夜赴任店准备换成短枪，被巡逻团丁发现，遭逮捕。在狱中，国民党特务和党内叛徒轮番游说攻心，劝其自首，均被严词拒绝。敌人见软招无效，便对他进行长时间的肉体和精神折磨，使其伤病交加，但始终不泄露任何党的机密。国民党当局感到从身染重病的石嘉云身上再也榨不出什么共产党的信息，经组织营救监外就医，住堰口村岳父家，终因伤病过重，医治无效，于 1935 年秋辞世，时年 28 岁。1984 年被河南省人民政府追认为烈士。

王宇文

王宇文（1908 ～ 1934），河南省叶县廉村镇牛王庙村人。家庭薄有田产，可供他时断时续在本村小学上学。1929 年，中共豫中中心县委常委、互济会负责人杨宗白到叶县指导工作，以小学教师的公开身份在牛王庙村任教。当年是“民国十八年年馑”，为动员灾民“吃大户”，开展农民运动，杨宗白常让王宇文等学生暗中传递消息，转送情报。

王宇文思想活跃，追求进步，杨宗白先发展其入团，1930 年又发展为中国共产党党员。是年夏，牛王庙村建立团支部，王宇文任团支部书记，1931 年牛王庙村成立党小组，王宇文任党小组长。随着叶县东部农民运动兴起，1932 年初，经杨宗白推动、县委决定成立共青团叶县委员会，会址选在王宇文家里。牛王庙团支部同段庄、后崔、北关、坟台、黄柏山团支部为共同发起单位。张式旭当选为团县委书记，王宇文、石嘉云当选为团县委委员。

1934 年，中共叶县委员会、共青团叶县委员会均因叛徒出卖被破坏。杨宗白撤离叶县，王宇文考入开封师范避祸。不久，王宇文在开封被捕，狱中宁死不屈，遭杀害，年仅 26 岁。

王宇文遇害的同时，其家庭也遭受灭顶之灾。其父被叶县当局逮捕，爷爷在抄家时被吓死，弟弟王木文被吓成傻子、次年死去，叔父于事后两个月也忧郁而死。家中付出重大牺牲。

新中国成立后，王宇文被追认为烈士。

冯景禹

冯景禹(1905～1945),又名冯有俭,河南叶县仙台镇盐店村人,是叶县著名军事领导人之一。

冯景禹出生于一个农民家庭，1928 年参加工作，1933 年加入中国共产党，1933 ～ 1934 年任中共盐店支部书记，1936 年，叶县工委派冯景禹、段永健、李子健等人到确山参加豫南游击队。1937 年 8 月，根据中共中央的指示，鄂豫边区游击队整编为豫南人民抗日军独立团，周骏鸣任团长，王国华任政委，冯景禹任副团长。冯立场坚定，作战英勇，每次战斗总是身先士卒，有勇有谋。1938 年 2 月，冯景禹随彭雪枫挺进豫东。1940 年冯与部队失散回到叶县，1943 年被汤恩伯部的特务逮捕，送到“青训团”。1944 年 5 月，冯等人趁“青训团”西撤逃出。1945 年 3 月，冯参加叶县国民兵团预备第五支队武定一部，负责军事训练。7 月，叶县地方武装被新四军改编为叶县独立团，冯任团参谋长，9 月，部队向嵖岈山根据地靠拢，在西平县楚山寨改编为中原军区第三军分区独立七团。攻打象河关时，冯率领 300 余人担任主攻，不幸受重伤牺牲，英年 40 岁，葬于西平县酒店东。中华人民共和国成立后，被追认为烈士。

任芳馥

任芳馥 (1917 ～ 1945)，河南省叶县仙台镇（坟台）西马庄人，出身于开明地主家庭，1938 年加入中国共产党。

20 世纪 30 年代，任芳馥在老师董锡之、同学王泽民的影响下，思想进步，做党的外围工作。

抗日战争爆发后，王泽民受省委指示从开封回叶，发起组建“叶县青年抗战工作团”，任芳馥任坟台青抗团分团负责人。1938 年夏任芳馥加入中国共产党，任坟台支部书记。1939 年国民党反共高潮期间，任芳馥负责掩护豫中地委组织部长杨毅及其夫人，任家被县委确定为党的秘密联络点，地委书记张维桢（后任省委书记）经常到任家召开会议，部署工作。1944 年秋，隐蔽下来的任芳馥接到董锡之恢复活动的通知，动员党员和群众积极为新四军黄霖部筹集给养。1945 年 7 月，叶县独立团武装工作队到坟台筹建区抗日民主政府，任被任命为区长。7 月 28 日，任芳馥被当地反革命分子杀害，年仅 28 岁。1951 年 9 月 25 日，叶县人民政府对杀害任芳馥的主谋人和凶手执行死刑。2008 年，任芳馥被河南省人民政府追认为烈士。

张士英

张士英（1914 ～ 1948），叶县仙台镇孟王村人，是叶县东部党组织的核心人物之一。

1936 年，张士英在岳父家吕庄村行医期间，投身革命，他利用外出采药和行医的有利机会，传递党的情报工作。抗战开始，他积极参加廉村青年抗战工作团，宣传抗日救亡道理，并以实际行动向党组织靠拢。1938 年 12 月，张士英由齐炳南介绍加入了中国共产党，以药铺为掩护秘密发展党员，掩护过往同志。1939 年春，县委决定建立桥陈区委，齐炳南任区委书记，张士英任区委副书记。同年秋，齐炳南调任后崔区任书记，张任桥陈区委书记。

1940 年，汤恩伯部迁驻叶县，大肆镇压革命进步人士。在白色恐怖下，张士英以药铺作掩护，负责叶县县委副书记杨战韬的安全工作，其间，他和吕万刚、吕焕铭、杨本本等人在本村创办一所小学校，掩护领导同志过往，转运武器，并为豫西军政干部学校输送了一批进步学生。抗战后期，他联合韩庄寺村的药店在漯河设立药铺，向新四军五师供药，还抽调党员医生为新四军战士医病。

1947 年春，张士英等隐蔽下来的共产党人，听到人民解放军将打回来的消息，便和吕万刚、杨金印等行动起来，引起了反动派的注意，国民党叶县保安团突然包围吕庄村，把张士英，吕万刚、吕万福逮捕，三位党员宁死不屈被杀害，张士英时年34岁。

中华人民共和国成立后，张士英被追认为烈士。

杨 金 印

杨金印（1912～1948），叶县叶邑镇长毛庄（此庄已消失）人，1948年英勇就义，被追认为中国共产党党员、革命烈士。

杨金印出生在一个农民家里，1934年7月，考入叶县昆阳中学，毕业后任小学教师。国难当头，他常利用课余时间，到县民众教育馆阅读报纸，结识了图书管理员兰培杰、赵频卿，受到民主革命启蒙教育。

1944年6月，叶县沦陷。杨金印参加由张联芳等建立的抗日游击队伍。1945年7月，叶、舞二县游击队合并，建立叶舞支队，杨金印任支队供给部长。9月，叶舞支队编入中原军区独立七旅，杨任连队文化教员。1946年6月参加“中原突围”，途中被捕，10月，押到湖北襄阳，旋又解回叶县，经多方营救，于1947年7月出狱。12月，叶县人民民主政府办事处在常村建立，杨任秘书，1948年1月，调任七区区长。杨到七区后，立即着手消灭地方土匪，扩大人民武装，进行新政权建设。几个月时间，七区建立起近百人的区干队，一度成为叶县各区武装齐全、战斗力最强的武装力量。

1948年5月，国民党十一师窜叶。杨金印率区干队于22日撤离区政府，当日夜，队伍转移到龙泉吕庄。半夜时分，国民党整编十一师包围吕庄，杨率区干队进行了顽强反击，不幸被俘，5月26日，在叶县城北九龙口英勇就义，时年36岁。

杨金印牺牲后，经中共叶县县委研究决定，追认他为中国共产党员，革命烈士，并举行盛大公祭活动，把叶县昆中门前的街命名为金印街。

二、部分民主革命时期著名人物生平简介（以入党先后为序）

段语禅

段语禅（1902～1968），叶县叶邑镇段庄村人，1924年加入中国国民党，1927年加入中国共产党，中共叶县组织的主要创立者和早期领导人。

段语禅幼随父读书，受其父为人侠义的影响，参加五四运动，是叶县学生运动的代表人物。1927年3月赴革命中心武汉，途中加入共产党，进入武昌“中央农民运动讲习所”学习。6月被派回河南，以战区农民运动特派员身份带四位同志回叶县，组成了国民党叶县执委会，创建了中共叶县小组、支部。大革命失败后，段语禅任中共叶县独立支部书记，和王文卿建立叶县第一支地下游击队。1934年叶县地下党遭敌破坏，段被迫隐迹在外。1944年5月，段回家乡组织抗日游击队，1945年6月任豫中军分区叶县独立团特务大队长。解放战争开始，新四军主力奉命南撤时，其父为日军所害，上级指示段回乡安置其父丧事，与组织失去联系。1947年叶县解放，党组织派人将段接回，任第一区区长，1948年12月任叶县人民政府文教科科长，1950年9月转入教育战线，以普通中学教员的身份从事教育工作。1968年在“文化大革命”中含冤去世，终年66岁。1980年，叶县为段语禅召开了追悼会，肯定了段在任何条件下不忘党、不忘人民，不忘革命，他的一生是“革命的一生，光荣的一生，令人敬仰的一生”。

董锡之

董锡之（1901～1980），叶县龙泉乡龙泉村人，1928年加入中国共产党，叶县著名共产党员，曾是中共叶县第一任县委书记。

董锡之自幼读书，1923年考入开封第一商业学校，开始接触进步思想，1928年春经艾峙生介绍加入中国共产党，任中共叶县独立支部委员，受党组织委派打入国民党叶县党部，同年11月身份暴露，被国民党反动当局逮捕，判刑11个月，出狱后，他携中共开封市委的介绍信，继续从事革命工作。

1930年春，董锡之任中共临颍县委书记，参加了筹建红十五军工作。8月，为他奉调回县，同年秋，中共叶县第一届县委成立，董锡之任县委书记，1934年县委遭破坏，避捕隐蔽。1935年8月，在极端困难的情况下，董锡之与段永健等人组成中共叶县工作委员会，任县工委委员，领导、支持叶县学生的“一二·九”学潮。汤恩伯部驻叶县时，大肆搜捕共产党员和进步人士，董锡之被迫流亡在外，1944年6月，日军侵入叶县，他和张联方共同领导了龙泉抗日游击队，叶县抗日民主政府成立时任秘书长。1945年9月，董随新四军进入嵖岈山根据地，担任叶、舞、方、泌边区县政府副县长。叶县解放后，董锡之任叶县民政科科长，8月任叶县中学校长，后调许昌师范工作，1980年病逝于许昌市，终年79岁。

王 文 卿

王文卿（1897～1952），又名王书政，叶县常村人，是叶县著名共产党员。

王文卿虽然出生于地主家庭，但为人慷慨侠义，大学肄业在家期间，结识在常村教书的段云骧和段语禅父子，1928 年春，段语禅发展王文卿等入党，建立常村党支部。9 月，段语禅和王文卿带领赤色群众进行了摩天岭夺枪斗争，建立党领导的叶县第一支红色游击队。

王文卿领导的常村党支部地处西南部山区，平原区党的活动一有意外情形，此处常是隐蔽接应地。1931 年处决省委叛徒司合仑，1934 年夏，县委被破坏后，叶县主要党员重聚常村，议决党组织的恢复和发展，类似这两项特殊的事情，皆赖王文卿特别协助。会后，王文卿受同志们委托，打入“老腰痛”匪部做兵运工作，为地下党搞枪支弹药。1937 年抗战初期，他筹建青年抗战工作团常村分团，开展宣传、募集物资支援抗战工作，建立联防队，掌握抗日地方武装。1944 年 6 月日军陷叶，王文卿领导的武装在当地无法立足，投入陈继尧部，7 月，陈继尧诛杀汉奸崔仲英，执行枪杀任务的就是委托王文卿的人员。是年秋，新四军豫南游击兵团司令员黄霖率部挺进豫中，在保安镇罗冲村召见王文卿、陈继尧，指示他们壮大抗日武装，迎接新四军北上抗日。1945 年 1 月，八路军南下支队冒雪进入常村，王震化名董必谦写信寻找地下游击队。王文卿接信，按信中要求购买医药、电台电池等军用物资，派胞弟王汉青追到罗冲村，交予南下部队首长，并带回三位八路军伤员，负责医护养伤。1947 年 11 月，解放军陈谢兵团解放叶县，12 月，叶县共产党人依靠王文卿的武装力量，在常村建立人民新政权，他任县独立大队大队长，又任县独立营副营长。王文卿为民主建政，地方武装建设作出突出贡献。

1949年，王文卿调许昌县公安局，1950年在许昌火车站抓获国民党中统特务、叶县解放后仍被国民党任命的流亡县长王启民。1952年王文卿被王启民兄弟进行反革命报复，利用县委、县政府领导人“左”倾意识，罗织罪名冤杀，终年55岁。

1953年，河南省、许昌地区、叶县三级联合调查组重新调查、核实，王文卿一案纯属冤案，彻底为王文卿平反昭雪，镇压了诬告分子、处分失职人员。

段永健

段永健(1905～1971)，曾化名常文治，叶县叶邑镇段庄村人，是叶县著名共产党员。

1928年秋，段永健由段语禅、董锡之介绍加入中国共产党，不久，任村党支部委员，叶县党组织同豫中特委接通联系，段永健兼任特委交通员。1932年他随原中央军委委员张振亚到上海，参加党中央举办的“白区工作训练班”，学习期间受到省工委书记吕文远的接见，学习归来，任省工委交通员。

1933年3月，段风和被万渡口村地主杀害，段永健带党员、赤色群众夜袭地主万廷荣家。万家上告，使他离家走上职业革命征途，奉调到焦作煤矿开展工运工作，建立煤矿党支部。同年他参加省委代表团赴江西瑞金，出席第二次苏维埃代表大会，受到朱德总司令的亲切接见，会后，编入中央秘书处，在毛泽民领导下进行第五次反围剿战斗，征战到福建。秘书处指示段永健同王国华一道回地方工作，适逢河南省委刚被破坏，接不上关系，各回家乡。

1935 年 8 月段永健同兰德修、李子健、陈继尧等建立中共叶县工作委员会，任书记。1936 年 2 月，得知王国华、张星江建立了鄂豫边省委，他同李子健等赴鄂豫边联合起来开辟游击区，先后任确山、唐河县委书记，在唐河被捕时，被反动派弄瞎眼睛。

眼疾让他生活相当困难，先后在段庄、谷店居住。在谷店村曾发展党员、开展活动。叶县县委又把他送到竹沟，1939 年“竹沟事变”时，段永健靠一炊事员帮助突出重围，回到叶县，向县委书记王泽民报告事变情况，让叶县党组织早作应变准备。

1942 年河南省委再次布置撤退干部，省委组织部长危拱之特意告诉负责豫中撤干的徐跃三，一定要把老红军段永健撤到延安来，医治眼疾。他在延安一边参加整风，一边到白求恩医院治眼，把眼医治得能自理走路。

1946 年 7 月，在延安的一部分河南籍干部被中央派回河南，段永健同姜崇仁等组建豫西南工作委员会，分管叶县。1948 年 2 月，鄂豫陕七地委任命段永健为叶县县委书记。3 月，军队干部支援地方，七地委委员、陈谢兵团四纵民运部长郑刚任县委书记，段改任副书记。

1949 年 1 月，段永健奉调任省总工会许昌办事处副主任，不久任主任。中华人民共和国成立后，段永健历任许昌地委委员、常委、副书记，曾任地委纪律监察委员会书记，其间，支持为王文卿事件的平反工作。“文化大革命”中受迫害，1971 年 10 月病逝，终年 66 岁。

1978 年 7 月 9 日，中共许昌地委为段永健举行追悼会，12 月，地委发文推倒一切诬蔑不实之词，彻底平反昭雪，肯定他是革命、光荣、令人尊敬的领导干部。

崔慎三

崔慎三（1905～1979），又名崔佑铭、崔敬民，叶县廉村镇后崔村人，1928 年加入中国共产党，叶县著名共产党员。

崔慎三家庭富有，自小上学，1925 年在开封上学期间，由马尚德（杨靖宇）、何振刚动员报考广东黄埔军校四期步科，1926 年国民革命军第一次北伐，崔参加学生军一路打到武汉。1927 年他被恽代英分配到武汉军分校任中尉连副，同年秋，崔慎三随军分校教导团东征讨伐蒋军，在九江被张发奎部缴械遣散，回到原籍。

1935 年前后，崔慎三利用黄埔军人身份，打入国民党叶县军界，从事地下工作，叶县工作委员会成立时，任县工委军事委员，1936 年县工作委员会负责人调往豫南，崔和段永胜负责县委工作，对王泽民回县开展抗日宣传，成立抗战组织帮助很大，叶县抗日民族统一战线也是在此时形成。

1938 年 3 月，李子健代表豫南特委重组叶县县委，崔任县委书记，6 月，豫南特委组织部长仝中玉巡视到叶县，鉴于崔的特殊身份，作为特别党员专做统战工作，让他打入宛属抗敌叶县自卫团司令部掌握抗日武装，1939 年组建正规脱产的宛属抗敌自卫团第四团，崔任四团叶县大队上尉中队长、副团长。当日军进犯泌阳、唐河时，崔率四团开赴前线同日军作战。宛属抗战自卫团司令别廷芳了解到崔早年同他有过节，就无端免去了崔的职务。崔慎三回县筹建县国民兵团，任副团长（团长由县长兼）。1945 年，八路军南下支队的伤员被王文卿游击队接回，几经周折都无法秘密保护，崔慎三把国民兵团部移至常村，在王文卿的胞弟王汗青的前院扎下团部并持枪上岗，后院安置伤员养伤，才把消息完全封锁起来，直到战士伤愈归队。

1947 年 11 月叶县获得解放，1948 年崔慎三任叶县人民政府第九区（邓李区）区长，1950 年任宝丰县县中校长，后调至许昌二高、一高，许昌高中、九中等校，长期从事教育工作。

由于崔慎三解放前曾较长时间担任国民党公职，被视为有“历史问题”，历次运动中均受到不公正的对待，1979年5月病逝于许昌，终年74岁。

陈继尧

陈继尧（1902～1980），原名陈宗舜，曾化名董德三，叶县叶邑镇邪店村人，是叶县进行武装斗争的主要代表人物。

1919年陈继尧在叶县高等小学堂参加五四运动，1929年考入开封省立第一职业学校，在校期间从事学生运动，被推选为学生会主席，是年5月，经学校党员宋孟栖、符仲欣介绍参加共产党。

陈继尧毕业后回县到常村小学任教，在家乡邪店村发展党员，建立中共邪店村支部，1930年秋，建立中共叶县委员会，任县委委员。1932年，他任省委交通员、中共中央交通局交通员，经常往返于上海、郑州和鄂豫皖苏区。1934年，他与党组织失掉联系，回到叶县。

1935年8月，他同段永健、李子健等筹建中共叶县工作委员会，任委员，奉命到遂平县开办“四方商店”，建立党的秘密联络站，联络站给鄂豫边省委购制的石印机，现保存在河南省博物馆。1940年汤恩伯部移驻叶县，大肆逮捕共产党员，陈继尧被捕，押入“青训团”集中营。关押在“青训团”中的共产党员推举陈继尧做“上层”工作，谋得任店镇镇长职务，建起30多人的治安队伍。叶县沦陷前夕，汤部溃逃之际，允许陈继尧发展武装，治安队伍改称抗日游击队，发展到100多人。从此，他走上了武装斗争的道路。

叶县沦陷期间，他打入日伪内部，任县城伪自警团团长，驻西李庄。在此，陈继尧同王文卿、沈祥甫协商，先后除掉双手沾满叶县共产党人鲜血的汉奸崔仲英、薛伟，并带领大部自警团人员反正，加入国民党叶县国民兵团，被任命为第二支队队长。陈继尧领导的第二支队一度发展到2000多人。

1944年12月，新四军豫南游击兵团司令员黄霖在保安镇罗冲村召见王文卿，第二天召见陈继尧，任命他为新四军叶县挺进总队队长，1945年7月，新四军五师参谋长刘少卿主持改编叶县抗日游击队，编为叶县独立团，任命陈继尧为团长。

叶县独立团升编为正规军，陈继尧任中原军区三十三团副团长，参加了“中原突围”。部队突围到武当山，他患病离队，经组织批准回家医治，隐蔽在西南山史家，后到宝丰县。叶县解放，经县长范离把陈继尧要回，任叶县支队专职副支队长、六区区长，1949年1月调许昌县，先后任一区区长、建勤科长。以后政治运动中，他从科级不断降职，从干部降到工人，1980年11月4日病逝于许昌西湖公园，终年79岁。

十一届三中全会后，本人及子女多次要求落实“历史”问题，河南省委组织部调查后，1984年11月下文恢复至正师级，肯定他革命的一生。

兰德修

兰德修（1903～1953），叶县叶邑镇老鸦村人，1929年加入中国共产党，叶县著名共产党员。

1930年，兰德修任叶县县委委员，1931年前后，中共河南省委准备发动国民党许昌驻军兵营暴动（又称许昌兵暴），叶县县委为配合行动，派兰德修作为原中央军委委员张振亚的助手赶赴许昌，从许昌回来，途中不幸被捕。叶县县委多方筹资，兰德修的爱人也以家产抵借高利贷800银圆，才把兰德修营救出来。

1932年，张振亚带兰德修、段永健、段风和到上海，进中共中央开办的白区工作训练班，毕业后，兰德修留任河南省工委机要交通员。

1934 年，河南省委再次遭到破坏，兰德修回到叶县，同李子健以及后来回县的陈继尧、段永健等自发筹建叶县工作委员会，兰德修任组织委员。1936 年县工委部分负责人段永健、兰德修等同鄂豫边省委会合，奉调任豫西省委交通员。

抗战后期，兰德修又回到叶县，1945 年参加由武定一领导的抗日游击队。1947 年 11 月叶县解放，兰德修依靠王文卿领导的县独立大队在常村筹建叶县人民政府办事处，任主任。12 月底，县长范离到任，建立叶县人民民主政府，兰德修任副县长。1948 年 10 月，兰德修到鲁山参加豫西区党委会议，会后，战友宋致和调他到郑州。兰德修长期在省民政厅工作，英年早逝，时年 50 岁。

李子健

李子健（1906 ～ 1997），原名胡耀华，叶县廉村镇姚王村人，是叶县早期共产党员。

1921 年，李子健考入叶县第二（廉村）高等小学，受教于段云骧等教师，深受段云骧激进民主思想影响，又结识其子段语禅，1927 年前后，是艾峙生主办的《晨鸡》杂志的忠实读者，从中学习马列主义启蒙知识，1930 年加入共产主义青年团，1931 年转为中共正式党员。在他调至黄柏山村教书期间，接任党支部书记，领导北部灾民“吃大户”和筑路民工的罢工活动。他协助豫中中心县委常委杨宗白领导县东部农民运动，建立穷人组织“光蛋会”，促成了共青团叶县委员会于 1932 年 1 月成立。

1932年，省工委调李子健任省委巡视员、中央交通局交通员，在上海从事地下工作中联络点暴露，返回叶县。1935年8月，他同段永健等组建叶县工作委员会，任委员。县工委鉴于李子健熟悉地下交通线，委托他尽快与上级党组织取得联系。1936年2月，李子健在豫南联系到鄂豫边省委，他同县工委主要组成人员一同参加省委领导的游击队。受省委委托三次赴北平、天津寻找到中共中央北方局，受到刘少奇的接见。

鄂豫边省委改称豫南特委，李子健任特委宣传部长。1938年3月，李子健巡察豫中，重建叶县县委和豫中工委。李子健在豫南工作时期曾给长江局写信，刊登在《新华日报》上，王明、周恩来、博古联名答复他的公开信也一同见报。

1942年，李子健、郭蔚、齐丙南、段永健撤到延安，参加整风和大生产运动。人民解放军解放大西南，李子健、郭蔚夫妇随军接收四川省教育系统。1979年，任重庆市政协常委，1983年离休。

离休后，李子健多次回河南，参加鄂豫边革命史编纂，回叶县参加党史专题、党史人物的编纂，提供了关于陈继尧、石嘉云和廉村地区的珍贵史料，刘少奇赠给他的“派克”钢笔，现作为文物保存在重庆市博物馆。1997年李子健病逝，终年91岁。

王泽民

王泽民(1916～2013)，曾化名李青锋，叶县龙泉乡人，1936年加入中国共产党，是叶县著名领导人。

王泽民出生于地主家庭，先后在龙泉、县城读小学、中学，上学期间参“一二·九”学潮被除名，入舞阳县中学学习。

1936年12月，王泽民由董锡之介

绍入党，同“北平文委”（化名王婉莹）联系，参加中华民族解放先锋队抗日救亡活动。1937 年 9 月，王泽民在开封高师与各年级中的进步同学组织读书会，并以代表的身份参与省委领导的“农村抗战工作服务团”。11 月初回到叶县，王泽民在段永胜等支持下，推动召开国共两党联席会议，成立“叶县青年抗战工作团”，并在廉村、段庄、龙泉、坟台、老鸦、常村等地设立分团，组织和动员大部分在校和失学青年参加宣传、募捐、开办文化夜校等抗战活动。

1938 年 3 月，李子健代表豫南特委组建抗战时期中共叶县县委，崔慎三任书记，王泽民任组织部长兼秘书长。6 月，豫南特委组织部长全中玉带刘艺亭（刘长波）到叶县改组县委，王泽民任县委书记。1940 年秋，党中央撤退河南省区以上干部，王泽民同副书记杨战韬一起撤离叶县，12 月底到达延安，在中央党校参加了学习和整风。

1944 年 10 月，以王树声、戴季英为首的河南区党委、河南军区成立。王泽民随陈先瑞三支队自延安出发，挺进河南。1945 年 1 月，王泽民奉区党委指示回叶县，同嵖岈山区的新四军五师部队联系，恢复叶县、舞阳等县党的活动。1945 年 7 月在刘少卿参谋长主持下，组建叶舞支队，王泽民任支队政委。抗战胜利后，王泽民先后担任“叶、舞、方、泌指挥部”政委兼舞阳县委书记、地委组织部长、桐柏县县长、信南县七七二团政委和军区干部队队长等。

1946 年 12 月，中原突围中王泽民身染重病，经组织批准，安置休养，途中同敌人遭遇被俘。国共和谈，王泽民才被释放。1949 年冬，经华中局（中南局）组织部、社会部（公安部）联合审查后，恢复王泽民党籍和政治生活待遇。

新中国成立后，王泽民历任中南干校校长、党校校长，《人民日报》理论部副主任、政治部主任。1982 年离休，享受副部级待遇，2014 年病逝于北京，享年 98 岁。

武 定 一

武定一（1916～2012），又名武国治，河南叶县田庄乡武楼村人，1939年加入中国共产党，抗日战争时期曾担任叶县独立团副团长。

武定一出生于中医世家，15岁时考入县城一小，后又到南阳五中、叶县师范、南阳师资培训班学习。日军入侵到华北，他从自己订阅的《新华日报》上看到"陕北公学"招生的启示，于1938年7月7日由武带领五男四女一行人辞别家乡，踏上征程，经洛阳到西安八路军办事处，经过办事处的政治考试，被陕北公学录取。

武定一在陕北公学毕业后，被组织分配回原籍开展抗日救亡工作。1944年前后，叶县成了抗日前线。武定一为了保障全村的安全，卖地购枪，组织起近30人的村级武装，加强联防，崔慎三任命他为联防队中队长，后任叶县国民兵团预备第五支队长，部队发展到700多人。

1945年7月，新四军五师参谋长刘少卿主持改编叶县抗日游击队，陈继尧部和武定一部整编为叶县独立团，陈继尧任团长，武定一任副团长，冯景禹任参谋长，全团1200多人。

9月初，叶县独立团奉命向南转移，在西平县楚山寨，同八路军河南军区三支队合编为正规军。武定一参加干部队撤到鄂北中原军区，由组织分配参加随县政府工作。6月26日，他随同县委、政府人员在黄霖率领下沿当年红二十五军长征的路线突围，走到卢氏县时遭敌包围被俘，经潼关押至郑州，家中变卖家产得以把他赎出。

1947年11月，陈谢大军解放叶县、方城时，武定一由四纵十三旅宣传队长朱德炘介绍带两个儿子再次参军，参加了渡江战役和解放大西南战役，立功受奖。中华人民共和国成立后，武定一随部队一同转业到水电部昆明工程局工作，1958年受诬陷并被判刑。他在服刑间刻苦研究中医学，救死扶伤。十一届三中全会后，经原处理机关调查核实无历史问题，对武定一予以平反。他回到叶县后，开设诊所悬壶济世，在县城恢复武氏“万聚堂”名号，把本来擅长的喉科、内科、妇科进一步发扬光大。他还从事中医肿瘤病的研究和诊治，并于1995年应邀到北京出席全国肿瘤病学术研讨会。2012年，武定一病逝于叶县家中，享年96岁。

三、部分社会主义建设时期全国先进工作者、劳动模范生平简介

贺金榜

贺金榜，1935年生于叶县廉村镇甘刘村。1956年3月加入中国共产党，历任互助组长、初级社社长、高级社社长，公社武装干事、部长、党委书记，叶县人民政府副县长，中共叶县县委常委、县纪律检查委员会书记，县人大常委会主任职务，全国优秀党务工作者。

他对党忠诚，对工作认真负责，清正廉洁，富有开拓精神，曾在廉村、坟台、水寨、旧县、田庄、遵化店工作，成绩卓著，职务屡屡升迁，为人民服务初心不变。1989年9月，他被中央组织部授予全国优秀党务工作者。贺金榜于1997年退休，现任叶县老区建设促进会会长，继续发挥余热，为老区事业作贡献。

刘校然

刘校然，男，中共党员，大学文化，高级农艺师，1955年生于叶县盐都办事处东卫庄村，1979年被评为全国新长征突击手。

1971年5月，刘校然参加工作，多年在农业部门进行科研和新技术推广，先后获得省、地科研成果4项，在《河南科技》《河南农业大学报》发表8篇论文，主持省科研、示范推广项目十多个，任叶县农业技术员，省农科院、农牧局、农业大学联合基地——叶县刘庄庄农技站站长，获许昌地区、河南省和全国新长征突击手称号。

1984年以后，刘校然历任城关乡经联社副主任，县农牧局副局长，仙台镇副镇长、镇长、党委书记，龙泉乡党委书记，叶县第六届、第八届县政协副主席；许昌地区、河南省五届人大代表，市（平顶山）第四、第五届人大代表，县第六届、第七届人大常委会委员，2014年9月由河南省人事厅批准，享受特殊贡献待遇退休。

魏亚丽

魏亚丽，女，1963年2月出生，中共党员，本科学历，1981年10月参加工作，是全国“三八红旗手”和全国“双学双比”先进女能手。

魏亚丽原在任店镇粮所工作，停薪留职，创办任店镇种鸡场，带动本村、本镇及周边群众养鸡致富。种鸡场连年被评为市、县“先进企业”“重合同、守信用”企业。1993年她当选为平顶

山市第六届人大代表，1994年被评为平顶山市“新长征突击手”，1995年被评为平顶山市“十大杰出青年”，1996年获得“全国三八红旗手”和“全国双学双比先进女能手”称号。

为促进乡镇企业发展，组织上把她安排在任店镇企业委任主任，曾被平顶山市委、市政府授予“平顶山市兴市模范”，事迹先后在《平顶山日报》《河南日报》和《中国妇女》杂志刊登。1999年后，魏亚丽任夏李乡副乡长、人社局副局长，2018年退休。

尹建堂

尹建堂，男，中共党员，生于1937年，叶县孟南村人，长期从事中学教育，曾任叶县高中校长，河南省劳动模范，全国优秀教师。

他从事中学数学教育近40年，业务精深，一面坚持教学，一面进行教学研究，先后在《中学数学》《数学通讯》《考试》与《中学生数理化》等国家级、省级刊物上发表过200余篇文章，主编、参编八本《中国特级教师教案精选》《高中数学精练》等著作。2012年，《光明日报社》将他发表的文章择优集结出版，书名《高中数学》（学习方法与技巧），全书分十章对高中数学教材与教学中的重点、难点与疑点进行剖析，使读者掌握解题要领和学习方法。

尹建堂是河南省七届、八届人大代表、特级教师和市级拔尖人才。

赵启良

赵启良，男，汉族，1975年出生于叶县水寨乡河北赵村，中共党员，大专文化，河北赵村党支部书记，全国劳动模范。

2004年6月，赵启良当选为该村党支部书记，他带领全村群众多业并举，发展经济，闯出一条致富路。一是调整经济结构增加农民收入；二是大力发展养殖业；三是狠抓劳务经济，设法对外输出农民工。他从改善农民的生产生活环境入手修建道路，解决村民行路难的问题。修建高标准的敬老院。在赵启良的带领下，一年一小变，三年一大变。河北赵村连年被平顶山市命名为“治安模范先进村”，2007年被省委、市委命名为三级联创“五个好”先进村党支部、2009年获得“全县经济发展30强村”。

赵启良2009年被省政府授予“新农村建设能手”“河南省劳动模范”，2010年被国务院授予“全国劳动模范”称号。

张官兴

张官兴，男，汉族，中共党员，专科学历，1969年4月出生于常村镇孤石岭村，现任兴盾集团党委书记、董事长，全国模范退役军人。

1986年1月，张官兴入伍，曾任报务员、文书、电台台长、报务教员，1999年退伍。2001年2月他注册成立“平顶山市兴盾物业管理有限公司”，2012 年 6 月在原公司基础上成立河南省“兴盾物业服务集团公司”。

公司在创业发展中，因安置退伍军人和下岗工人和企业业绩突出，公司创办人张官兴又始终保持共产党员和军人本色，曾多次获得市、省和全国荣誉称号。

2009 年，张官兴等受到时任国家主席胡锦涛、国务院总理温家宝的接见。2019 年 7 月 26 日被中共中央组织部、国家人力资源和社会保障部、退役军人事务部、中央军委政治工作部联合授予“全国模范退役军人”称号，受到国家主席习近平等中央领导的接见。

附录二

红色革命遗址和纪念场馆

叶县是革命老区县，境内星罗棋布的红色遗址颇多，经两次普查，共有革命遗址66处，其中重要机构遗址8处，重要历史事件、重大会议会址、战斗遗址6处，新建纪念设施4处；早期共产党员及先烈故居11处，烈士墓4处。其它遗址因社会历史原因多已损坏。

叶县老促会成立后，对遗址进行了大量保护性修复，并修建了黄柏山党支部纪念碑，红九军纪念碑和段庄革命老区纪念馆等，让红色历史鲜活起来，呼应新时代。

一、正规部队留下的重要遗址

红二十五军上马村战斗遗址

红二十五军在叶县的战场遗址之一，位于叶县常镇乡上马村，属浅山区。

叶县常村乡上马村

1934年11月16日，鄂豫皖苏区的红二十五军3000余人根据中央指示，在军长程子华、政委吴焕先、副军长徐海东率领下，高举“中国工农红军北上抗日第二先遣队”的旗帜，从罗山县何家冲出发开始长征。

11月26日，红二十五军指战员在方城、叶县交界的七里岗一带遭敌伏击，经短兵相接、肉搏格斗，打退了国民党军队的进攻，当夜绕道叶县张换庄、寨河，翻越许南公路，沿花阳、余庄等山村一路西进。28日红军先头部队渡过澧河，到达孤石滩附近。国民党四十军骑兵五师、一一五旅和骑兵团分别从拐河、常村窜出，形成东西两面夹击之势。红二十五军在此一场激战，且战且走，沿上马、王庄村入方城境。孤石滩战斗也是一场恶仗，曾任军政治部主任的郭述申题词“拐河战斗”，实际就是孤石滩战斗①。此战给红二十五军将士也留下了深刻印象。

红二十五军长征途经叶县，征战三日两夜，行程百余里，胜利实现了战略转移的预定计划，同时也为叶县人民留下了宝贵的红军精神。

1958年，叶县修建孤石滩水库，孤石滩村搬迁，主要战场遗址在水库中，上马村遗址是孤石滩战场遗址的仅存部分。

八路军、新四军会师叶县遗址

八路军、新四军会师叶县遗址位于叶县龙泉乡草厂村。1944年12月，为策应新四军五师，中共中央从延安派出以王树声为司令员、戴季英为政委的河南人民抗日军挺进河南。同时电令新四军五师北上，开辟豫中根据地。五师师长李先念命十三旅副旅长黄霖带两个团的兵力组成游击兵团北上河南。1945年8月，陈先瑞司令员率八路军河南军区第三支队为先遣队，迅速南下，与以黄霖为

① 1934年红二十五军长征到孤石滩，当年孤石滩村属拐河镇管理。1958年叶县修建孤石滩水库，这一带划归叶县，属常村镇管理。

司令员的豫中游击兵团会师。1945年8月18日，陈先瑞支队与前来迎接的新四军黄霖兵团在龙泉乡草厂村会师，陈先瑞支队司令部驻草厂村一马姓财主大院，部队驻大院西边。

陈先瑞司令员领导的三支队驻军处（龙泉乡草厂村）

陈先瑞首长曾住过的5间瓦房，第一次遗址普查时尚保存完整，改为佛教场所“净土寺”。近年，“净土寺”搬迁，原房尽毁。

陈（赓）谢（富治）兵团前委扩大会议遗址

陈（赓）谢（富治）兵团前委扩大会议遗址位于叶县叶邑古城东城门外的高台上，周边绿树成荫，环境优美。

1948年1月，陈（赓）谢（富治）兵团经连续作战，开辟了豫陕鄂新解放区。部队在外线作战中，内部出现了一些“左”的思想。1月25日至2月5日，前委扩大会议在旧县小学召开。会议上陈赓作了报告和总结。传达学习了1947年中共“十二月会议”精神和中原局对豫陕鄂地区斗争任务的指示，批评、纠正了部队中产生的错误思想，并针对存在的问题作出了三个决议：《对今后群众工作与土改工作方针的指示》《关于财经工作方针的决议》《关于建设武装问题的总结》。这次会议使部队官兵的思想及时地统一到党的路线、方针、政策上来，坚定了指战员的战斗意志，提高了部队战斗力。

陈谢集团前委扩大会议遗址（旧县中村小学）

遗址原是旧县小学，现为旧县中村小学，建筑占地面积 390 平方米，原房舍现有两栋保存完整。

刘邓大军会议会址

刘邓大军会议会址位于叶县田庄乡岗马村。

刘邓大军司令部遗址和旅以上政治工作会议会址（田庄乡岗马村）

1948 年 2 月，刘邓主力转出大别山，到淮北休整。4 月 17 日，刘邓司令部迁驻岗马村，召开野战军直属队及三纵、六纵团以上干部会议，刘伯承司令员作了《关于挺进大别山以来的情况和进行整军》的工作报告，邓小平政委作了《整党工作报告》。4 月 30 日，刘伯承、邓小平在司令部召开野战军旅以上干部参加的政治工作会议，刘伯承致开幕词，宋任穷传达了党中央关于目前形势和任务的指示。5 月 19 日，中原局与中原军区司令部离开叶县，迁驻宝丰县杨岗，政治工作会议另两项议程继续举行。

遗址房屋原为地主宋广汉的一幢出前檐 5 间瓦房，现存原会议室 3 间。

二、中共叶县地方党组织重要活动遗址

五四运动中叶县高等小学堂学生召开会议会址

叶县高等小学策应“五四”运动，成立的学生会在县文庙院西南隅，当年是叶县高等小学堂校址。

“五四”爱国运动的消息传到叶县，首先在当时的最高学府—叶县高等小学引起轰动。正在筹备“国耻日”纪念大会的师生，看到登有“五四”运动报道的北京《晨报》后，义愤填膺，相互转告，热烈讨论响应的办法。当日推选出教师代表周仿溪、郭云奇，学生代表段语禅、陈继尧等 7 人组成行动筹备组。

5 月 9 日，在原县衙马号院召开声援大会，校长李啸山主持，县长陈洪翼作了表态讲话。崔冠卿等 3 位教师代表依次登台，愤怒声讨北洋军阀政府丧权辱国的卖国行径。继而，段语禅等 5 位学生代表争相发言，表达积极声援全国各地爱国运动的心声。全校师生列队举行了颇具声势的示威游行，此次大会拉开了叶县学生爱国运动的序幕。

会后，叶县高等小学堂的进步师生仿效京、津、汴大中学校的作法，冲破校方及县当局的重重阻力，选举成立了由段语禅、娄葆青、陈继尧等进步学生组成的学生会，联合城乡其他学校成功举行了总罢课和抵制日货活动。

大会会址在民国以前称马号院，是县城较为开阔的公共活动场地。1956 年能容纳千余名观众的县剧院在其北部落成，门前留有宽敞的空地，一直是全县文娱活动和大型会议的首选场所。近年来，随着城建新规划的实施，此处已改建成居民住宅区，会址已不存在。

国耻纪念大会会场旧址（原县衙马号院一角）

中共叶县支部成立遗址

中国共产党叶县支部遗址位于叶县文庙大成殿（见前插图），文庙北临中心街，东依东城河，院内宽敞，环境幽静。

1927 年 6 月，叶县籍著名共产党员段语禅以“战区农运特派员”的身份带领唐河、桐柏县党员李怀玉、韩鑑增、乔国良等到叶县开展工作。月底，建立了中共叶县小组，7 月初党小组发展为党支部，有党员 13 名，段语禅任支部书记，直属中共河南省委领导。党支部建立后做了大量卓有成效的工作：在国共合作的背景下协助改选基层政权机构，把国民党叶县执行委员会建成准政权组织；创办进步刊物《晨鸡》，宣传反帝、反封建的主张；开展“反蒋大游行”和驱逐外国传教士；筹建农民协会，打击土豪劣绅等。文庙院现为叶县博物馆，重点文物保护单位。

中共叶县第一届县委及叶县抗日民主政府遗址

中共叶县第一届县委及叶县抗日民主政府遗址位于叶县龙泉乡龙泉村北约2公里处的龙泉寺（见28页插图）。

土地革命时期，叶县著名共产党员董锡之以教书为掩护在龙泉从事革命活动。1930年秋，在龙泉小学组建了中共叶县县委，董锡之任书记，兰德修、陈继尧、张式旭、石嘉云、冯辰斋、崔慎三任委员。第一届县委按照省委、特委指示，结合叶县实际，宣传党的主张、培养发展党员、建立基层组织，开展了农民运动等一系列革命活动。

1945年8月，叶县抗日民主政府在龙泉小学成立，刘雪棠任县长，沈祥甫任副县长，段云骧任参议长，董锡之任秘书长。依靠叶舞支队、叶县独立团武装力量，在县城东部、东南部建立七个区政府。

第一届县委成立和抗日民主政府办公皆在龙泉寺，当年是龙泉小学校址。1975年8月叶县发生特大水灾，原龙泉寺地面建筑全部被冲毁，灾后原址重建，现为民间宗教活动场所。

叶县地下党养护八路军伤员遗址

叶县地下党养护八路军伤员遗址位于常村前街东段路北。

地下党养护八路军伤员遗址（常村镇粮所）

1945年1月6日，南下支队进入鲁山。当日午夜，支队遭到驻鲁日军步兵、坦克兵和装甲兵联军堵击。经过奋起反击，激战半夜，取得重大胜利，但支队官兵牺牲10余名，负伤3名。1月9日，南下支队由鲁山东南的王庄村出发，到达叶县罗冲村，遂决定将3名伤员留在当地治疗、养伤，被安排在常村王文卿家阁楼上。王文卿、王汉青兄弟为伤员请医买药、精心治疗、改善伙食、悉心照顾。为防泄密，王文卿陆续将伤员转移了3个地方，均不理想。最后，在崔慎三的帮助下，将3位伤员安排在王汉青家后院，国民兵团从他处迁到王汉青家前院，加派了门岗，保证了伤员的安全。

叶县地下党养护八路军伤员遗址东西宽50米，南北长60米，是一座前后相通的大宅院。大院又平分为东西两院，伤员住西院。目前，原房舍仅存主楼房西南一角。王汉青大院现为常村镇粮管所。

叶县人民民主政府诞生地

叶县人民民主政府诞生地位于叶县常村乡常村街主街中段。

1947年11月4日，陈（赓）谢（富治）兵团解放叶县，12月14日，叶县的共产党人依靠王文卿掌握的武装力量，在常村成立了叶县民主政府办事处（叶县人民民主政府前身），兰德修任主任。12月23日，陈（赓）谢（富治）兵团四纵十旅三十团政治处主任范离接到旅部任命他为叶县县长的通知，于12月31日到常村会同兰德修、王文卿，组成民主政府，范离任县长、兰德修任副县长，

叶县人民民主政府诞生地一角（常村主街路北）

驻地仍在办事处原址。民主政府成立后，全县划分为9个区，逐步完善政府工作部门，大力开展了剿匪反霸和支前运动。

常村镇政府、三区区政府旧址（与县政府前后相通）

常村镇政府、三区区政府合署办公，成立时间早于县政府办事处，是叶县最早的政权机构。

叶县人民民主政府县城办公地遗址

1948年7月中旬，刘伯承、陈毅赴舞阳途中到叶县，指示县政府人员尽快搬入县衙办公。县民主政府抓紧整修了县衙（见139页插图），于7月底搬入办公。1976年，县革委搬离县衙。20世纪末，叶县按明代原貌及其规模对县衙修复一新，于2000年国庆节前对游人开放。

县衙内增设文物展厅一幢，收藏文物2000多件，其中民主政府县长范离受陈赓嘱托所保护的黄庭坚《幽兰赋》碑刻气势恢宏，格外醒目。2006年5月25日，国务院公布叶县明代县衙为国家级重点文物保护单位。

三、新建红色纪念设施

黄柏山爱国主义教育基地

黄柏山爱国主义教育基地位于叶县重点老区村—遵化店镇黄柏山村，南邻沙河，北靠黄柏山，距平顶山市区和叶县县城均约6公里，风景秀丽，交通便利。

1929年，叶县早期农村党组织—黄柏山党支部建立，石嘉云任书记。县委成立后，党支部响应县委号召，开展“夺抢”活动，进行武装斗争，石嘉云在夺枪中英勇牺牲。1931年秋，李子健继任党支部书记，党支部领导了北部民工在修路、修堤中的罢工斗争，1932年秋，李子健调离，魏铁统接任书记，直到1934年春县委被破坏，支部停止活动。

为了缅怀早期中共黄柏山党支部和主要领导人的历史功绩，1984年黄柏山村党员、群众在党支部活动旧址上建造了一座“革命先辈纪念碑”。碑高3.5米，砖灰结构。纪念碑建成后，报纸、电台等新闻媒体多次采访报道，产生了一定的影响。2001年，在叶县老区建设促进会、叶县县委党史研究室等部门的支持下，遵化店镇党委和桑庄（含黄柏山村）行政村党支部再建纪念碑。纪念碑呈四面柱体，高约5米，四面青石，勒石铭文。正面碑名为“早期中共黄柏山支部地址纪念碑”，左、右两侧分别为石嘉云、李子健生平简介，背面为党支部的业绩介绍。碑前建有供人们参观、拜谒的广场，整体布局庄重肃穆。

1984年党员群众自发修建的纪念碑

2001年再建的纪念碑

段庄革命老区纪念馆

段庄革命老区纪念馆位于叶县叶邑镇段庄村。

叶县叶邑镇段庄村具有光荣的革命传统，是平顶山地区中共地下组织的发祥地，也是革命战争年代的堡垒村。

从段庄走出的共产党人在叶县、乃至平顶山市革命斗争中，均创下多项第一：第一个党组织领导人是段语禅，最早的农民党员是段风和、段永胜，最早的农村党支部是段庄党支部，最早的妇女组织负责人是段步兰。无论政治风云如何变幻，斗争形势何等严酷，段庄党支部从未中断活动，成为党在基层领导革命斗争的红色堡垒。1940 年 5 月，中共豫中地委书记张维桢向党中央报告工作时，曾把段庄党支部作为基层党支部的先进典型写入报告中，赞扬段庄党支部有很强的战斗力和号召力，堪称豫中地区一类支部的典范。其间，段永健为革命先后赴瑞金、竹沟、延安，段绍勋、段文采、段永干参加新四军，成长为党的领导干部，全村先后参加革命的有近百人。

为了弘扬老区精神、以史鉴今、资政育人。2011 年初平顶山市和叶县两级老区建设促进会决定，在段庄建立革命老区纪念馆，并邀请叶县县委党史研究室参加筹建，承担对布展内容的策划和撰写工作。在中共叶县县委、县政府的支持下，纪念馆于 6 月 30 日建成开馆。2017 年纪念馆迁址重建，在村文化广场南端，投资 50

段庄革命老区纪念馆

万元，建成布展面积 420 平方米的新馆。又投资 70 万元，由郑州一创公司承接布展，2018 年 7 月 1 日开馆迎宾。

叶县烈士陵园革命纪念馆

叶县烈士陵园位于叶县县城南郊、许南公路三里桥西 300 米路北，与灰河和沿河公路相邻，交通便利。

陵园占地 2.56 万平方米，坐北向南，由三部分组成：前院为园林苗圃及陵园管理机构、人员的办公生活场所；中部为革命烈士纪念馆。馆内陈列着叶县新民主主义革命时期著名的革命烈士宋延年、石嘉云、娄和中、杨金印、张明亮等的革命事迹介绍和部分遗物；后院为陵墓区域，陵墓区内松柏挺立、墓室整齐、碑碣有序，安葬着 160 余名革命烈士的忠骨，其中有土地革命时期牺牲的早期共产党员，红二十五军长征在七里岗战斗中牺牲的红军烈士、解放叶县时牺牲的解放军烈士及地方烈士等 96 名。

叶县烈士陵园

1992 年，叶县人民政府将烈士陵园确定为重点文物保护单位，并加大投资力度，本着庄重、整齐、大方的原则进行全面修缮，建造了仿古门楼，硬化了园内道路，垒砌了四周围墙，对所有烈士陵墓规范修建，立碑铭文。为加强管理，叶县民政部门抽调 14 名干部职工，组成了陵园专业管理机构。

2015年民政部门投资400余万元，在中轴线两侧各修建小楼两幢，再建革命纪念馆，邀县党史研究室、县广播电视局人员参加筹建。投资320万元由西安雅特公司中标布展。东楼侧重于革命历史部分，西楼侧重于烈士事迹。布展面积2000平方米。馆内有浮雕、雕塑、投影。重大革命历史题材，通过声、光、电直观反映。原省委常委、河南省军区司令员，叶县籍人王英洲题写馆名。2017年底建成开馆。

新馆建成，在烈士纪念日、清明节，党团组织、青少年及社会各界到陵园、纪念馆献花、致敬。也陆续接待平顶山市、河南省机关、新县、新野县等地人员参观考察。每年参访人数2万余人。

红九军纪念碑

中国工农红军第九军军部诞生地位于叶县辛店镇王府石山（又称望夫石山）南麓。

叶县四大班子领导在纪念碑前重温入党誓词

1930年夏，蒋、冯、阎中原大战爆发。当时驻扎在叶县的国民党西北军杨虎城部冯钦哉旅内，共产党的秘密组织（支部）已经建立，并按照上级部署进行发展党员、筹备起义等方面的基础工作。7 月下旬，该旅调驻舞阳下澧河店。29 日晚，领导起义的前委利用旅长冯钦哉去南阳开会之机发动起义，以共产党员为骨干，组织冯旅内倾向革命的连以下官兵 700 多人迅速行动。当夜，起义部队急行军，南下到叶县辛店王府石山。次日，起义军召开誓师大会并进行整编。按照中共中央军委授予的番号，成立了“中国工农红军第九军”。原旅手枪队队长张焕民任司令员，孙永康任政委，原旅卫队营副营长刘煊与密探队队长姚丹岭任副司令员。誓师整编后，军部按照事先侦察的路线，向南阳一带进发，在社旗镇与国民党追击军队展开了一系列艰苦卓绝的战斗。

为了弘扬红军精神，传承红色文化，市、县老区建设促进会，县党史研究室等单位，筹建红九军纪念碑。县委、县政府高度重视，拨款修建。2013 年 1 月 18 日，纪念碑落成并隆重举行揭碑仪式。碑体由中国工农红军第九军军旗和基座组成，基座高 1.93 米，主体高 7.29 米，寓意红九军于 1930 年 7 月 29 日成立于此地。碑阳镌刻有中央军委原副主席张万年题词“红军将士永垂不朽”，碑阴嵌有中共叶县县委、叶县人民政府署名的介绍红九军成立经过和英雄事迹的碑文。

后　记

叶县是革命老区县，按照中国革命老区建设促进会（简称中国老促会）中老促字〔2017〕15号文件精神，2018年7月，叶县老促会启动老区史编纂程序，历时近两年，五易其稿，《叶县革命老区发展史》作为全国1600册丛书之一，正式出版。

本书的编纂工作得到县委、县政府的高度重视，县委书记、县长分兼编纂委员会正、副主任，县委副书记兼编委会执行主任，在县老促会设立编委办公室，一名副会长兼办公室主任，负责组建编辑部和领导、协调相关单位编报基础资料。

县委、县政府召开编纂会议，县老促会正副会长全部出席，县党史研究室、县史志办、县档案局和各乡镇、县直等50多个单位参加，县委副书记、编委会执行主任莅会讲话，要求各部门、各单位通力协作，编写出一部精品史书。

撰写中，平顶山市老促会及专家组及时进行指导，两次审查编撰纲目，还多次召开编写座谈会，学习全国和省、市先进地方的范本，领会权威人士和专家学者最新的指导意见，为编撰一部精品力作，我们对原来的编撰纲目、初稿、二稿、征求意见稿进行大量的补充和删改，其中对部分章节进行结构性删补。

由于本书跨越百余年时空，涵盖革命、建设、改革全过程，收录已有研究成果，势所必需。所以，民主革命部分以县党史研究室正式出版的《中国共产党叶县历史》一卷为主，适当收录确山、泌阳、遂平、方城等县正式出版涉及叶县的最新研究成果；建设时期部分以县党史研究室的《社会主义时期专题集》为主，同时收录有县史志办、县档案局的相关资料；改革开放部分以相关单位、地方的报送资料为主，同时收录专题调访录、座谈会资料。广泛征集翔实的史料，为这部信史打下基础。

县编委会和县老促会把“广征、核准、精编、严审”作为修史出书的指导原则，基础资料须单位盖章、领导签字，分级把关；稿件修改首先在编辑部内互审，县老促会会审，送审稿报送县委、县政府主要领导和市老促会审定。其间，贺金榜、赵耀卿、胡勇、杨国桢、张振业对全书进行了统审，赵庆海、韩俊卿、甘少根、董木林也对书稿修改提出宝贵的意见。

《叶县革命老区发展史》全书8章39节，连同附录一（人物简介）、附录二（遗址简介）共计26万字。按编辑部分工，张振业撰写了概述、第一、二、三、四章和附录一、附录二；庞江华撰写了第五、六章；徐朝撰写了第七、八章。执笔撰稿有侧重，而成书是集体的工作成果，包括党史、史志、档案、扶贫、发改委等50多个单位，共同完成了叶县老区人民光荣的革命史、不懈奋斗史和辉煌成就史的编撰工作。

编者对成书给予关心的各级领导、提供过支持帮助的单位和专业人士表示衷心的感谢！

由于编者水平有限，在史料考证、布局谋篇、甚至是对老区史的把握上均会有不足、不妥之处，敬请读者，特别是行家批评、指教，以利再版修正。

编者

2019年12月10日